»Der Ball ist rund«

Herausgegeben vom Modellversuch Journalisten-Weiterbildung der
Freien Universität Berlin

mit Beiträgen von Harald Binnewies, Henning Eichberg, Norbert Elias, Gunter Gebauer, Knut Hickethier, Alexander von Hoffmann, Rolf Lindner, Rainer Paris, Gunter A. Pilz

**Der Satz »Der Ball ist rund« hat
eine gewisse philosophische Tiefe**

Sport, Kultur, Zivilisation

Konzeption und Zusammenstellung Rolf Lindner

Copyright 1983 für die Edition by :Transit Buchverlag, Gneisenaustr. 2, 1000 Berlin 61. Copyright der einzelnen Beiträge bei den Autoren. Umschlaggestaltung Ursula von Ristok. Reprographie Rink, Berlin. Druck und Bindung Fuldaer VA. ISBN 3-88747-015-X

Vorwort 7

Einleitung 8

Norbert Elias
Der Fußballsport im Prozeß der Zivilisation 12

Rolf Lindner
Von sportsmen und einfachen Leuten 22

Henning Eichberg
Messen, Steigern, Produzieren 37

Ein Reisebericht
Wenig Logik und Zusammenhang zeigende Erscheinungen 53

Rolf Lindner
Die Professionalisierung des Fußballsports 56

Knut Hickethier
Klammergriffe 67

Gunter A. Pilz
Fußballsport und körperliche Gewalt 81

Alexander von Hoffmann
Zwischen Faszination und Langeweile — Sport in den Massenmedien 104

Harald Binnewies
Der "vergessene" Fußballsport 113

Gunter Gebauer
Geschichten, Rezepte, Mythen. Über das Erzählen von Sportereignissen 128

Rainer Paris
Fußball als Interaktionsgeschehen 146

Autorenverzeichnis 166

Vorwort

Es stritten sich einmal zwei WDR-Redakteure, und es sprach der von der Politik zu dem vom Sport: *"Für mich sind Sie der Tor des Monats."*
Ganz ähnlich klang es aus den Reihen eines Hohen Akademischen Senats der Freien Universität Berlin, als einige Kommunikationswissenschaftler vor ihn hintraten und die Stirn hatten, seine Zustimmung zu einem Seminar über Fußball im Rahmen eines Modellversuchs Journalisten-Weiterbildung zu fordern. Des feinen Spottes war kein Ende. Inzwischen ist die höchst erfolgreiche Modellphase des weiterbildenden Studiums für berufstätige Journalisten nahezu abgeschlossen, und auch das Fußballseminar hat stattgefunden.
Mein Kollege, Dr. Rolf Lindner, der es entworfen und geleitet hat, präsentiert hier eine Auswahl der im Seminar gehaltenen Vorträge. Sie reichen von der zivilisationshistorischen Analyse des Fußballspiels durch Norbert Elias, einen der Großen der deutschen Soziologie, vom Vergleich europäischer Konkurrenz- und Leistungsideale im Sport mit dem gänzlich anderen Sportverständnis nichteuropäischer Kulturen bis zur späten Ehrenrettung des Sepp Herberger und seiner zu Unrecht belächelten Maxime "Der Ball ist rund".
Ich hoffe, daß die Leser das Staunen verspüren über die Tiefe und Vielfalt des Phänomens Sport, speziell des Fußballsports; daß die aus Unwissen geborene Überheblichkeit ein wenig abgebaut werden kann; daß nicht zuletzt die Texte auch Vergnügen bereiten. Ich wünsche mir, daß Journalisten — beileibe nicht nur Sportjournalisten — bei der Lektüre Lust bekommen auf ein weiterbildendes Universitätsstudium, und daß es dieses auch nach dem Abschluß des Modellversuchs an der Freien Universität geben wird, so Gott und eine sparsame Obrigkeit es denn wollen.

Alexander von Hoffmann Berlin, September 1983
Wissenschaftlicher Leiter
Modellversuch Journalisten-
Weiterbildung

Einleitung

Zu den unterschätzten volksphilosophischen Axiomen gehört der Herberger'sche Lehrsatz *Der Ball ist rund*, der gerade durch seine Einfachheit besticht. Wäre ein diesem Lehrsatz gleichkommendes Gesetz in anderen als Fußballzusammenhängen formuliert worden (man denke etwa an Newtons Fallgesetz), seinem Begründer wären alle erdenklichen Ehren gewiß. So aber wird er allenfalls belächelt, was beweist, daß das Diffizile am Gegenstand Fußballsport ist, daß er so simpel erscheint. Dieser vertrackten Situation ist auch die Schwierigkeit geschuldet, Fußball zum Gegenstand einer universitären Weiterbildungsveranstaltung zu machen; ihm geht scheinbar, trotz oder gerade wegen der Faszination, die er auch auf akademische Würdenträger, zumindest nach dem Hörensagen, ausstrahlt, jene Seriosität (sprich: Komplexität) ab, die als Voraussetzung akademischer Entschlüsselungstätigkeit gilt. Nicht von ungefähr fristen die mit Sport befaßten Wissenschaftler an der alma mater eher ein geduldetes Dasein; noch immer wird der Sport (wie überhaupt Spiele und Spektakel verschiedenster Art) der "rohen", weil weniger komplexen Kultur zugeschlagen: hier handelt es sich, so Eward Shils, um unmittelbar expressive Aktionen mit einem geringen Symbolgehalt. Nun ist die Vorstellung, der Sport im allgemeinen — und der Fußball im besonderen — sei simpel, eher eine von der bequemen Art: am Fußball läßt sich — im Gegenteil — in vorzüglicher Weise ein Stück unserer Zivilisationsgeschichte und unserer Kultur explizieren.

Damit sind wir bereits mitten im Thema. Bei den hier versammelten Beiträgen handelt es sich um (z.T. überarbeitete) Vorträge, die in einem "Fußball/Sport"-Seminar gehalten wurden, das vom 7. bis 14.5.1983 im Rahmen des *Modellversuchs Journalisten-Weiterbildung* an der Freien Universität Berlin veranstaltet wurde.* Sie stellen eine repräsentative Auswahl der Seminarvorträge dar; auf manches mußte, aus Umfangsgründen, verzichtet werden. Ziel dieses Seminars war es, den Gegenstand Fußballsport in seinen größeren Zusammenhängen und seiner tatsächlichen Komplexität sichtbar und faßbar zu machen. Leitend war bei der Konzeption die Annahme, daß alle Aussagen über sogenannte

---

* Journalistenweiterbildung im Sinne des Modellversuchs ist ein interdisziplinäres, problem- und praxisbezogenes berufsbegleitendes Studium. Die curriculare Struktur des Studienganges setzt sich aus einer, historisch-politische Grundlagen vermittelnden, Orientierungseinheit, einer kommunikationswissenschaftlichen Einheit, einer themenbezogenen Einheit und einer, der Kritik vorhandener und der Erprobung neuer journalistischer Vermittlungsstrategien dienenden Abschlußeinheit zusammen. Der Studiengang besteht aus achttägigen Präsenzseminaren sowie aus Fernstudieneinheiten, in denen Grundlagenwissen aus den Bereichen Geschichte, Kommunikationswissenschaft, Wirtschaft, Recht und Politik vermittelt werden. Das "Fußball/Sport"-Seminar ist ein Beispiel der themenbezogenen Einheit, der es um die exemplarische Vermittlung berufsfeld- bzw. zielgruppenspezifischen Wissens geht; es richtete sich vor allem, aber nicht ausschließlich, an Sportjournalisten.

Auswüchse und Fehlentwicklungen im aktuellen Profifußball zu kurz greifen, wenn nicht zunächst verdeutlicht wird, wie er zu dem geworden ist, was er ist. Im heutigen Fußballsport ein *"Symptom einer relativ hohen Zivilisationsstufe"* (Elias) zu sehen, mag angesichts der gegenwärtigen Debatte über Gewalt im Fußballsport seltsam klingen; dies aber beweist uns nur, wie unerläßlich eine historische Perspektive bei der Erörterung aktueller Tatsachen ist.

Unser Wissen über den "Prozeß der Zivilisation" verdanken wir *Norbert Elias*; in seinem Beitrag zeigt er, wie exzellent sich gerade der Bereich der kontrollierten Kampfspiele dazu eignet, diesen Prozeß in seinen einzelnen Stadien zu veranschaulichen und wie eine damit einhergehende kontrollierte Spannungsbalance den Fußball zu einem kollektiven Kunstwerk macht. Auf diesem Hintergrund gewinnen die differenzierten Überlegungen von *Gunter A. Pilz* über aktuelle Gewaltformen im Sport ihre Qualität; es ist ja gerade die Unterscheidung zwischen expressiver und instrumenteller Gewalt, die überhaupt erst Einsichten in die gegenwärtigen Erscheinungsformen gewalttätigen Verhaltens auf dem Spielfeld erlaubt. Die kontrollierten Kampfspiele sind vor allem geregelte Kampfspiele. In meinen Ausführungen zur Sozialgeschichte des Fußballsports habe ich versucht, die Trägerschichten des Verregelungsprozesses zu benennen und diesen Prozeß in seinem Ablauf zu skizzieren. Bedeutsam ist vor allem, daß das kontrollierte Kampfspiel Fußball als Erziehungsmittel gedacht wird, das jene Verhaltensnormen vermitteln soll, die nicht nur als Abbild der bürgerlichen Gesellschaft, sondern auch als deren Entwurf fungieren: fair play, team work, play the game sind Stichworte, die die Richtung dieses Entwurfs andeuten. Sowohl als Abbild wie als Entwurf aber ist der Sport nicht beliebig transportierbar. Entgegen landläufiger Vorstellungen gibt es den "einen" Sport nicht; *Henning Eichberg* legt dessen kulturelle Relativität vor allem am Beispiel der indonesischen Relationsgesellschaft dar. Damit ist zugleich eine Kritik der eurozentrischen Sicht gegeben, wie sie nicht nur in dem (auszugsweise) abgedruckten Reisebericht der Offenbacher Kickers zum Ausdruck kommt; weitaus folgenreicher ist der Fußballexport (via Trainer), den die Bundesrepublik wie kein zweites Land betreibt.

Zu den Eigentümlichkeiten deutschen Denkens gehört die Annahme, daß mit dem bloßen Hinweis darauf, es gehe heute im Sport um (viel) Geld, schon etwas über Professionalisierung und Kommerzialisierung ausgesagt sei. Deutsch daran ist vor allem der sich als Analyse gebende Vorwurf. Während es in England schon seit 1885 Berufsfußballer gab, verstand sich der DFB bis in die jüngste Zeit als besonders tatkräftiger Vertreter des hehren Amateurideals. So kann nicht verwundern, daß der bundesrepublikanische Berufsfußball mehr gegen den als mit dem DFB entstand. Dieser Entwicklung gehe ich in meinen Überlegungen zur Professionalisierung nach; die damit einhergehende Kommerzialisierung untersucht *Knut Hickethier* in seinem Beitrag. Er spürt die kleinen und großen Interessen am 'Showgeschäft Fußball' auf, zieht Verbindungslinien zwischen diesen Interessen und skizziert die Folgen, die die kommerzielle Verquickung für den Fußballsport implizieren. Ein Element in diesem Kombinat bildet die Sportberichterstattung. Darüber, daß Sport und Berichterstattung einander bedingen, kann es keinen Zweifel geben; allein schon das dem Sport innewohnende Rekordstreben drängt nach publizistischer Öffentlichkeit. Das hat zu dem zwar stimmigen, auf Dauer aber doch recht unbefriedigenden Urteil vom 1:0-Journalismus geführt. *Harald Binnewies, Alexander von Hoffmann* und *Gunter Gebauer* weisen in ihren Beiträgen auf je eigene Weise nach, daß die Rede vom 1:0-Journalismus allein nicht genügt. Während Binnewies in seinem inhaltsanalytischen Kommentar zu dem, auf den ersten Blick recht verblüffenden, Resultat kommt, daß der Fußballsport, nimmt man ihn in seiner tatsächlichen Breite, in der Berichterstattung "vergessen" wird, macht v. Hoffmann, gerade indem er die Faszination der Sportberichterstattung verdeutlicht, auf die Gefahren aufmerksam, die ihm drohen, Gefahren, die vor allem aus einer Verdrossenheit an der Perfektion des Spitzensports erwachsen können. Gunter Gebauer schließlich geht der Konstruktion von Wirklichkeit in der und durch die Berichterstattung nach; die individuellen Darstellungen des Sportgeschehens erscheinen so durch allgemeine Geschichtenformen, die Rezepten ähneln, vorgebildet. Formen, die wiederum in einer Mythologie des Sports begründet sind. Bereits 1953 schrieb Frederik J.J. Buytendijk: *"Das eine ist jedoch sicher: wer das 'Besondere' des Stierkampfes, des Fußballspiels, von Rugby, Kricket, Rudern und so weiter nicht kennt, kann überhaupt nichts Aufregendes daran finden"* (F.J.J. Buytendijk, Das Fußballspiel. Eine psychologische Studie, Würzburg 1953, 31) Eben das Besondere des Fußballspiels uns näher zu bringen und dabei *en passant* einen kurzen Abriß des Symbolischen Interaktionismus zu geben, ist Ziel des Beitrags von *Rainer Paris*. Seine subtile Analyse des Fußballspiels als Interaktionsgeschehen macht die Faszination verständlicher, die "Das Spiel", wie Desmond Morris das Fußballspiel kurz und bündig nannte, auf Millionen von Menschen ausstrahlt.

Rolf Lindner   Berlin, im September 1983

eins

Norbert Elias
Der Fußballsport im Prozeß der Zivilisation

Wenn man heute sagt, daß das Fußballspiel ein Symptom einer relativ hohen Zivilisationsstufe sei, so mag das auf den ersten Blick vielleicht als etwas unwahrscheinlich erscheinen. Was wir heute vor allem sehen, was beim Fußball ins Auge fällt, sind die vielfältigen Gewalttätigkeiten, sei es von Seiten des Publikums, sei es mitunter innerhalb der Mannschaften selber. Die Aufmerksamkeit lenkt sich also, wie so oft, mehr auf die Ausnahmen und das Außergewöhnliche als auf die normalen Spiele, von denen ja sehr viele eben doch eine Form des Kampfes nach Regeln darstellen, die gewissermaßen die Nachahmung von Kämpfen sind. Denn das ist nun einmal ein Fußballspiel: im Kern ist es eine Figuration von Menschen, die in einer kontrollierten Spannung zueinander stehen, und die Frage ist, wie diese Spannung eigentlich unter Kontrolle gehalten wird. Daß die Spannungen zwischen zwei Mannschaften so oft unter Kontrolle und in Balance gehalten werden können, das ist mindestens eine ebenso erstaunliche Tatsache wie die, daß diese Kontrolle eben manchmal zerbricht. Fußballspiele sind also kontrollierte Kampfspiele, die ganz allgemein durch eine bestimmte "Spannungsbalance" charakterisiert sind. Dieser Begriff der Spannungsbalance scheint mir deshalb recht nützlich zu sein, weil die Fußballspiele ja ganz offensichtlich zwischen zwei Polen ausgespannt sind: die Spannungsbalance muß da sein, das Spiel muß einen gewissen Tonus haben, so wie antagonistische Muskeln einen gewissen Tonus haben müssen, um zu funktionieren. Wenn dieser Tonus des Spiels erschlafft, dann tritt Langeweile ein, wenn er sich erhöht, wenn die Kontrolle der Spannung mißlingt, dann tritt umgekehrt Unordnung, Chaos, Anarchie und wirklicher Kampf an die Stelle des geregelten Kampfspiels. Man könnte sagen, daß Fußballspiele "ausgespannt" sind zwischen der Scylla der Unordnung und der Charybdis der Langeweile.

Daß eine solche Spiel-erfindung Menschen überhaupt gelungen ist, daß es möglich ist, die gefährlichen Bedrohungen der Menschen füreinander im Spiel so zu regulieren, daß sie sich gegenseitig in Schach halten und miteinander spielen, ohne sich direkte Gewalt anzutun, ohne daß also gewissermaßen die Balance sich zu sehr nach der Seite der Unordnung hin entwickelt, das ist in der Tat eine zivilisatorische Leistung, eine kollektive Leistung, die man nicht als solche übersehen sollte. Es ist ähnlich, wenn Sie so wollen, wie beim Schach. Es ist ganz außerordentlich schwer, Kampfspiele zu entwickeln, die im Rahmen ein und desselben Regelnetzwerkes jeweils so viele Variationen erlauben, daß immer wieder etwas Neues, immer wieder neue unerwartete Figurationen der Menschen auf dem Spielfeld — oder der Figuren auf dem Schachbrett — möglich sind, daß das Spiel sich im Grunde nie erschöpft — das ist eine gerade unter zivilisatorischen Gesichtspunkten ganz außerordentliche Leistung von Menschen. Die Spannung des Spiels erschöpft sich nie. Das ist in der Tat eine große Erfindung.

Natürlich geht die Entwicklung eines solchen Spiels, eines solchen Netzwerkes von Regeln für Kämpfe von Menschen auf einen langen Prozeß zurück. Es ist eigentlich ganz selten, daß faszinierende Kampfspiele einfach so "erfunden" werden, daß jemand sich hinsetzt und sie künstlich erfindet. Nur durch eine lange Entwicklung über Generationen hin bildeten sich so erfolgreiche Kampfspiele in einer Weise heraus, daß sie festen Regeln unterworfen sind und gleichzeitig immer von neuem die Spannung der Spieler wie die Spannung der Zuschauer aufrechterhalten. Das ist, wenn Sie so wollen, ein Kunstwerk, ein kollektives Kunstwerk, das sich, wie gesagt, erst allmählich entwickelt hat.

Ich habe von "kontrollierter Spannungsbalance" gesprochen. Es gibt beim Fußball nicht nur eine, sondern eine ganze Fülle von Polaritäten; ich will nur einige hier erwähnen. Die umfassende Spannung ist natürlich die zwischen den beiden Mannschaften, wobei beide Mannschaften durch ein Regelwerk so eingezäunt sind, daß sie zwar einander bekämpfen müssen, gleichzeitig aber in ihrem Gewaltgebrauch immer gewissermaßen an der unmittelbaren Verletzung des anderen, an der wirklichen Verwundung eines anderen vorbeigehen müssen. Natürlich, wir alle wissen, daß es im Regelwerk des Fußballspiels eine Grauzone gibt, wo die einzelnen Menschen näher an die Gewalttat herankommen. So ist es zum Beispiel für einen Schiedsrichter manchmal schwer zu entscheiden, ob eine bestimmte Aktion nun ein beabsichtigtes Anrempeln war oder ob der Spieler so gerannt ist, daß er aus Versehen jemanden angerempelt hat.  Dieser Graubezirk, wie das Treten ans Schienbein zum Beispiel, aus Versehen oder mit Absicht, ist zweifellos vorhanden. Aber es ist eben ein Graubezirk, und wenn diese Neigung zur wirklichen Verletzung, zur direkten Gewalttätigkeit zu weit geht, dann greift "in der Regel" der Schiedsrichter ein oder auch die Verbände oder das Publikum oder sogar die Mannschaften selber. Hier ist also ein Schutzschild von Kontrolle gegeben, die diese Spannungsbalance normalerweise davor bewahrt, nach der Gewaltseite hin umzukippen. Aber natürlich kommt das vor. Wundern wir uns gelegentlich darüber, daß es nicht öfter vorkommt.

Ich habe von der umfassenden Spannungsbalance der beiden Mannschaften gesprochen, aber es gibt natürlich auch die Spannungsbalance innerhalb jeder einzelnen Mannschaft, die Spannungsbalance zwischen dem Verlangen des Einzelnen, sich auszuzeichnen, sich selber einen Namen zu machen, und der Notwendigkeit, sich den Bedingungen des Mannschaftsspiels — also dem, was im Englischen "teamwork" heißt — zu unterwerfen. Auch dies ist ein Grundmerkmal des Spiels: der Einzelne will sich auszeichnen, aber er muß zugleich ständig auf seine Mitspieler eingehen, es gibt also, wenn Sie so wollen, auch eine ständige Spannungsbalance zwischen Konkurrenz und Kooperation innerhalb einer Mannschaft selber. Das alles ist ein Kennzeichen für ein relativ hohes Zivilisationsniveau: das Spiel verlangt vom Einzelnen ein außerordentliches Geschick in der Beherrschung seines Körpers, etwa, so genau am anderen vorbeizurennen oder so genau seine eigenen Glieder im Zaum zu halten, daß er nicht zu weit geht; und selbst dann, wenn er in einer Situation ist, wo es um Sieg oder Niederlage geht, muß er sich so weit beherrschen, die Regeln nicht zu durchbrechen, weil er andernfalls die Niederlage — zum Beispiel durch Platzverweis — herbeiführen könnte.

Ich habe schon gesagt, daß ein solches kollektives Kunstwerk, wie es das Fußballspiel ist, sich natürlich nicht an einem Tage, in einem Jahre, sondern sehr allmählich entwickelt hat. Man sieht eigentlich das Zivilisationsniveau erst deutlicher, wenn man an die Kampfspiele früherer Zeiten denkt. Natürlich, Kampfspiele gibt es seit langen Zeiten, es gibt sie bei einfacheren Völkern, im alten Griechenland und natürlich in Rom. Aber wenn Sie zum Beispiel einmal systematisch das Niveau der Gewalttätigkeit der alten Olympischen Spiele mit dem Niveau der Gewalttätigkeit der heutigen Olympischen Spiele vergleichen, so wird dabei sofort deutlich, daß die alten griechischen Spiele ein relativ niedrigeres Zivilisationsniveau hatten; das Ausmaß an erlaubter Gewalt war viel beträchtlicher. Es gab extreme Fälle, wie etwa den Pankration, also eine Form des Ringkampfes, bei dem eigentlich alles erlaubt war. Man konnte dem anderen die Augen ausgraben, man konnte ihn im Griff halten, bis er erstickte, es gab nur eine Kautele: wenn jemand wirklich dabei den Gegner ermordete, dann wurde er der Siegerkrone beraubt und der Tote bekam den Siegerkranz, was ihm vielleicht nicht mehr half, aber seiner Stadt, dem Äquivalent unserer Nation, half es: denn damals waren die Olympischen Spiele Kämpfe zwischen verschiedenen Stadtstaaten wie heute zwischen Nationalstaaten oder denen, die es werden wollen. Es war eine ganz große Sache für eine Stadt, einen Sieg bei den Olympischen Spielen errungen zu haben, das war eine Tat, die über Generationen hinweg Ruhm und Ehre einbrachte. Aber man sieht sehr deutlich, wo der Unterschied zu den heutigen Olympischen Spielen liegt. Es gab wenig Messungen; die Strecken zum Beispiel beim Wettlauf wurden natürlich nicht mit Zeit gemessen. Man sah nicht so genau darauf, daß etwa die Gegner einigermaßen gleichgewichtig oder gleichaltrig oder gleichstark waren, kurz: der Begriff der Fairneß, der relativen Gleichheit des Teams oder der Kämpfenden, war noch wenig entwickelt. Es gab eine grobe Einteilung in Kämpfer unter 16 Jahren und darüber, aber darüber hinaus war es dann schon unwichtig, ob es ein Mann von 38 oder ein junger Mensch von 20 Jahren war, die einander gegenüberstan-

Fußballspiel 1827, nach einer Zeichnung von George Cruikshank

den. Es gab in Griechenland zwar Kampfrichter bei den Olympischen Spielen, die dabeistanden und auf die Einhaltung der überlieferten Regeln achteten, aber es gab noch keine schriftlich fixierten, derart detaillierten Regeln wie heute. Das Regelnetz war undicht und relativ primitiv, Impulsen und Affekten war ein viel größerer Spielraum gegeben, was im übrigen auch dem entspricht, was wir über den Zivilisationsstandard der alten Griechen wissen. Gewiß, das erstaunliche war ihre intellektuelle Leistung, aber sie waren eben letztlich doch ein Kriegervolk. Auch der Sport, oder besser das, was wir heute Sport nennen, auch die Wettkämpfe waren zum guten Teil Vorbereitungen für Krieger, und es waren Krieger, zunächst einmal die Aristokraten, die die Modelle für diese Kampfspiele entwickelt hatten. Kampfspiele dienten zugleich auch der kriegerischen Ausbildung, im Laufe der Zeit professionalisierten sie sich. In der ursprünglichen militärischen Bedeutung liegt auch der zentrale Unterschied zu dem, was wir heute Sport nennen: man spricht so oft von dem antiken Sport, aber im Grunde hatten die Wettkämpfe der Antike nicht den Charakter des Sports, eben deswegen, weil es für das, was wir heute Sport nennen, charakteristisch ist, daß es ein höchst kontrollierter Kampf, ein durch ein sehr genaues Regelwerk gegen die unmittelbare Gewalttat geschützter Kampf ist. Unsere zivilisatorische Sensibilität ist groß genug, daß wir ein Kampfspiel mit Schwerverletzten und Toten eigentlich nicht ertragen würden. Vielleicht kann ich Sie hier, um den Gegensatz zu unterstreichen, darauf aufmerksam machen, wie groß der Unterschied zwischen dem heutigen Zuschauerempfinden und zum Beispiel dem der alten Römer ist, die sich auch an Kampfspielen ergötzten, aber es waren Kampfspiele von Gladiatoren. Was sie sahen, waren wirkliche Menschen, die sich wirklich ermordeten, oder wirkliche Tiere, die wirkliche Menschen anfraßen und auffraßen, jeden Sonntag und vielleicht jeden Wochentag gingen sie in diese Art von Zirkus, und es war ihr Vergnügen, diese Kämpfe zu sehen, wo Menschen sich wirklich töteten. Erst, wenn man diesen Unterschied sieht, gewinnt der Begriff eines Zivilisationsprozesses Körper und Substanz.

Sie sehen, daß das Fußballspiel oder überhaupt Sportspiele im allgemeinen schon deswegen ein relatives hohes Zivilisationsniveau darstellen, weil die Regeln darauf ausgerichtet sind, daß sie normalerweise die beteiligten Menschen gegen schwere Verwundungen, gegen dauernde körperliche Schäden schützen, und wir können in England, wo sich Sportspiele entwickelt haben, nun Schritt für Schritt sehen, wie langsam sich die Sensibilität gegenüber der Verletzung von Menschen, der Gewalttat im brutalen, direkten Sinne erhöhte. Wir können dies nicht nur beim Fußball sehen, wir sehen es ebenso beim Boxen. Das Boxen war ursprünglich in England eine Veranstaltung für Adlige, die ihre eigenen Bediensteten oder Gefolgsleute und Klienten boxen ließen, um Wetten abzuschließen. Aber gerade weil diese Wetten sehr wichtig waren, war es nötig, eine gewisse Gleichwertigkeit der beiden Gegner einzuführen, denn Wetten waren unkalkulierbar, wenn die beiden zu ungleichmäßig waren. Der Begriff der Fairneß — vielleicht ist es eine Enttäuschung, das zu hören — hatte viel damit zu tun, daß das Wetten zunächst einer der wichtigsten Entwicklungshebel dieses englischen Ethos war. Aber ganz gewiß gibt es Gegenbewegungen. Das Training zum Leistungssport führt heute oft genug zu Dauerschädigungen.

So gut wie alle modernen Sportarten, mit ganz wenigen Ausnahmen, stammen aus England. Die Frage ist, warum eigentlich? Was war in der Struktur Englands eigentlich so, daß die englischen Formen der Kampfspiele sich allmählich über die ganze Welt ausbreiteten, denn Kampfspiele gab es natürlich auch anderswo. Zu den Merkwürdigkeiten dieser Ausbreitung gehört zum Beispiel die Tatsache, daß die englische Form des Boxens die französische Form, die es ebenfalls gab, vollkommen verdrängte. In Frankreich verschwand langsam — zum Bedauern vieler französischer Patrioten — die französische Form des Boxens, bei der man, wie in Japan, nicht nur mit den Fäusten, sondern auch mit den Beinen kämpfen konnte. Beim Tennis geschah das gleiche: die englische Form des Tennisspiels setzte sich durch, obgleich es auch in Frankreich — schon unter Ludwig XIV. — Spiele mit einem Schläger und einem Ball gab, und genau das gleiche gilt wohl auch von den Ballspielen. Spiele mit einer mit Luft gefüllten Schweinsblase als Ball, den man herumkickte, sie hat es wohl überall gegeben. Aber aus bestimmten Gründen entwickelte sich in England eine besonders geregelte Form dieses Ballspiels. Sie entwickelte sich Laufe der Jahrhunderte. Wir haben in England vom 12. und dann auch vom 14./15. Jahrhundert an immer wieder Berichte über etwas, das Fußball genannt wurde. Es war ganz gewiß nicht das Spiel, das wir heute kennen, aber in den Quellen ist von "Fußball" *(football)* die Rede. Es ist schwer, sich vorzustellen, daß es im Mittelalter und auch im 17. und 18. Jahrhundert Fußball nicht auch in Deutschland gegeben hat, aber ich finde es schwierig, Quellen zu finden, die mir zeigen, daß und wie es gespielt wurde. Aus Italien gibt es Berichte über ein Fußballspiel. Aber ich kann mich im Moment, wenn ich mich um die Entwicklung des Spiels bemühe, im großen und ganzen nur auf die englischen Quellen beziehen. Da findet man sehr deutlich, daß im Mittelalter das Fußballspiel ein sehr wildes Spiel war. Wir finden es in den Edikten der Könige und der Stadtbehörden vom 13. bis zum 15. Jahrhundert: so gut wie jedes Jahrhundert wird ein neuer Erlaß zum Verbot des Fußballspiels ausgeschrieben, weil es entweder so gespielt wird, daß es über die Straßen einer ganzen Stadt hinweg geht und dabei Fenster eingeschlagen wurden, oder zwischen zwei Dörfern, wo man sich dann gegenseitig die Köpfe blutig schlug. Diese Verbote des Fußballspiels waren vielleicht mit der eigentümlichen Regierungsform verbunden, mit der Tatsache, daß in Deutschland und auf dem Kontinent absolutistische Regierungen relativ früh einsetzten und eine recht genaue Kontrolle der Gewalt ausübten. Vielleicht — wie gesagt, das ist ein offenes Problem — war in England die Kontrolle sehr viel mehr eine lokale Selbsthilfekontrolle, und so war es aus diesem Grunde möglich, daß die Gewalttätigkeiten bei solchen Spielen sehr viel größer waren und auch durch die Zentralbehörden nicht unterbunden werden konnten. Die Tatsache, daß immer von neuem solche Edikte erlassen wurden, zeigt, daß sie

Straßenfußball, London 1721

im Grunde ineffektiv waren. Wir haben sogar einzelne sehr detaillierte Berichte von Ballspielen — nicht notwendigerweise immer von Fußballspielen, aber Ballspiele, die im Lande gespielt wurden —, wo zwei Dörfer unter der wohlwollenden Patronage eines lokalen Gentleman zwei große Gebiete absteckten und nun durch die Wälder, Büsche und Flüsse mit dem Ball — einem Silberball — rannten und einzelne sogar zu Pferde mitkämpften. In einem Bericht heißt es dann, daß die Spieler am Ende so aussahen, als kämen sie von einer regelrechten Feldschlacht, mit blutigen Schädeln, gebrochenen und verrenkten Knochen. Trotzdem machte offenbar allen dieses wilde Spiel Vergnügen.
Und hier stellt sich für mich ein allgemeines Problem: warum machen eigentlich Kampfspiele Menschen so viel Vergnügen?

Mischung aus rugger und soccer, Eton 1909

Nun, ich sagte schon, es waren damals sehr wilde Kampfspiele. Bei den Gladiatoren waren es noch sehr viel wildere, die Sensibilität gegenüber der Gewalttat war noch geringer als heute bei uns. In englischen Quellen kann man verfolgen, wie langsam, zunächst in den public schools — public schools sind eigentlich die private schools der Oberschicht —, eine Reglementierung einsetzt, wie also in diesen Schulen (z.B. Harrow und Eton) die Freizeitspiele der Jungen immer stärker geregelt wurden, dies allerdings in den verschiedenen Schulen auf verschiedene Weise. Sie wissen, daß es in England zwei Formen des Fußballs gibt, das eine ist der association-Fußball, kurz *soccer* genannt, und der andere ist der Rugby-Fußball, der *rugger* genannt wird. Diese beiden Fußballarten entwickelten sich in verschiedenen public schools, und die "old boys" der public school trugen sie dann, zunächst als Freizeitbeschäftigung für "gentlemen", in das breite Publikum. Als organisatorischer Rahmen bildete sich eine Fußball-Assoziation und gesondert eine Rugby-Organisation heraus. Rugby gabelte sich in der Folgezeit in zwei Richtungen: es entwickelte sich im Norden Englands vorwiegend zu einem Arbeitersport, im anderen Teil blieb es ein vorwiegend bürgerlicher Sport. Wesentlich für die Entwicklung des Soccer-Fußballs wurde die Tatsache, daß eine Organisation die Kontrolle über die Regeln übernahm: die Fußball-Assoziation (heute: die FIFA), die über zweierlei wacht: sie wacht darüber, daß die Regeln eingehalten werden, aber sie wacht auch darüber, daß die Regeln nicht den Tonus des Spiels verringern. Das heißt, wenn es sich erweist, daß Regeln zu oft verhindern, daß Tore geschossen werden, daß es also zu oft zu einem torlosen Unentschieden kommt, dann wird das Spiel langweilig, nicht nur für die Spieler, sondern vor allem auch für die Zuschauer. Und dann müssen die Regeln geändert werden. Oder: wenn die Regeln so sind, daß sie zu viel Gewalttätigkeit zulassen, dann müssen die Regeln gestrafft werden. Mit anderen Worten: die Regeln sind keineswegs etwas Starres und Unabänderliches, wie manche Soziologen annehmen, sie entwickeln sich vielmehr in der Bewegung des Spiels, aus der Dynamik des Geregelten selbst heraus. Gerade beim Fußballspiel sieht man sehr deutlich, wie von Zeit zu Zeit, wenn der Tonus des Spiels zwischen Chaos und Langeweile zu gering wird, die Regeln geändert werden. Es ist dabei interessant zu beobachten, wie langsam die Funktion des Spiels sich ändert. Fußball war, wie gesagt, einmal ein Spiel für die Mußezeit von ''gentlemen''. Wir sehen dann aber sehr deutlich, wie das ''gentleman''-Ethos, das ursprünglich das Spiel beherrschte, sich verwandelt, sobald das Spiel zu einem Profi-Spiel wird. Ich will den Einzelheiten dieser Veränderung hier nicht nachgehen, aber ich will wenigstens darauf hinweisen, daß zum Beispiel die Grauzone zwischen erlaubter Härte und direkter Gewalt eingeschränkt werden muß, wenn die Selbstzucht der Amateur-Spieler sie nicht mehr an der Nutzung der Grauzone bis zum Äußersten hindert. Bei Profis ist es nötiger, die Grauzone genauer zu definieren, weil das ''gentleman''-Ethos da, ich will nicht sagen verschwindet, aber doch deutlich geringer geworden ist. Hinzu kommt natürlich in unserer heutigen Zeit etwas relativ Neues, ich meine die Tatsache, daß Sportspiele, besonders Fußball-Wettspiele, zu einem friedlichen Kampfplatz der Nationen geworden sind. Das ist natürlich etwas außerordentlich Gutes, daß die Nationen in der Lage sind, ihre Rivalitäten sportlich

Fußballspiel zwischen Engländern und Deutschen, Leipzig 1902

auszutragen; es ist ein ausgezeichneter Weg, für die Eifersüchteleien und Macht- und Statuskämpfe der Nationen ein friedliches Ventil zu finden, Dampf abzulassen, als Ausdruck von Emotionen, die dabei schließlich von unzweideutigen Leistungen abhängig sind.

Lassen Sie mich an dieser Stelle auf ein zentrales Problem zurückkommen, das ich schon berührt habe: warum machen uns eigentlich Kampfspiele dieser recht fest geregelten Art, mit einer kontrollierten Spannungsbalance, warum machen uns diese Spiele eigentlich so viel Freude?

Es ist etwas merkwürdig: wir sagen sehr oft, wenn wir unsere Arbeit getan haben, wollen wir uns entspannen. Aber wenn ein großes Fußballmatch im Fernsehen gezeigt wird, dann setzen wir uns nach der Arbeit an den Bildschirm und genießen die Spannung des Kampfspiels. Das heißt: wir brauchen offenbar zur Entspannung eine Spannung. Nun ist das allerdings eine Spannung ganz eigentümlicher Art, eine Spannung, die komplex ist, denn sie wird zum Teil durch unsere Anteilnahme, durch unser Engagement bestimmt, sie wird aber zum Teil auch bestimmt durch die eigentümliche Spannung, die die Figuration auf dem Felde in uns auslöst. Ich gebrauche hier ganz bewußt das Wort "Figuration", das ich vielleicht noch kurz erläutern sollte: was wir beobachten, wenn wir vor dem Fernsehapparat oder im Stadion sitzen, ist ja nicht nur der einzelne Spieler, es ist auch nicht nur die einzelne Mannschaft. Was uns wirklich ins Auge fällt, ist die fließende Figuration, die die beiden Mannschaften miteinander bilden. Es tut mir manchmal leid, wenn sich die Berichterstattung über Fußballspiele allzusehr auf einzelne Individuen und Höhepunkte konzentriert. Das ist natürlich auch wichtig, und vielleicht ist es sogar das, was das Publikum haben will, aber, wenn ich so sagen darf, für Feinschmecker des Fußballspiels ist es gerade interessant zu sehen, wie die Gesamtfiguration der beiden Mannschaften in ihrem Ineinanderspiel sich ständig ändert. Warum interessiert uns das? Ich habe eine Antwort auf diese Frage eigentlich nur bei dem guten alten Aristoteles gefunden. Moderne Psychologen geben mir keine rechte Antwort, aber bei Aristoteles habe ich in einem ganz anderen Zusammenhang etwas gefunden, das mir für unser Verständnis des Fußballspiels und dessen, was uns dabei anzieht, nicht ohne Wichtigkeit scheint.

Was Aristoteles von der Tragödie sagt, gilt auch von vielen anderen Freizeitbeschäftigungen der Menschen. Er sagt ungefähr folgendes: bei der Teilnahme an Schauspielen erleben wir Freude und Schmerz, Sieg und Niederlage von Menschen, also Ereignisse, denen wir auch in Wirklichkeit begegnen. Aber wir erleben sie hier in gespielter Form, in der Nachahmung, in der 'Mimese'. Dadurch, daß wir die Ereignisse nun mimetisch erleben, erhalten auch die Gefühle, die sie auslösen, einen anderen Charakter. Die gespielten Ereignisse, wie die wirklichen, lösen Erregung und Spannung aus. Aber es ist eine beglückende Erregung. Es ist, um es in meiner Sprache zu sagen, eine entspannende Spannung. Aristoteles spricht davon, daß die Tragödie die Gefühle der zuschauenden Menschen einem Höhepunkt zuführt. Die Erregung steigt und löst sich am Höhepunkt. Die Gefahr ist vorbei. Man atmet auf. Die Lösung der Spannung hat einen beglückenden, einen reinigenden Effekt. Aristoteles nennt es Katharsis.

Mit Varianten haben viele unserer Freizeitbeschäftigungen und ganz gewiß auch das Fußballspiel, als Schauspiel betrachtet, einen ähnlichen Charakter. Auch bei ihnen erleben wir im Spiel die Gefahr. Wir erleben die Freude der Erregung im Anblick des Kampfes. Aber wenn die gespielte Gefahr, die sich ja oft dicht an der Grenze der wirklichen Gefahr abspielt, die Grenze überschreitet und sich in eine wirkliche Gefahr verwandelt, etwa in einer Schlägerei, mit schweren Verletzungen, hört die Freude auf. Die besondere Art der entspannenden Spannung, der kathartischen Erregung, löst der Wettkampf, also auch das Fußballspiel, nur aus, solange die Regeln, die die Gewalttat bändigen, nicht gebrochen werden, solange die Schwelle unserer Sensibilität nicht überschritten wird, solange das Spiel ein Spiel bleibt. Wenn das der Fall ist, können Sie bei einem guten Spiel genau verfolgen, wie das Muster des Spielverlaufs und das Muster des Gefühlsablaufs bei den zuschauenden Menschen einander entsprechen und wie das letztere dann ein wenig dem von Aristoteles im Zusammenhang mit der Tragödie vorgebildeten Muster entspricht. Die Spannung des Spiels erhöht sich, die Erregung steigt. Sie steigt und fällt und steigt vielleicht von neuem entsprechend dem Tonus des Spiels, und dann fällt das entscheidende Tor. Die Spannung löst sich in einem kathartischen Gefühl der Freude und der Beglückung, besonders, aber hoffentlich nicht immer nur, wenn die eigene Seite gewonnen hat. Gewiß, man trauert, wenn die eigene Seite verloren hat. Aber man kann auch dann sagen, es war ein großartiges Spiel.

Nun, Aristoteles kannte das Fußballspiel nicht; er kannte nicht unsere Art der Sportwettkämpfe. Ich habe seine Gedanken benutzt und ein wenig weitergeführt. Wir begegnen der Freude an der mimetischen Erregung und der kathartischen Entspannung schon beim Spiele der Eltern mit ihrem kleinen Kind. Ein kleines Mädchen in den Armen ihres Vaters wird hochgeworfen und wieder aufgefangen. Der kleine Schrecken, das Gefühl der Gefahr beim Hochfliegen, löst sich im freudigen Jauchzen der Sicherheit bei der Rückkehr in die Arme des Vaters. Spannung und Entspannung im Fußballspiel ist ein — gewiß ein besonders gelungenes — Beispiel für ein psycho-soziales Muster unseres Lebens, das, wenn ich mich einmal so ausdrücken darf, als Antwort auf ein sehr elementares menschliches Bedürfnis verdient, ernst genommen zu werden. Ich habe damit ein Problem unserer Freizeitbeschäftigung und Freizeiterfüllung aufgeworfen, das mir sehr am Herzen liegt. Es wäre schön, wenn es mehr Beachtung fände. Die Freizeitbeschäftigungen der Industriegesellschaften, ob es sich um Konzerte oder Fußballspiele, um Schauspiele oder Jazz handelt, entsprechen offenbar einem mächtigen Bedürfnis. Ich bin nicht sicher, daß wir Freizeitbedürfnisse, wie sie etwa auch bei der Anteilnahme am Fußballspiel zum Ausdruck kommen, so wie sie das verdienen, schon wirklich verstehen.

Rolf Lindner
Von sportsmen und einfachen Leuten
Zur Sozialgeschichte des Fußballsports

Über Horst Szymaniak, Nationalspieler der späten 50er und frühen 60er Jahre, kursierte jahrelang die ungemein witzige Anekdote, er habe einmal bei Vertragsverhandlungen statt ⅓ "mindestens ¼ mehr" gefordert. Die Absicht, die mit dieser Anekdote verbunden ist, liegt auf der Hand; sie soll deutlich machen, daß Fußballspieler selbst zum Rechnen noch zu dumm sind. Heutzutage, wo sich Fußballprofis eigene Finanzberater leisten, hört sich diese Geschichte hoffnungslos veraltet an, aber das Vorurteil, daß es Fußballer zwar in den Beinen, nicht aber im Kopf haben, konnte sich jahrzehntelang halten und flackert noch heute ab und zu auf, wenn der Berichterstatter, durch das arrogante Gehabe der Kicker in seiner Eitelkeit gekränkt, behauptet, daß der geistige Horizont der Nationalspieler bis zu Fix-und-Foxi-Heften reiche. Hinter diesem Vorurteil steckt aber mehr, nämlich Bildungsdünkel, denn nicht von ungefähr galt der Fußballsport über Jahrzehnte hinweg als 'Proletensport'. Horst Szymaniak, ursprünglich Bergmann, dann Bademeister, bevor er Fußballprofi wurde, ist dafür nicht das schlechteste Beispiel. In den fünfziger Jahren, so zeigt ein Blick in die Spielerbiographien, kamen die meisten Spieler aus dem Arbeitermilieu.

Eton, um 1880

Dennoch würde ein falsches Bild entstehen, wenn wir den Fußballsport als Arbeitersport bezeichnen würden. Begonnen hat es ganz anders, nämlich zwischen 1830 und 1840 an den englischen public schools (Rugby, Eton, Harrow), wo die kommende gesellschaftliche Elite ausgebildet wurde. Es war allen voran die public school von Rugby, von der der moderne Fußballsport seinen Ausgang nahm. Eine zentrale Rolle spielte dabei der Schulleiter von Rugby, Thomas Arnold, der den Wert des Fußballspiels als Erziehungsmittel erkannte und es für seine Erziehungsreform nutzte. Unter seinem Einfluß wurde aus dem immer noch sehr rauen Spiel ein geregelter Sport, der der Charakterbildung der Sporttreibenden dienen sollte. Charakterbildung ist ein Stichwort des 19. Jahrhunderts und meint die Vermittlung von Normen und Werten wie Selbstbeherrschung und Selbstzucht, Gehorsamkeit und

Pflichtbewußtsein, Corpsgeist und Ordnungssinn. *"Sportsmann sein, heißt Charakter sein"*, so faßte der Herzog von Mecklenburg dieses Ideal zu Anfang dieses Jahrhunderts zusammen. Als Phase der Charakterbildung galt das Jugendalter zwischen 13 und 18 Jahren, jenes Moratorium zwischen Kindheit und Erwachsenenalter, das Mitte des 19. Jahrhunderts in England geradezu dem "Zwischenstadium des Fußballs" (so eine zeitgenössische Einschätzung) gleichgesetzt wurde. Anfang dieses Jahrhunderts wurde der Wert dieses Ideals auch im Wilhelminischen Deutschland erkannt. *" 'Play the game', sagt der Engländer"*, heißt es im Jahrbuch des Deutschen Fußballbundes für das Jahr 1910, *"und damit meint er nicht das Spiel, sondern das Leben... Zwei Begriffe hat man schon dem Knaben immer wieder vor Augen gehalten: 'fair play' — der vornehmste Lebensinhalt, 'gentlemanlike' — die höchste Würde der Persönlichkeit. So ist es für ihn eine Selbstverständlichkeit, daß der 'gentleman' stets 'fair play' üben muß. Er darf durch keine Niederlage entmutigt, durch keinen Sieg übermütig werden, er darf keinen unlauteren Vorteil benutzen, keine Ränke, Schliche, kleinliche Argumente kennen. 'Seelengröße' — das ist der tiefe Sinn des kindischen Spiels."* Die "Zehn Gebote des Sports" von Carl Diem, die in der vorliegenden Form noch 1960 veröffentlicht wurden, illustrieren recht gut die erwünschten Verhaltensstandards:

Die Zehn Gebote des Sports
1. *Treibe Sport um des Sportes willen ohne Eigennutz und Ehrsucht, treu den Regeln und treu deinen Freunden; stark-sein gehört zu gut-sein.*
2. *Übe folgsam, beharrlich, pflichtbewußt und freudig; solange du lebst, bist du übungsfähig.*
3. *Setze im Sport deine ganze Kraft ein, aber lasse den Sport Begleitmelodie und nicht Inhalt deines Lebens bleiben.*
4. *Gebe niemals auf, nicht im Training und nicht im Kampfe, aber aller Sport ist nicht eine Stunde Kranksein wert.*
5. *Weiche keinem Kampfe aus — verzichte ritterlich auf jeden zufälligen Vorteil — erstrebe statt des Beifalls der Zuschauer den Lob deines Gewissens.*
6. *Suche den stärksten Gegner und achte ihn als deinen Freund; der Gast hat immer recht.*
7. *Siege mit Stolz ohne Prahlen, verliere mit Würde ohne Entschuldigung oder Murren; wichtiger als Sieg ist die Haltung.*
8. *Folge wortlos dem Schiedsrichter, auch wenn er zu irren scheint.*
9. *Der erste Glückwunsch gelte deinem Besieger — der erste Dank dem Unterlegenen; für dich oder deine Mannschaft darf es nur einen Wunsch geben: möge immer der Beste gewinnen!*
10. *Halte dich rein an Körper, Geist und Gesinnung; lege Ehre ein für dich, deinen Verein und dein Land.*

(Aus: Carl Diem, Wesen und Lehre des Sports und der Leibeserziehung. Berlin 1960, 24.)

Nicht zufällig nahm die Erziehungsreform und die mit ihr verbundene Sportbewegung von Rugby seinen Ausgang, denn die Schüler von Rugby stammten, im Unterschied zu denen von Eton und Harrow etwa, zu einem außerordentlich geringen Prozentsatz (der niemals 7% der Schülerschaft überstieg) aus dem Adel. Die Schüler von Rugby repräsentierten den Nachwuchs des modernen Bürgertums, sie präparierten sich für Industrie und Handel, Administration und Rechtsprechung und die zu vermittelnden Normen und Werte konnten sich in diesen Bereichen nur als nützlich erweisen. Der Durchsetzung der Verhaltensstandards diente das Regelwerk, das erstmals 1846 schriftlich niedergelegt wurde: *"The Laws of Football as Played at Rugby School"*. Nicht von ungefähr ist hier von *laws*, von Gesetzen die Rede, denn in der Tat gemahnt das Regelwerk im Mikrobereich des Fußballsports an das Gesetzeswerk auf der gesellschaftlichen Makroebene.

Diese Regeln waren nach heutigem Standard noch nicht weit entwickelt und ausdifferenziert, sie enthielten aber erstmals Richtlinien hinsichtlich Umfang und Grenzen des körperlichen Einsatzes beim Spiel, deren Tenor man mit "hart, aber fair" umschreiben kann. Die schriftlich festgelegte Unterscheidung von legitimer und illegitimer Gewalt war historisch absolut neu; gerade diese Unterscheidung weist auf den pädagogischen Charakter des Spiels hin. Wenn wir uns z.B. Regel 16 aus den laws von Rugby ansehen *"Ein Spieler, der einen anderen angreift, darf nur einen Arm festhalten; jedoch darf 'hacken'* [d.h. vors Schienbein treten] *oder den Ball aus der Hand schlagen, wenn der andere versucht, ihn abzuwerfen oder über die Berührungslinie zu gehen"*, dann zeigt sich hier das rationale Kalkül bei der Anwendung körperlicher Gewalt. Durch die Unterscheidung von illegitimer und legitimer Gewalt sollten Selbstdisziplin (= Verzicht auf illegitime Gewalt) und Durchsetzungsvermögen (= Anwendung legitimer Gewalt) zugleich trainiert werden.

Bekanntlich wurde in Rugby noch mit "Aufnehmen des Balles", wie es damals hieß, also mit Hand und Fuß gespielt. 1849 folgte Eton mit einem eigenen Regelwerk, das, um sich vom Konkurrenten Rugby abzusetzen, das Fußballspiel als reines *Fuß*ballspiel (also unter Bestrafung des Handspiels) fixierte; dieser Regelung schlossen sich unter anderem Cambridge und Harrow an. Offensichtlich ist im Verbot des Handgebrauchs ein zusätzliches Disziplinierungselement enthalten; es gehörte eine Menge an Selbstbeherrschung dazu, im Kampfgetümmel nicht von der Hand Gebrauch zu machen. Wie unnatürlich das reine Fußballspiel manchen Zeitgenossen erschien, geht aus einer 1898 veröffentlichten Polemik eines deutschen Gymnasialprofessors gegen die "Fußlümmelei", so der Titel der Polemik, hervor:

"Laßt euch doch lieber beide Arme abhacken oder mit Lederriemen doppelt und dreifach an den Leib schnüren! Sie sind ja doch nur eine stete Versuchung bei eurem wundersamen Spiel! Und dann: Läge es eigentlich nicht ganz im Zuge des Spiels, wenn den Teilnehmern auch noch der Kopf abgesprochen würde! Der Mensch wäre dann nur noch ein ungeheurer Stiefel."

Wichtig ist nicht die Entwicklung der einzelnen Regeln (sie sind leicht in Fußballhandbüchern nachlesbar), zu betonen ist vielmehr die Tatsache der Entwicklung eines Regelwerks als solche. Denn dieses Regelwerk ist, über seinen Beitrag zur Disziplinierung und Zivilisierung des Spielverhaltens hinaus, von grundsätzlicher Bedeutung für den Verbürgerlichungsprozeß, dessen Ausdruck und Mittel der Fußballsport ist. Wie schon anhand der Analogie von Regelwerk und Gesetzeswerk angemerkt, trägt die Tendenz zur Verregelung von Tatbeständen selbst schon bürgerliche Züge. Es ist offensichtlich, daß bei der Festlegung der *Anzahl* der Spieler, der *Maße* des Spielfeldes, des Tores (*"Länge 7,32 m, Höhe 2,44 m"*) und des Balles (*"nicht unter 68 cm oder über 71 cm"*); der Präzisierung der Spiel*dauer* und der Zeiteinheiten (*Halbzeiten*) sowie eines Spielzeitplanes (*Saison*), der *Punkte*bewertung und des Tor*verhältnisses* sowie der *Tabelle* Vorstellungen Pate gestanden haben, die im Wirtschaftsleben üblich waren. All das gab es im volkstümlichen Ballspiel nicht; zuweilen standen sich mehrere hundert Personen auf beiden Seiten gegenüber; das Spielfeld war die ganze Stadt mit den beiden Stadttoren oder Feld, Wald und Wiesen zwischen zwei Dörfern; gespielt wurde bis zum Anbruch der Dunkelheit — hier spiegelt sich die naturorientierte Zeiteinteilung von Agrargesellschaften.

"Länge 7,32 m, Höhe 2,44 m"

"nicht unter 68 cm oder 71 cm"

Die Festlegung von Anzahl und Maßen, wie sie im Verlauf des 19. Jahrhunderts eingeführt wurde, entspricht, ohne Analogien überstrapazieren zu wollen, der Vereinheitlichung von Maßen und Gewichten als Voraussetzung der Konkurrenz; sinnbildlich kommt diese Gleichheit als Voraussetzung der Konkurrenz in den Halbzeiten, im Wechsel der Seiten zum Ausdruck: jede der beiden Mannschaften soll einmal gegen die Sonne oder mit dem Wind im Rücken spielen.

Die Addition von Punkten und Toren und die Erstellung von Tabellen erinnern nicht von ungefähr an die Buchführung, und die Verzeitlichung des Spiels korrespondiert mit dem durch den industriellen Kapitalismus bewirkten Umschlag zur zeitlich bemessenen Arbeit, die ihren gültigsten Ausdruck in der Wendung "Zeit ist Geld" erfährt.

An diesen Erscheinungsformen setzt die These von der strukturellen Konformität von *Arbeit* und *Sport* an. In der Tat ist die modellhafte Übereinstimmung auf den ersten Blick verblüffend: die Zeiteinteilung, das zeitlich begrenzte Spiel (schön ausgedrückt in der Wendung "Spiel gegen die Uhr"); die Herausbildung eines arbeitsteiligen Systems, der Spezialisierung von Spielern (in Verteidiger, Läufer, Stürmer); die Entwicklung von Spielsystemen vom 2-3-5- über das W-M-System bis hin zum 4-4-3-System, Systeme, die an die gefügeartige Kooperation im Betrieb erinnern.

Doch fällt auf, daß die Quantifizierung und Regulierung beim Fußballsport Grenzen hat. Regulierbar sind vor allem die Rahmenbedingungen des Spiels, die gleichen Ausgangsbedingungen als Voraussetzung der Konkurrenz, die Ge- und Verbote, die in Regeln zusammengefaßt sind, weniger aber das Spielverhalten selbst. Im Unterschied zu den sogenannten c-g-s-Sportarten, bei denen es um gemessene Weiten-, Höhen-, Gewichts- und Zeitleistungen geht (Paradebeispiel ist die Leichtathletik), ist der Fußballsport nicht bis ins letzte programmierbar, der Fußballspieler nicht bis ins letzte manipulierbar. Die c-g-s-Sportarten sind auf Rekorde ausgerichtete Sportarten und spiegeln das Leistungsdenken weitaus direkter; der Fußballsport selbst ist nicht auf Rekorde ausgerichtet, obwohl es eine Reihe künstlicher Rekorde gibt, die zum größten Teil von Journalisten erdacht wurden (Rekordergebnisse, Torschützenlisten, "ewige" Bundesligatabellen, die meisten Spieleinsätze, die längsten Serien usw.usf.). Daß diese Rekorde künstlich sind, zeigt sich daran, daß sie nicht konstitutiv für das Spiel sind; die leichtathletischen Disziplinen z.B. würden aber ohne das Streben nach neuen Rekorden letztenendes ihren Sinn verlieren. Auch nutzt es dem Fußballspieler nichts, sich eine Glatze schneiden oder Luft ins Gedärm pumpen

Vom Zielband . . .

zu lassen, um Sekunden zu schinden wie im Schwimmsport; noch lassen sich Fußballspieler züchten (ein Rastelli wäre eher fehl am Platze) oder nach biologischen Kriterien auswählen (obwohl es da auch Stereotypen gab: der Stopper war immer der längste Spieler, die Außenspieler klein und wieselig und der Mittelstürmer untersetzt und bullig).

Während c-g-s-Sportarten mit ihrem Rekordstreben tayloristisch, d.h. mit Methoden der sogenannten Arbeitswissenschaft bearbeitbar sind (durch spezielle Trainingsprogramme, biologische und biophysische Manipulation sowie durch genetische Auswahl und Zucht), sind Fußballspieler in diesem Sinne kaum oder gar nicht dressierbar. Mehr noch: man spielt nicht gegen die Uhr wie man gegen sie läuft.

Die Analogie von Arbeit und Sport hat beim Fußball offensichtlich ihre Grenzen, aber dennoch sind dort gesellschaftliche Übereinstimmungen, die es festzuhalten gilt: die Leistungsorientierung und das Konkurrenzprinzip auf der Grundlage der Gleichheit der Ausgangsbedingungen, die durch das Regelwerk garantiert zu werden scheint.

Der moderne Fußballsport ist aber nicht nur hinsichtlich seiner Verregelung bürgerlicher Sport, sondern, in seiner Entstehungsphase, auch in bezug auf die soziale Stellung der Sportler. Aus der Mitgliederstatistik des 1857 gegründeten FC Sheffield, einer der ersten Fußballvereine der Welt, für das Jahr 1858 geht hervor, daß von den 29 Vereinsmitgliedern allein 11 Fabrikanten waren; die zweitstärkste Gruppe stellten die Rechtsanwälte. Ähnlich sah es im Wilhelminischen Deutschland aus: vor dem Ersten Weltkrieg bestand die Nationalelf fast ausschließlich aus (angehenden) Akademikern, Menschen, die, wie es so schön hieß, sowohl im Sport wie im Leben "ihren Mann standen". Das ist nicht

. . . zum Zielfoto

verwunderlich, wenn man berücksichtigt, daß auch in Deutschland das Fußballspiel ein Schulspiel war und es bis in die 90er Jahre hinein auch blieb. 1874 führte Professor Koch das Fußballspiel am Martino-Katharineum-Gymnasium in Braunschweig ein; auch hier durchaus erzieherisch gedacht, als Instrument der Selbstzucht, vor allem auch gegenüber den Gefahren, die den damals grassierenden Schülerverbindungen, Vorläufer der studentischen Kneipereien, zugeschrieben wurden.
Aus diesen Schülervereinen sind die meisten der frühen Fußballvereine hervorgegangen: der Hamburger SV z.B. wurde von Schülern des Wilhelm Gymnasiums, der 1. FC Nürnberg von ehemaligen Mittelschülern, der VfB Leipzig, der erste deutsche Fußballmeister (1903), wurde von Schülern, Studenten und Kaufleuten gegründet. Diese Vereine waren keine Ausnahme, sondern die Regel. Zwar nicht ausschließlich, aber doch in erster Linie wurde der Fußballsport von Schülern der Realgymnasien und der (Ober-)Realschulen aufgegriffen, in Schulen mithin, die mit ihrem neusprachlichen und naturwissenschaftlichen Zweig den Interessen des modernen Bürgertums am ehesten entsprachen. Auf den der humanistischen Bildung huldigenden Gymnasien hingegen wurde das Fußballspiel häufig verboten, da es nicht dem Ideal des 'mens sana in corpore sano' entsprach; dies schien im "Deutschen Turnen" verwirklicht, während das Fußballspiel als "englische Sportfexerei" abgetan wurde.

Der Fußballsport ist, entstehungsgeschichtlich, organisatorisch und personell, ursprünglich ein bürgerlicher Sport bzw. Sport eines besonderen Zweiges der bürgerlichen Klasse. Wie aber ist er zu den Arbeitern gekommen?
Hier soll es nicht um die Frage gehen, wie einzelne Arbeiter zu bestehenden bürgerlichen Vereinen gestoßen sind; es soll vielmehr gefragt werden, wie es zu Vereinsgründungen gekommen ist, bei denen Arbeiter von Anfang an eine — zumindest zahlenmäßig — vorherrschende Rolle spielten. Tony Mason ist dieser Frage für die englischen Verhältnisse nachgegangen (Tony Mason, Association Football and English Society 1863-1915) und zu dem Ergebnis gelangt, daß diese Vereine im wesentlichen aus drei institutionellen Zusammenhängen hervorgegangen sind: *Kirche, Betrieb* und *Kneipe*.
Mit ihren Knaben- und Jugendklubs, Lehrlings- und Jünglingsvereinen spielte die Kirche für die Nachkommen aus dem Arbeiter-, Handwerker- und Kleinbürgermilieu eine ähnliche Rolle wie die Gymnasien und Oberrealschulen für die Bürgersprößlinge. Fußball erwies sich als ein besonders geeignetes Mittel, um die Jugend von der Straße in die Jugendpflegeeinrichtungen zu holen, und als ein — positiv gewerteter — geheimer Erzieher überdies:
"Hier (beim Fußball)", schrieb ein Beobachter der Knabenklubs im Jahre 1913, *"lernt der Knabe, seinen Eigenwillen dem Wohl des Ganzen unterzuordnen. Jeder hat seine Stelle, seine Aufgabe, und wehe dem, den ungezügeltes Temperament oder der Ehrgeiz, sich hervorzutun, über seine Grenzen treibt. So wird das Spiel auch eine Erziehung zur Disziplin. Und es fördert in hervorragender Weise den Korpsgeist, ohne den der Klub nicht bestehen kann."*

Gegen Ende des 19. Jahrhunderts waren nach Mason immerhin rund ein Viertel aller englischen Fußballklubs aus Spielgruppen hervorgegangen, die im Rahmen der konfessionellen Jugendpflege eingerichtet worden waren; der berühmteste, noch heute bestehende Verein ist Aston Villa. Auch auf Deutschland, insbesondere auf das Ruhrgebiet trifft dies zu. Ein Beispiel für einen Klub, der aus einem konfessionellen Jünglingsverein hervorgegangen ist, bietet Hamborn 07. In der Festschrift zum 50jährigen Vereinsjubiläum heißt es dazu: *"Abgeschlossen lebten wir dagegen in Hamborn dahin, und nur der katholische Jünglingsverein der St.Johann-Pfarre bot uns Hambornern Gelegenheit zu sportlicher Betätigung. Der äußerst rührige,*

"Jugendpflege"

weitsichtige Präses des Vereins, Kaplan Roters, hatte als einer der wenigen seines Amtes schon damals erkannt, daß es für die Jugend keine bessere Betätigung geben konnte, als im Spiel und Sport Erholung zu suchen. Eine kleine Wiese an der Bremenkampstraße kann das Recht in Anspruch nehmen, der erste Sportplatz in Hamborn gewesen zu sein, wo anfangs Schlagball und Faustball vorherrschten, bis eines Tages von Kaplan Roters ein Ball von nicht gekannter Größe unter die begeisterte Jugend geworfen wurde. Nun begann allabendlich ein munteres Jagen, wobei 30 und mehr Jungen hinter einem Ball herliefen; denn Spielregeln kannte man noch nicht, sondern man wußte nur, daß der Ball durch die Tore getreten werden mußte."

Aus diesem Jünglingsverein im Duisburger Arbeiterviertel Hamborn ging 1903 der Hamborner Ballspielclub, Vorläufer von Hamborn 07, hervor — allerdings gegen den Willen von Kaplan Roters, der die jugendlichen Vereinsgründer wegen dieser "Unbotmäßigkeit", wie es in der Vereinsfestschrift heißt, aus dem Jünglingsverein ausschloß. Als unbotmäßig galt in jener Blütezeit der Jugendpflege alles, was von Jugendlichen selber organisiert wurde; waren solche aus den Kreisen der Jugendlichen hervorgegangenen Vereine nicht übergeordneten Organisationen angegliedert und unter der Leitung erwachsener "Respektspersonen", dann galten sie von vornherein als "wilde Auswüchse".

Die Jugend zu lehren, *"ihren Eigenwillen dem Wohl des Ganzen unterzuordnen"*, dazu diente auch das zweite große Kontingent, die Betriebs- und Werksmannschaften. Aus paternalistischer Sicht wurde der Betriebssport nicht nur als förderlich für die Gesundheit und Disziplin angesehen, vor allem diente er auch als ein Hebel zur Steigerung der Identifikation der Arbeiter mit 'ihrem' Betrieb. Zum Beispiel wurde einer der berühmtesten englischen Fußballklubs, West Ham United, 1895 von der Unternehmensleitung der *Thames Ironworks* gegründet, um, wie es heißt, *"die Beziehungen zwischen Arbeitern und Geschäftsleitung"* zu verbessern. Diese von "oben" durchgeführte Einrichtung eines Werksklubs darf aber nicht vergessen lassen, daß es eine nicht unbeträchtliche Anzahl von Werksmannschaften gab, die von "unten", aus der Eigeninitiative der Arbeiter entstanden. Für England kann man als ein berühmtes Beispiel Arsenal London (ursprünglich Arsenal Woolwich) nennen.

Den dritten großen Block bildeten Kneipenvereine, unseren heutigen Kneipen- und Thekenmannschaften ähnlich. Dieser Entstehungshintergrund kommt heute noch im Vereinslokal zum Ausdruck, das häufig nicht nur Verkehrslokal, sondern auch Ursprungsort eines Vereins ist. Gewiß spielt das geschäftliche Interesse des Wirts bei solchen Gründungen eine tragende Rolle, doch darf man, abgesehen von ganz praktischen Erwägungen (Kneipe als Umkleidekabine; Platz hinter dem Lokal), nicht die soziale Bedeutung der Kneipe im 19. und frühen 20. Jahrhundert vergessen; als sozialer Treffpunkt der Nachbarschaft war sie gewissermaßen das "Kommunikationszentrum" des Wohnviertels.

Neben diesen drei großen Blöcken — Kirche, Betrieb und Kneipe — gibt es schließlich noch einen vierten, den eigentlich *wilden* Bereich, die selbstorganisierten Straßen- und Wohnviertelmannschaften. Die überwältigende Mehrzahl dieser Mannschaften war gewiß kurzlebiger Natur, aber auch dort, wo aus solchen Mannschaften später eingetragene Vereine hervorgegangen sind, ist häufig über diese Vergangenheit nichts bekannt; die offizielle Geschichte beginnt erst mit der Vereinsgründung. So läßt sich über die quantitative Bedeutung dieses Bereichs wenig aussagen; immerhin sind aus solchen Anfängen Tottenham Hotspurs in England und Schalke 04 in Deutschland hervorgegangen.

Abgesehen von diesen vier Bereichen gab es in Deutschland aber noch eine weitere Quelle, die als deutsche Besonderheit einzuschätzen ist, der Fußballsport nämlich, der im Rahmen der sozialistischen Arbeitersportbewegung organisiert wurde.

Obwohl der Arbeiter-Turnerbund bereits im Mai 1893 als erster proletarischer Körperkulturverband der Welt gegründet wurde, gelangte der Fußballsport erst recht spät in den Blick der Arbeitersportfunktionäre. Das lag sicherlich u.a. daran, daß im Arbeiter-Turnerbund die spielerisch-sportliche Betätigung von Arbeitern im direkten Zusammenhang mit der physischen Reproduktion gesehen wurde. Spiel und Sport sollten die Bewegungsdefizite der industriellen Arbeit ausgleichen und der körperlichen Ertüchtigung der Arbeiter dienen. Gymnastik, Turnen, Radfahren und Wandern schienen dafür weitaus geeigneter zu sein als Fußball; diese Einschätzung schlägt sich auch in den Gründungsdaten der einzelnen Verbände bzw. Sektionen nieder (ATB 1893; Touristenverein *Naturfreunde* 1895; Arbeiter-Radfahrerbund *Solidarität* 1896). Noch 1901, auf dem 5. Bundestag des ATB wurde das Fußballspiel mit der Erklärung abgelehnt, daß Vereine, *"die infolge einseitiger Betätigung dem Grundprinzip der Turnerei, eine möglichst allseitige Ausbildung unseres Körpers zu erreichen, entgegenstehen, von der Mitgliedschaft zum Arbeiter-Turnerbund ausgeschlossen"* werden.

Wie in den Bildungs- und Kulturvereinen der Arbeiterbewegung orientierte man sich auch in der Arbeiter-Turnbewegung an klassischen Vorbildern: sowohl die humanistischen Bildungswerte wie die allseitige körperliche Vervollkommnung griechischen Typs erschienen den Funktionären der Arbeiterkultur- und -sportbewegung als erstrebenswerte Ideale, die vom Bürgertum korrumpiert worden waren. Hinter der Ablehnung der "Spielvereine" stand aber noch mehr, nämlich die generelle Ablehnung des Wettkampfsports, der als genuin bürgerlich galt und dem Solidaritätsgedanken abträglich erschien. In der Tat trieb der Wettkampfsport in seinen Anfängen seltsame Blüten. So hieß es z.B. in einem (damals üblichen) "Spielvertrag" zwischen den Fußballvereinen Germania 88 und Victoria 89 Berlin vom 14.6.1891 unter Punkt 2: *"Der siegende Klub gewinnt den Preis in Gestalt von 11 silbernen Medaillen im Werte von 60 Mark, geschrieben: 'Sechzig Mark', und hat ein Drittel dieser Kosten (Zwanzig Mark) zu tragen, während die übrigen zwei Drittel (Vierzig Mark) vom Verlierer zu bezahlen sind."*

Victoria 89

Schon aus Kostengründen kam eine derartige Wettkampfpraxis für Arbeiter nicht in Frage; der entscheidende Grund der Ablehnung aber war erzieherischer Natur: Spiel und Sport sollten der Erholung, der Körperertüchtigung und der Bildung von Körper und Geist dienen; damit wurde die kompensatorische Komponente des Sports unterschätzt.

Erst 1909, auf dem 9. Bundestag, wurde mit dem Beschluß, daß *"Spielvereine, die die Statuten des ATB anerkennen, in den ATB aufgenommen werden dürfen"*, die Bildung von Fußballabteilungen zugelassen und erst 1920, auf dem 12. Bundestag der nunmehr Arbeiter-Turn- und Sportbewegung genannten Bewegung wurden deutsche Meisterschaften in der nun selbständigen Sparte Fußball beschlossen und damit der Wettkampfsport in den Reihen der proletarischen Turn- und Sportbewegung offiziell anerkannt.

Im Jahre 1920 nahmen dann 48.000 Arbeiterfußballer den Kampf um die erste Deutsche Fußballmeisterschaft des ATSB auf. 1930 waren in der Sparte Fußball des ATSB 140.000 Fußballer in 10.000 Mannschaften aus 4.000 Vereinen organisiert; sie war damit, nach der Sparte Turnen und dem Arbeiter-Rad- und Kraftfahrerbund *Solidarität* die drittgrößte Gruppierung im Rahmen der Arbeiter-Turn- und Sportbewegung. Dem standen aber zur gleichen Zeit 30.000 DFB-Mannschaften mit mehr als 900.000 Mitgleidern gegenüber, von denen der größte Teil ebenfalls aus der Arbeiterklasse stammte.

Arthur Hopcraft hat die über die funktionale Bestimmung hinausgehende Bedeutung des Fußballsports, vor allem für den Zuschauer, unübertrefflich formuliert:

"Fußball hat nicht die Bedeutung von Essen und Trinken (eben die funktionale Sicht, R.L.), *sondern die Bedeutung, die für den einen die Lyrik, für den anderen der Alkohol hat."* Dieser Dimension können wir uns vielleicht über das annä-

hern, was ich mit "sozialer Mythenbildung im Fußballsport" bezeichnen möchte. Jeder von uns kennt dieses von der Wissenschaft vernachlässigte Phänomen: quer zur ökonomischen, politischen und sozialen Wirklichkeit, ja ihr zum Hohn, werden heute noch Fußballvereine von Anhängern (vor allem, aber nicht ausschließlich, der älteren Generation) soziokulturell differenziert in "feine Vereine" bzw. "Bonzenvereine" und Vereine für "einfache Leute" bzw. "Arbeitervereine". Beispiele dafür sind Bayern München (der Verein der "feinen Leute") und 1860 München (im Volksmund immer noch "Arbeiterverein"); ähnliches gilt in Hamburg für den HSV auf der einen, St. Pauli auf der anderen Seite sowie in Essen für Schwarz-Weiß einerseits und Rot-Weiß andererseits. Jede Stadt kennt ihre eigene Vereinsfolklore, und jeder Verein hat seine eigene Folklore; besonders in Pokalspielzeiten wird dieser Folklore ein neues Kapitel hinzugefügt. Aber auch bei Profivereinen kommt diese Folklore von Zeit zu Zeit, wenn man besonders stolz oder auch ungewöhnlich sauer auf den Verein ist, zum Durchbruch. Dann ist Bayern München plötzlich wieder der "Bonzenverein", obwohl er de facto nicht mehr oder nicht weniger Bonzenverein ist als 1860 München. Diese Folklore verweist auf die heimlichen Lieblinge des Volkes, auch wenn sie nicht die offizielle Fußballgeschichte schreiben. In ihr kommt ein merk-würdiges Traditionsbewußtsein zur Geltung, das allem Anschein nach auf mündlicher Überlieferung beruht, da es sich in den offiziellen Geschichtsdarstellungen, allen voran in den Vereinsfestschriften, kaum oder gar nicht niederschlägt. Zu fragen ist, welche Bedürfnisse und Wünsche, welche Erinnerungen und Hoffnungen sich in dieser Folklore niederschlagen. Vielleicht nähern wir

Schalke-Anhänger

uns einer Erklärung, wenn wir uns dem Mythos "Schalke 04" zuwenden. Schalke 04 ist ohne Zweifel der berühmteste unter den ursprünglich "wilden Vereinen", d.h. Vereine, die aufgrund nicht ordnungsgemäßer Satzung, fehlenden Leumunds, mangelnder finanzieller Mittel u.a.m. vom DFB bzw. dem jeweiligen Landesverband zunächst nicht anerkannt wurden und denen damit auch nicht gestattet war, gegen Vereine, die dem DFB angeschlossen waren, anzutreten. Gerade in der Anfangsphase des DFB galt jeder von Arbeitern ins Leben gerufene Verein, der nicht über einen Bürgen aus dem (Klein-)Bürgertum verfügte, per se als suspekt; das hat gewiß etwas mit der damaligen Vereinsgesetzgebung, aber auch etwas mit dem bürgerlichen Führungsanspruch zu tun. Auch jener 1904 von Jugendlichen aus der und um die Hauergasse im Schalker Westen, unweit der Zeche Consolidation gegründete Verein, zunächst Westfalia Schalke genannt, galt den DFB-Vertretern als fragwürdig; wie es hieß, wurde offiziell dessen "Lebensfähigkeit" bezweifelt. Bis auf eine einjährige Zugehörigkeit zum Rheinisch-Westfälischen Spielverband im Jahre 1909/10 (über deren Zustandekommen mir nichts bekannt ist) bleibt der Verein bis 1915 "wild". Erst dann gelang der Eintritt in den nunmehr Westdeutsch genannten Spielverband, aber zu jener Zeit leitete auch kein Schlosser mehr — wie zu Anfang — den Verein, sondern ein Bankangestellter namens Robert Schuermann.

Diese dunkle Geschichte des zu Anfang als "fragwürdig" eingeschätzten Vereins hat gewiß zum Mythos "Schalke 04" beigetragen; wesentlicher aber war, daß der Verein als Immigrantenverein galt. In den 20er Jahren jedenfalls arbeiteten die meisten Spieler noch auf dem Pütt, und es waren vor allem die Söhne von Arbeitsimmigranten, die das Schalker Kreiselspiel prägten: Kuzorra, Szepan, Tibulski. Die Beziehung zwischen Arbeitsimmigranten und Schalke 04 war so offensichtlich, daß der Ruhrgebietsforscher Breloh vermerkt, daß *"die polnische Presse ... sowie die Regierung von Warschau Versuche gemacht haben, den Verein als polnisch erklären zu lassen"*. So abstrus, wie es klingt, war dieser Versuch nicht, denn immerhin galt Gelsenkirchen zu Anfang dieses Jahrhunderts geradezu als Verteilerstelle von Arbeitsimmigranten im Ruhrgebiet, und die in oder an der Grenze von Schalke liegenden Zechen Consolidation und Graf Bismarck wiesen die höchsten Anteile von Arbeitsimmigranten an der Belegschaft auf; 1907 waren es bei der Consolidation circa 55%, bei Graf Bismarck rund 70%, der höchste Anteil aller Ruhrzechen. Diese Arbeitsimmigranten wurden, wie heute die Türken als "Kanaken", damals als "Polacken" beschimpft, und da ihnen der Zugang zu den Vereinen der alteingesessenen 'Pohlbürger' verwehrt blieb, waren sie gewissermaßen gezwungen, ihre eigenen Vereine zu gründen; Vereine zur Pflege des Brauchtums über Unterstützungskassen bis hin zu Fußballklubs. In einer als fremd oder gar feindlich empfundenen Umgebung wurden diese Vereine zu einem Erfahrungsfeld von Gemeinschaftsgefühl und Solidarität. Dieser Aspekt gilt nicht nur für Schalke und nicht nur für das Ruhrgebiet; er tritt überall dort auf, wo sich Menschen in veränderten Verhältnissen zurechtfinden müssen. Die Identifikation mit dem Verein ist unter solchen Umständen ein Stück Selbstfindung, eine Art Standort-

Brüllen und Pfeifen, Jubeln und Fluchen

bestimmung unter schwierigen Bedingungen. Daß Identifikation nicht neutral sein kann, liegt auf der Hand. Eben Neutralität aber forderte die bereits skizzierte Ethik des Sportmannes, die nicht nur für die Spieler, sondern auch für die Zuschauer gedacht war. Der Zuschauer aus der Arbeiterschicht war jedoch ganz offen ein entschiedener, zuweilen fanatischer Anhänger seines Teams, der seine Begeisterung (und seine Enttäuschung) lautstark und durchaus parteilich kundtat. Nur auf der Folie der Vorstellungen vom Liebhaber des Spiels, der sich an gelungenen Spielzügen ergötzt und fairerweise auch dem Gegner applaudiert, ist jene Liste von Verhaltensvorschriften, eine Art Knigge für Fußballzuschauer, zu verstehen, die der FC Sheffield 1907 veröffentlichte und die ganz offensichtlich auf den proletarischen Zuschauer ausgerichtet war:

"Buh den Schiedsrichter nicht aus, nur weil er eine Entscheidung trifft, die du nicht für richtig hältst...

Schrei nicht 'Vom Platz', wenn ein Spieler der gegnerischen Mannschaft ein Foul an einem Spieler deines Teams begeht...

Werde nicht zu einer Nervensäge für die um dich Herumstehenden durch andauerndes Brüllen...
Beiß nicht die Nase deines Nachbarn ab, nur weil er anders denkt als du. Dreh nicht durch oder werde schlecht gelaunt, wenn du über den einen oder anderen Spieler diskutierst..."
Es ist diese offene, sich unzivilisiert gebärdende Anteilnahme, die sich im Brüllen und Pfeifen, im Jubeln und Fluchen, wissenschaftlich: im Verlust der Affektkontrolle äußerte, die nicht unwesentlich zur Einschätzung des Fußballsports als Proletensport — immerhin eine moralische und keine soziale Kategorie — beigetragen hat. Hinter dieser affektiven Anteilnahme stand eine Identifikation des Zuschauers mit 'seinem' Verein, die Sieg oder Niederlage durchaus persönlich empfand, ein Sieg des Vereins war auch ein Sieg des Anhängers, während eine Niederlage einen eh nicht sonnigen Alltag noch zusätzlich verdüsterte.

Die Besonderheit von Schalke 04, um darauf zurückzukommen, gegenüber anderen Vereinen aus dem Arbeitermilieu lag darin, daß er der erste von Arbeitern gegründete Fußballverein war, der sich innerhalb des bürgerlichen Sportbetriebs, d.h. innerhalb des DFB, hat durchsetzen und nationalen Ruhm erringen können. In dieser Hinsicht spielte Schalke in Deutschland eine ähnliche Rolle wie Manchester United (gegründet von Eisenbahnarbeitern) und Arsenal London (gegründet von Arbeitern einer Waffenfabrik) in England: der Verein wurde zum Symbol eines imaginären Sieges der Arbeiterklasse und damit zum Symbol eines imaginären Aufstiegs in der bürgerlichen Gesellschaft. Es ist dieser Aspekt, der vielleicht verständlich macht, warum in den 20er Jahren gerade Schalke 04 und nicht der sozialistische 'Lager'verein Rotsport Schalke die proletarischen Massen anzog. Aber die Angelegenheit hat auch eine Kehrseite. Schalke 04 war nicht nur, im Verhältnis zu den Arbeitersportvereinen, der — gewissermaßen — offizielle Repräsentant des Arbeiterfußballsports im Rahmen des bürgerlich organisierten Sportbetriebs, er war zugleich der in den bürgerlichen Sportbetrieb integrierte Repräsentant. Dies machte den Verein und seine Anhänger anfällig für ideologische Vereinnahmung. Bei keinem anderen Spitzenverein ist ein Eingehen auf die Klassenlage von Spielern und Zuschauern so deutlich wie bei Schalke. Die für den Fußballsport einmalige Benennung der Spieler durch eine ständische Bezeichnung aus dem Bergbau ("Knappen") sowie die Benennung des 1928 eröffneten, im Arbeiterviertel Schalke gelegenen Stadions als "Glückauf-Kampfbahn" machen die ganze Ambivalenz deutlich, die in dieser Vereinnahmung durch Übernahme von Begriffen aus der Arbeits- und Lebenswelt der Bergarbeiter steckt. Welche Folgen das — nicht auf der unmittelbaren Ebene politischen Handelns (etwa Wahlverhalten), sondern auf der weitaus bedeutenderen, weil 'dichteren' Ebene des Alltags — hatte, ist bislang nicht untersucht worden. Vor allem ist bis heute noch nicht überprüft worden, was es eigentlich bedeutet, daß Schalke 04 seine Blütezeit mit sechs gewonnenen Deutschen Meisterschaften ausgerechnet in der Zeit des Nationalsozialismus hatte.

Bereits in den 50er Jahren galten die Schalker Spieler bei vielen Zuschauern im Revier als arrogant und pomadig. Die wirklichen Bergarbeitervereine jener Zeit waren Sportfreunde Katernberg, SpVgg Erkenschwick und vor allem der Sportverein Sodingen, der 1955, als er in die Endrunde der Deutschen Meisterschaft gelangte, eine ähnliche Begeisterung auslöste wie Schalke in seinen Anfangszeiten. Zum letzten Mal wurde ein sozialer Mythos geboren, vom Arbeiterverein, der es den 'Bonzen'vereinen gezeigt hatte. Soziale Mythen dieser Art werden aber nur reaktiviert, wenn es einen Grund (sprich: Erfolg) gibt. Im Falle des Mißerfolgs schlummern diese Mythen, weil sie, Kehrseite der Medaille, an eine Niederlage gemahnen.

Literaturauswahl

Volksfußball

Magoun, Jr., Francis Peabody, History of Football. From the Beginnings to 1871, Bochum-Langendreer 1938
Elias, Norbert/Dunning, Eric, Folk Football in Medieval and Early Modern Britain, in: E. Dunning (ed.), The Sociology of Sport, London 1971

Vom Volksfußball zum Fußballsport

Dunning, Eric, 'Volksfußball' und Fußballsport, in: W. Hopf (Hrsg.), Fußball. Soziologie und Sozialgeschichte einer populären Sportart, Bensheim 1979
Ders., Industrialization and the Incipient Modernization of Football, in: Stadion Nr. 1/1975

Association Football (Soccer)

Mason, Tony, Association Football and English Society 1863-1915, Sussex 1980
Young, Percy M., A History of British Football, London 1968

Deutschland

Autorenkollektiv, Fußball in Vergangenheit und Gegenwart, 2 Bde., Berlin(DDR) 1976 (vor allem Bd. 1)
Hopf, Wilhelm, Wie konnte der Fußball ein deutsches Spiel werden?, in: Ders. (Hrsg.), Fußball..., a.a.O.
Koppehel, Carl (Bearbeiter), Geschichte des Deutschen Fußballsports, hrsg. in Zusammenarbeit mit dem Deutschen Fußballbund, Frankfurt/M. 1954

Regional

Lindner, Rolf/Breuer, Heinrich Th., 'Sind doch nicht alles Beckenbauers'. Zur Sozialgeschichte des Fußballs im Ruhrgebiet, Frankfurt/M. 1982[3] (1978[1])
Väth, Heinrich, 'Mir wor'n halt ein wilde Haufe'. Die Sozialgeschichte des Fußballsports in einem Spessartdorf, Bensheim 1981

Lokal

Gehrmann, Siegfried, Fußball in einer Industrieregion. Das Beispiel F.C. Schalke 04, in: Fabrik, Familie, Feierabend. Beiträge zur Sozialgeschichte des Alltags im Industriezeitalter, hrsg. von J. Reulecke und W. Weber, Wuppertal 1978
Korr, Charles, P., Der Fußballclub West Ham United und die Anfänge des Profifußballs im Londoner East End 1895-1914, in: Arbeiterkultur. Hrsg. von Gerhard A. Ritter, Königstein/Ts. 1979

Henning Eichberg
Messen, Steigern, Produzieren

"Leistung" ist ein hochrangiger Wert in der modernen Industriegesellschaft — in ganz verschiedenen Handlungsbereichen.
"In der Schule kommt es auf Leistung an", sagt man, wenn es um Zeugnisse und Zensuren geht. In deutschen Schulen arbeitet man mit den Ziffern eins bis sechs. Und die Lokalzeitung veröffentlicht Namenslisten von Preisträgern aus dem Gymnasium: *"Für gute Leistung belohnt"* (Murrhardter Zeitung, 29.7.1980).
"Sport ist Leibesübung um Leistungen", definiert man. Man mißt Zentimeter, Gramm und Sekunde und rechnet Punkte aus. Die Sportseiten der Zeitungen sind zahlengefüllt wie sonst nur die Wirtschaftsseiten.
"Man wird im Leben nur etwas, wenn man etwas leistet", ist die Lebensphilosophie der westlichen Industriegesellschaft. Die großen Konzerne hängen "Rennlisten" aus, auf denen die Leistungen der Mitarbeiter zum Beispiel im Verkauf nach Umsatz pro Monat verzeichnet sind; nach ihnen wird befördert, belohnt oder entlassen (z.B. Canon Copylux, Rennliste Februar 1980, Abt. Verkaufsförderung). Ist das nur eine Eigenart kapitalistischer Gesellschaften?
In der DDR z.B. wird die Leistung ebenso entschieden — oder gar noch nachdrücklicher — zum "Grundwert der Gesellschaft" erklärt. Auch dort gibt es Schulzensuren nach Ziffern. Auch dort fördert man Hochleistungssport nach Zentimeter, Gramm und Sekunde; "zentrale Leistungsschauen" stellen wissenschaftliche Arbeiten von Studenten aus, und an die Stelle der Stachanowbewegung in der Stalinzeit trat in unserer Zeit die Slobinmethode zur Erhöhung der Tagesproduktion in Atomkraftwerken.
"Der Sozialismus kann nur eine Wachstums- und Leistungsgesellschaft im wohlverstandenen Sinn unserer sozialistischen Prinzipien sein. Nicht fromme Wünsche oder illusionäre Hoffnungen entscheiden über den Wohlstand des Volkes und seine Kultur, über Lebensweise aller Mitglieder der Gesellschaft, sondern das Entwicklungsniveau der Produktivkräfte und die darauf beruhende Qualität der sozialen und individuellen, der materiellen und ideellen Lebensbedingungen der Menschen. Deshalb entspricht eine bessere Nutzung des Leistungsprinzips den ureigenen Interessen aller Werktätigen...Dieses Prinzip hat auch einen tiefen moralischen Inhalt. Es stellt die fleißige und schöpferische Arbeit ins Zentrum sozialistischer Menschenbildung...Allen Tendenzen von Gleichmacherei, Nivellierung und Infragestellung des Leistungsprinzips treten wir offensiv entgegen." (Kurt Hager, Mitglied des Politbüros und Sekretär des ZK der SED im *Neuen Deutschland*, Ostberlin, 19.12.1980)
Geht man den historischen Schritt zurück in die dreißiger Jahre, so erfährt man vom "Leistungsprinzip als Nationalsozialistischen Grundsatz":
"Leistungsertüchtigung, zusammenfassende Bezeichnung für alle Maßnahmen, die dem Zweck dienen, den Leistungswillen und die Leistungsfähigkeit der schaffenden deutschen Menschen bestmöglich anzusetzen und eine Er-

tüchtigung von innen her zu bewirken...Leistungsprinzip, einer der obersten praktischen Grundsätze des Nationalsozialismus...Leistungsprüfungen, — 1). Reichsberufswettkampf. — 2). Im Sport: Sportabzeichen. — 3). In der Tierzucht zahlenmäßige Feststellung der Leistungsfähigkeit bei landwirtschaftlichen Nutztieren zum Zwecke der Zuchtwahl." (Meyers Lexikon, 8. Auflage, Band 7, Leipzig 1939, Spalte 425-427)

Unter durchaus unterschiedlichen politisch-ideologischen und ökonomischen Systemen ist man sich also (oder war sich bis vor einigen Jahren) über den Wert des Leistungsprinzips einig. Handelt es sich vielleicht überhaupt um eine Universalie, ein allgemeinmenschliches Merkmal aller Kulturen und Geschichtsepochen? Einige Autoren behaupten das.

"In der Buchführung des Weltgeschehens zählt vor allem der Beitrag derer, die Außerordentliches geleistet haben: der Helden, Götter und Übermenschen ...Es gibt kaum eine große Meldung der Menschheitsgeschichte — von den spärlichen Nachrichten über die Urzeitjäger zu den sensationellen Berichten der ersten Raumfahrer, von der Siegesbotschaft aus Marathon bis zu den Funksprüchen der Antarktisforscher —, die nicht auch Zeugnis einer sportlichen Höchstleistung ist...Die ältesten Urkunden menschlicher Höchstleistung sind Heldenlieder und Götterstatuen, Sagen, die Rekorde verherrlichen, Zaubersprüche, die zu unbezwingbaren Kräften verhelfen sollten...Daran hat sich bis heute nicht sehr viel geändert." (Walter Umminger, Helden — Götter — Übermenschen. Eine Kulturgeschichte menschlicher Höchstleistungen. Düsseldorf/Wien 1962, S. 5)

"Spontane motorische Aktivität aus spielerischem Antrieb, die nach meßbarer Leistung und geregeltem Wettkampf strebt, ... betrachte ich als universelle Verhaltensweise des Menschen, die für die Naturvölker genauso feststellbar ist wie für die frühen Hochkulturen oder die griechisch-römische Welt." (Ingomar Weiler, Der Sport bei den Völkern der alten Welt. Darmstadt 1981, S. XI)

In der Universalitätshypothese sind sich konservative Befürworter des kapitalistischen Wirtschaftssystems (wie der Soziologe Helmut Schoeck) einig mit osteuropäischen Marxisten, für die das Leistungsprinzip *"jeder existierenden Gesellschaft eigen (ist); denn ohne Leistung könnte kein Fortschritt bestehen"* (Andrzej Wohl).

Um solche Thesen zu überprüfen, ist zunächst der *Begriff der Leistung* eingehender zu umschreiben. Offenbar enthält er tatsächlich Elemente, die wir uns nur als gültig über historische Epochen und kulturelle Grenzen hinweg vorstellen können:

1. sich objektivierendes, öffentliches *Handeln* eines Individuums (in der Körperkultur: motorische Aktivität) mit dem zielgerichteten Streben nach Anpassung an eine Norm,
2. soziokulturell konditionierte *Gütemaßstäbe*, die den allgemeinen Nutzen einer Tätigkeit als positiv festsetzen.

Hinzu kommen aber einige andere, deren gesellschaftlich-kulturelle Universalität mit guten Gründen bestritten wird:

3. die Betonung des *Wettkampfes*, der (im Sport) Sieger und Besiegte oder aber Bessere und Schlechtere durch Konfrontation zur Unterscheidung bringt,
4. das Streben nach linear-skalarer *Meßbarkeit* der Leistung und also nach Standardisierbarkeit, Graduierbarkeit und Quantifizierbarkeit,
5. das Streben nach *Steigerung* von Leistung in einen offenen, unbegrenzten Horizont hinein,
6. gesamtgesellschaftliche Gültigkeit der Leistungsnormen (im Kontrast zu ständischen Differenzierungen), Streben nach *Egalisierung* der Chancen, aber auch Tendenz zur Verbindung von Leistung und sozialem Statuserwerb, also soziale *Hierarchisierung* unter Berufung auf Leistung.

Die behauptete Universalität und Zeitlosigkeit läßt sich besonders auf zwei Ebenen gesellschaftlich nachprüfen: im Kulturenvergleich (kultursoziologisch) und im Rückgriff auf Vergangenheit (historisch). Beides soll im folgenden in Kürze angerissen werden.

Bogenschießen und Kreiseln der Mentawaier

Zuerst sei ein Blick geworfen auf drei verschiedene Völker Indonesiens: Mentawaier, Niasser und Minangkabau. Die Mentawaier leben im tropischen Regenwald auf Inseln vor der Westküste Sumatras. Auf der Grundlage des Anbaus von Sago-Palmen und Taro-Kartoffeln und einer hochentwickelten Holzbearbeitung entwickelten sie ein Sozialleben in patrilinearen, klanähnlichen Lokalgruppen in Pfahlbau-Großhäusern, ohne Häuptling, aber mit Familienpriestern und spezialisierten Medizinkundigen. Ihre Spiel- und Körperkultur umfaßt neben Tänzen vor allem das Kreiseln und Bogenschießen.

Ein alter Mentawaier erinnert sich an ein Vorkommnis mit einem holländischen Offizier der Kolonialzeit:

"Nur einmal waren wir nicht mit ihm zufrieden. Er sagte, wir sollten alle an die Küste kommen und Pfeil und Bogen mitbringen. Dort hatten sie alles schön verziert und warteten auf uns auf einem großen Platz. Wir bekamen zu essen und zu trinken, und dann legten sie eine Kokosnuß hin und sagten, wir sollten darauf schießen. Das taten wir auch, und wenn jemand traf, dann schrien sie, wie wenn wir einen Affen getroffen hätten und nicht eine Kokosnuß. Zum Schluß bekamen wir unseren Lohn und durften wieder nach Hause gehen. Nur was nach unseren Gedanken nicht stimmte, das war, daß wir nicht alle gleich viel bekamen. Ein paar bekamen eine ganze Menge, und ein paar bekamen überhaupt nichts. So waren wir alle im Herzen ein bißchen zornig. Aber was sollten wir machen? Sie sind eben so, wie sie sind."

Und auf die Frage, wer denn diejenigen waren, die am meisten bekommen hatten: *"Das war es ja gerade, was wir nicht begriffen. Es ging ganz durcheinander. Sie kamen aus verschiedenen Klans."* (Mitgeteilt von Reimar Schefold, Amsterdam)

Das Bogenschießen der Mentawaier unterscheidet sich vom sportiven Bogen-

schießen der europäischen Neuzeit gerade hinsichtlich der zugrundeliegenden Leistungsmuster. Weder geht es um Wettkampf und Sieg noch um Leistungsmessen und Leistungssteigerung noch um hierarchische Honorierung von Leistungsergebnissen.
Aber die negative Bestimmung der mentawaiischen Körperübung genügt nicht. Worum es positiv geht, läßt sich am Kreiseln zeigen. Es nimmt im Dorfalltag der Mantawaier als Vergnügen von Knaben und jungen Männern einen festen Platz ein. Je ein Spielerpaar tritt an die Spielfläche zwischen den Pfahlbauten. Nachdem der erste den zapfenförmigen Kreisel geworfen hat, versucht der zweite, diesen mit seinem Kreisel zu treffen und fortzuschlagen. Derjenige Spieler, dessen Kreisel danach "tot" ist, d.h. aus dem Feld geschlagen wurde, wird beim nächsten Mal die Vorlage geben, derjenige, dessen Kreisel "lebt", d.h. weitertanzt, wird wieder den entscheidenden Wurf tun dürfen. Das punktuelle Ergebnis wird laut belacht. Und während man die weggesprungenen Kreisel unter den Pfahlbauten im Gebüsch oder in Wassergräben sucht, treten zwei andere Spieler an das Spielfeld und nach diesen wieder zwei andere, in zwangloser Reihenfolge.
So ist immer Bewegung auf dem Spielfeld, aber nicht durch einen einzigen zielgerichteten Wettkampf, sondern durch die Verflochtenheit mehrerer Handlungsstränge — so wie die Individuen und Familien in der Klangesellschaft verflochten sind. Und ebenso wie es in Klan und Dorf keinen Häuptling gibt, der zu sagen hat und durch Amt und Würde herausragt, ebenso kommt das Kreiselspiel ohne eine übergeordnete Autoritätsrolle aus. Da kontrolliert niemand den Wechsel der Spielerpaare, und kein Schiedsrichter zählt Siege oder achtet auf Regeleinhaltung. Auch ragt keine Leistung besonders heraus, denn ein Endsieger wird nicht festgestellt, und Wetten werden nicht geschlossen. So spielen häufig auch sehr ungleiche Partner, gern zum Beispiel Vater und Sohn; das tut dem Spielengagement keinen Abbruch. Dieses vermindert sich auch nicht durch die strukturelle Ungleichheit, die darin liegt, daß der "Sieger" eines Wurfes bei jedem folgenden Wurf offenbar begünstigt ist, da er ja die neue Vorlage erhält. So fehlt auch dann, wenn gleich starke Halbwüchsige oder Männer kreiseln, jede Verbissenheit des Leistens. Stattdessen wird nach jedem Wurf laut gelacht.
Die Abfolge dieser Würfe und des dadurch ausgelösten Lachens bilden zugleich eine soziale Zeitfolge, die sich von derjenigen des westlichen Leistungssports wesentlich unterscheidet. Wo in Europa der große Spannungsbogen auf die Objektivierung eines Leistungsergebnisses ausgerichtet ist, da besteht in Mantawai die Zeitkonfiguration aus einer Sequenz von je einzelnen Zeit- und Spannungspartikeln, aus einem pointillistischen Alternieren von Anspannung, Lachen und Suchen. Die Faszination liegt im Ablauf, nicht im Ergebnis.
Wie die soziale Zeit, so sagt auch der soziale Raum des Kreiselns etwas aus über die andere Konfiguration der Mentawaigesellschaft. Das Spielfeld ist nicht sauber abgegrenzt, sondern das Spiel bezieht das physische und soziale Umfeld, die Pfahlbauten und die Büsche, in denen der Kreisel gesucht werden

muß, mit ein. Und es tut dies auf eine spezifische Weise: durch die Abfolge des Wegschlagens und Zurückholens. Damit wird ein soziales Muster abgebildet, das in den traditionellen Erzählungen Mentawais immer wieder dem Ablauf zugrundeliegt: ein Mensch wird beleidigt; er antwortet nicht mit Konfrontation und Kampf, sondern geht fort. Auch im Alltag ist dieses Muster so auffällig, so daß schon koloniale Ethnologen von den "sanften Wilden" auf den Mentawaiinseln sprachen. Und schließlich spiegelt das Muster des Weggehens und Zurückholens die einzige professionelle Spezialisierung Mentawais wieder, die Aktivitätsform des Medizinmannes. Dessen Aufgabe ist es, die kranken Seelen, die beleidigt zu den Ahnen in den Wald fortgegangen sind, aufzusuchen und zur Rückkehr zu überreden. Gelingt dies, so ist der Mensch geheilt. Sobald man also den Schritt von oberflächlichen Betrachtungen — zum Beispiel über den Bogenschießsport der Mentawaier — weg und hin zur kultursoziologischen Analyse des Spiel- und Körperverhaltens tut, verflüchtigt sich die Vorstellung von dem "einen, universalen Leistungsprinzip". Stattdessen begegnet man einem "anderen Sport", im Rahmen anderer sozialer Muster, ohne Sieger und ohne Häuptlinge, bzw. positiv: mit einer eigenen sozialen Zeit und einem eigenen sozialen Raum, Abbild einer gewissermaßen anarchischen Ordnung, der das koloniale Wett- und Preisschießen zutreffend als ein "Durcheinander" erscheint.

"Klettermythos" der Niasser

Gilt diese Abweichung von dem uns vertrauten Leistungsprinzip aber vielleicht nur für die Menschen einer häuptlingslosen Klangesellschaft im tropischen Regenwald, wie sie in der kolonialen Terminologie als "Primitive" oder "Steinzeitmenschen" oder auch als "Naturvolk" firmieren? Eine Antwort darauf kann ein Bericht aus Nias geben. Auf dieser Insel vor der Nordwestküste Sumatras entwickelte sich eine Gesellschaft, die von derjenigen Mentawais sehr verschieden ist: streng aristokratisch-sklavistisch geschichtet, mit Dorforganisation und Häuptlingsherrschaft, auf der Grundlage von Trockenreisbau, mit spezialisierten Schmieden und Zimmerleuten. In der Spielkultur der Niasser sind Rotangballspiele, der Steinsprung und Brettspiele von Bedeutung. Von einem weiteren Wettkampf erzählt der Gründungsmythos eines dortigen Dorfes:
"Der Herr der Erde ließ alle Dorfbewohner rufen, um seine Nachfolge zu regeln. Er stieß seinen Speer in die Erde und forderte seine neun Kinder auf, nacheinander zu versuchen, an diesem emporzusteigen. Der Erstgeborene versuchte es zuerst, aber ohne Erfolg. Auch die anderen gelangten an dem glatten Speerschaft nicht bis zur Spitze. Schließlich trat der Jüngste vor, aber bevor er die Kraftprobe unternahm, wandte er sich in blumiger Rede an den Vater und bat ihn um seine Zustimmung zu seinem Versuch. Er erhielt die Zustimmung und sprach dann die Mutter ebenso an. Nach ihr erbat er sich auch die Gunst aller anderen Dorfangehörigen. Mit solcher Hilfe schließlich erstieg er fliegend wie ein Huhn den Speer. Der Vater machte ihn zum Nachfolger mit neun Titeln und vielen Schätzen, die acht Brüder erhielten verschiedene Teile

des Dorfes bzw. der Welt." (Wolfgang Marschall, Der Berg des Herrn der Erde. Alte Ordnung und Kulturkonflikt in einem indonesischen Dorf. München 1976, S. 20-41)

Anders als in Mentawai sind also in diesem mythischen Muster sowohl die Herrschaft als auch der Wettkampf stark betont. Aber auch daraus entsteht nicht das Bild europäischen Leistungswettkampfes. Den Erfolg bringt nicht die eigene Kraft, sondern die Selbstzurücknahme, die Ein- und Unterordnung unter die Gesellschaft. Der Aufstieg gelingt nicht dem, der auf die eigene Kraft vertraut oder gar — im Sinne alteuropäischer Tradition — den Konkurrenten im "Männervergleich" herabsetzt, sondern nur demjenigen, der sein Verhältnis zur Umwelt ordnet, der über harmonische soziale Relationen verfügt. Die Gütemaßstäbe jenes niassischen Wettkletterns sind diejenigen einer indonesischen Relationsgesellschaft.

Wenn also das uns vertraute Leisten auch kein selbstverständliches Ergebnis sozialer (hier: aristokratischer und sklavischer) Schichtendifferenzierung ist, ist es dann nicht vielleicht wenigstens ein notwendiger Bestandteil der sogenannten "Modernisierung", wie die außereuropäischen Gesellschaften sie im 20. Jahrhundert unter dem Einfluß von Kolonialismus, multinationaler Kapitaldurchdringung und Olympismus erfuhren?

Kooperations- und Relationsmuster der Minangkabau

Die Minangkabau, das Staatsvolk von West Sumatra, bildeten schon seit dem 14. Jahrhundert ein eigenes Königreich, das verschiedenartige kulturelle Einflüsse des asiatischen Festlandes aufnahm und früh islamisiert wurde. Unter

Kampf als Tanz nach Trommelmusik, Minangkabau

Beibehaltung ihrer eigentümlichen Matriklanorganisation und ihrer Naßreiskultur verarbeiteten die Minangkabau relativ schnell das Zivilisationsangebot der europäischen Kolonialherren. Sie gelten in Indonesien als erfolgreiche Geschäftsleute und waren in der Landwirtschaft schnell bereit zu weltmarktorientierten Innovationen.

Die traditionellen Körperspiele der Minangkabau zeigen ein Doppelgesicht. Zum einen gibt es neben den Tänzen ein Spiel mit dem Rotangball, der mit dem Fuß im Kreis einander zugespielt wird. Zum anderen praktiziert man — noch stärker rhythmisch und tänzerisch — die Kampfkunst Pencak Silat, die den chinesischen Kampfarten "Kung Fu" und Tai Chi Chuan ähnelt. In beiden Fällen gibt es kein im westlichen Sinne notwendiges und überprüfbares Leistungsergebnis mit Sieg und Niederlage, Siegerfeststellung oder gar gemessene Leistungsdaten. — Zum anderen aber sind populäre Wettspiele verbreitet, die den Nachdruck durchaus auf Ergebnis und Entscheidung legen: Glücksspiele wie Domino und Würfeln, Tierspiele wie Hahnenkampf oder Affenkampf. Gerade hierbei jedoch geht es in der Regel nicht um das Messen menschlicher Kräfte, sondern es spielen das Glück oder — stellvertretend für den Menschen — das Tier.

Kreisfußball in Hinterindien, 1602

Kreisballspiel Kemari, Japan

Der moderne europäische Sport, der seit Jahrzehnten in Minangkabau über Schulen und Militär, Verbände und nationale Feiertage Eingang findet, wird nun nur selektiv rezipiert. Die c-g-s-Sportarten um Zentimeter, Gramm und Sekunde fehlen fast ganz. Stattdessen greift man gern und fast ausschließlich zu Ballspielen: Fußball und Federball, Volleyball und Tischtennis, bei den Oberschichten Tennis. Hier gibt es keine Feststellung absoluter, quantitativer Leistungsergebnisse, sondern nur relative Leistung, die sich aus einer Relation zwischen zwei Individuen oder Mannschaften ergibt. Das Pingpong-Muster vermeidet zudem alternative Entscheidungen vom Typ des Torschusses oder des Box-K.o., so daß auch beim indonesischen Fußball das Zuspiel oft Vorrang hat vor dem Druck aufs Tor. Die Kooperations- und Relationsmuster des Kreisballspiels wurden also in den westlichen Mannschaftssport hinübergenommen. Was hier an Sport und Körperkultur sichtbar wird als ein Relationsverhalten mit spezifischer Dreiteilung — tänzerische Interaktion, Wettspiel, Relationsspiel —, spiegelt sich ebenso in der Sozialstruktur von Minangkabau im Nebeneinander von Klan, Bazar und Büro. Im Matriklan und in der Reisbaugesellschaft haben der Wettbewerb und das Herausstellen von Spitzenleistung keine positive Funktion. Hier geht es vielmehr wie beim Pencak Silat um harmonische Relationen, um die Beachtung von Rängen und Titeln, Verwandtschaftsbeziehungen, Exogamie- und Festregeln, um Zusammenarbeit auf dem Feld und im Dorf. Hingegen ist der Wettbewerb wichtig im Bereich des Bazars, beim Handel und in der temporären Auswanderung der jungen Minangkabau-Männer. Aber auch dabei geht es nicht um "produktive Leistung" im westlichen Sinne, sondern eher um ein Glücksspiel mit der Hoffnung auf Bereicherung. Als drittes tritt nun daneben neuerdings als "moderner" Lebensbereich die Administration, die Bürokratie. Aber in ihrer "Korruption" und ihrem "Nepotismus", in ihrem Hang zur Klientelbildung wird sichtbar, daß sie alte Relationsmuster in die importierten Institutionen überführt, ebenso wie es am Pingpong-Ballsport erschien. Die Spiele spiegeln demnach gesamtgesellschaftlich bedeutsame Verhaltensmuster und deren Veränderungen.

Das Beispiel dreier sehr unterschiedlicher indonesischer Gesellschaften und ihrer Spiele zeigt also, wie abwegig und naiv ethnozentrisch die Annahme eines einzigen, universalen Leistungsprinzips ist. Im Kontrast dazu zeigt sich die Gesellschaftlichkeit der Leibesübungen gerade in der sozialen Relativität ihrer Gütemaßstäbe und damit ihres Leistens. Wie aber ist das europäische moderne Leisten entstanden — oder war diese Konfiguration etwa "schon immer" da?

Die frühneuzeitliche Kraftkultur

Im 15./16. Jahrhundert saß die volkstümliche Spielkultur auf bäuerlicher Basis auf, ohne allerdings auf diese beschränkt zu sein. In Verbindung mit dörflichen Kirchweih- oder auch städtischen Schützenfesten veranstaltete man vielfältige, je landschaftlich differenzierte Läufe und Springübungen, Steinheben und Stoßen, Boxen, Ringen und Fingerziehen, Kugelspiele und Ballspiele. Die letzteren waren kraft- und kampfbetont wie das schweizerische Hornussen, das französische Soule oder die gälischen Fußball- und Hockeyspiele. Der Betonung von Körperstärke und Agonalität entsprachen im stadtbürgerlichen Bereich die Künste der Klopffechter und in der Adelsgesellschaft die Tourniere mit schweren Waffen. Es ging bei alledem um Preise sowie um die Anerkennung eines Siegers als "stärkster Mann" in einem bestimmten Umkreis.

Damit hatte das frühneuzeitliche Europa ganz andere Voraussetzungen für die Hervorbringung des modernen Leistungssports als etwa die erwähnten indonesischen Völker. Aber war es bereits Leistungssport, was da getrieben wurde?

"Im Jahr 1533 ist zu Büsen Dirk Dammers im 103ten Jahr seines Alters gestor-

ben, welcher zu seiner Zeit der stärkste in Dithmarschen gewesen; der zum Süderdiek 16 Tonnen Weizen für sich auf die Hände genommen und auf den Boden geworfen und damit denselben gewonnen —; der in Städten und Ländern den Stein und Baum acht Fuß höher und weiter werfen konnte als alle andere, und der eines mal dem Lande große Ehre eingelegt, als...er...einen sehr starken Mann, der sich sonderlich seiner Stärke gerühmet und auf den die Holsten (Holsteiner) fest gestrotzt, hat im Ringen überwunden und ihn über das Mal oder Ziel mit zwei Fingern gezogen...

Kale Mertens Johann ist so stark gewesen, daß er den Notarium Johann Bolt, welcher ein dicker und starker Mann gewesen, auf die Hand genommen und von der Erden auf den Tisch gesetzt — dergleichen er auch getan bei Lange Johann von Barlte, dem allerlängsten in Dithmarschen. Er hat zwei Tonnen Hamburger Bier in beide Hände nehmen und tragen können, hat auch dritthalb Tonnen Bier zugleich können tragen, dergleichen noch Peter Block zu Hersebull im Nordstrande weiland tun können. Er hat es in Hamburg allen im Baumschießen und Steinwerfen vorgetan, hat eine leere Tonne über Süwels Bartels Haus geworfen...Sonst ist er ein frommer Mann gewesen...Den 9ten Februar 1578 ist er gestorben." (Anton Heinrich Walther, Dithmarsische Chronik, Schleswig 1683)

Die Berichte über frühneuzeitliche Wettkämpfe und Körperleistungen enthalten zwar quantitative Leistungsangaben, doch waren diese in der Regel eher geschätzt als gemessen. Das war keineswegs allein oder auch nur primär eine Frage der Meßtechnik. Sondern die Leistungsangabe hatte eine strukturell andere Bedeutung: als Kuriosität, als denkwürdiges Ornament des "starken Mannes". Weder gab es eine genaue Buchführung über solche Leistungen (während gleichzeitig über die zu Schützenpreisen ausgegebenen Geldsummen akribisch Buch geführt wurde!), noch bemühte man sich durch systematisches Training um die Steigerung solcher Leistungswerte.

Die frühneuzeitliche Kraftkultur war und blieb im Rahmen der Konfiguration des Männervergleichs, der kraftvollen Konfiguration von Mann gegen Mann (oder Dorf gegen Dorf). — Und sie ging auch keineswegs direkt — als "Vorstufe" — über in den industriellen Sport. Sondern im 17. Jahrhundert schwand sie zunächst weitgehend dahin, vielfach unterdrückt von städtischen oder landesfürstlichen Obrigkeiten.

"Ritterliche Exerzitien"

Das 17./18. Jahrhundert war stattdessen — vorwiegend in den Oberschichten, aber nicht nur dort — geprägt von der Exerzitienkultur. Zu den "ritterlichen Exerzitien", wie sie an Höfen und Universitäten, an landesfürstlichen Ritterakademien und in privaten Reitschulen, Ballhäusern und Fechtböden betrieben wurden, zählte man den höfischen Tanz, Figurenreiten und Voltigieren, ferner auch das tennisartige Ballhausspiel und Formen des Exerzierens.

In diesen Übungen sucht man vergeblich nach zahlenmäßigen Leistungsangaben. Sogar der Wettkampf als solcher war fast ganz (bis auf das Ballhausspiel) verschwunden. Worum ging es stattdessen?

Tanz: *"Bei einem wohlgefälligen Gange legen (die Tanzmeister) eine gute und wohleingestellte Leibesstellung zum Grunde. Diese beruhet darauf, daß man 1) die Füße allezeit müsse gut auswärts setzen, so daß die Spitze von dem rechten Fuß zur rechten und die vom linken zur linken Seite, so viel der Wohlstand leiden will, auswärts stehe, 2) die Beine wohl geschlossen führen, 3) den Unterleib zurück und einwärts nach sich ziehen, 4) den Oberleib auswärts stoßen, 5) beide Schultern unterwärts zurückziehen, damit man keinen kurzen Hals mache und auch die Brust durch Schließung der Schultern desto besser vorn herausbringen könne, 6) den Kopf mit an sich gezogenem Kinn, als welches allemal mit der Stirne in einer perpendicularen Linie stehen soll, in die Höhe und mit geradem Hals zurückhalten und endlich 7) die Arme natürlich auf die Seite hangen lassen."* (Valentin Trichter, Curiöses Reit- Jagd- Fecht-Tantz- oder Ritter Exerzitien-Lexicon. Leipzig 1742, Sp. 874)

Voltigieren: *"Es bestehet aber solches in dreierlei als im Heben, Springen und Schwingen, und mustu in acht nehmen, daß alles mit steifen Füßen gemacht werde, und wenn du am Pferde dich hebest, fein sachte auf die Zehen und wieder in die Höhe springest, welches fein zierlich stehet und auch dadurch kein Fuß verrenket wird. Deine Arme und der Leib müssen steif sein, und je weniger du das Pferd berührest, je zierlicher du springest."* (Georg Pascha, Vollständiges Fecht- Ring- und Voltigier-Buch. Leipzig 1667, Voltigier-Teil S. 3)

Die Exerzitien bestanden aus einem System regulierter Haltungen und geometrisch zirkulierender Bewegungen. Statt um das Kräftemessen ging es um das Maßhalten. Weder auf den "starken Mann' wie in der früheren Volkskultur noch auf Spitzenleistung im sportiven Sinne legte man Wert, sondern auf die Einhaltung der Normen, die umschrieben wurden mit: fein, fertig, galant, geschickt, höflich, künstlich, lieblich, marnierlich, nett, perfekt, proportionierlich, regelrecht, vollkommen, wohlanständig, wohlgefällig, wohlproportioniert, zierlich.

Der geometrische Formalismus verwies deutlich auf eine gesellschaftliche Funktion der Exerzitien, auf die adelige Repräsentation in der höfischen Gesellschaft. Aber zugleich bildete er noch mehr ab: die Sozialgeometrie des sich zentralisierenden absolutistischen Staats, die Sozialdisziplinierung der Manufakturepoche (einschließlich der Zirkulation des Kaufmannskapitals), die universell-geometrische Weltsicht im Zeitalter des Cartesianismus und der Aufklärung. Die Bewegung der Körper zeigte, was sich in der entstehenden Naturwissenschaft und in neuartigen Herrschaftsstrukturen rationalisierte.

Fortschritt, Wachstum, Leistungssport

Mit der Konfiguration der Exerzitien brach man, als zuerst im England des 18. Jahrhunderts sich Übungen verbreiteten, die auf die Messung und Steigerung von Leistungen nach der Uhr angelegt waren: Wettreiten, Wettlauf und Rudern. Dazu kamen Kampfarten wie das Boxen und später Fußball. Unabhängig da-

"Britische Seeleute zeigen staunenden Japanern, wie man Rugby spielt" 1872

von begannen auf dem Kontinent zuerst die philantropischen Pädagogen des ausgehenden 18. Jahrhunderts, Leistungen zu messen und systematisch zu steigern.
J.C.F. GuthsMuths, Gymnastiklehrer an der philantropischen Schule in Schnepfenthal, repräsentierte Theorie und Praxis dieser neuartigen Richtung. Er entwickelte Meßgeräte wie Armkraftmesser und Schub- und Stoßinstrumente, arrangierte Wettkämpfe, stellte Leistungsdaten seiner Schüler in Tabellen zusammen und versuchte Leistungsvergleiche zwischen Daten verschiedener Länder und Epochen.
"Die Übung selbst muß mit mehr Genauigkeit und gleichsam unter Berechnung angestellt werden, denn es ist bei aller Anstrengung auch für die Jugend angenehm, bestimmt zu wissen, was man geleistet hat und wieviel man mehr leistete als ehedem; kein echteres Aufmunterungsmittel als Erkennung des Fortschreitens." (J.C.F. GuthsMuths, Gymnastik für die Jugend. 2. Aufl. 1804, Nachdruck Frankfurt/M. 1970, S. 90)
Leistung und Berechnung, Vergleich und Motivation, Fortschreiten und Vermehren — hier zeichnete sich eine ganz neue Konfiguration des Leistens ab. Daß diese Konfiguration neu war, zeigte sich auch am deutschen Wort "leisten" selbst. Bis dahin hieß "leisten": einer vorgegebenen Verpflichtung nachkommen, etwas Schuldiges tun oder erfüllen. Man leistete einem Befehl Folge, man leistete Zahlung, Dienste, Treue, Gehorsam, Pflicht, Hilfe, Unterstützung.

Stets erhielt das "Leisten" dabei seine inhaltliche Füllung erst von einem Objekt her.

In der zweiten Hälfte des 18. Jahrhunderts trat daneben ein anderer Leistungsbegriff, der ohne Objekt auskam. Jetzt sprach man vom "Leisten" eines Menschen schlechthin, bald auch von "Leistung" und "Leistungsfähigkeit". Wodurch war dieses neue Wort konfigural bestimmt?

Zum einen gehörte dazu die Vorstellung, Leistung zu *messen*. Der Leistungsbegriff trat zunehmend in quantitativen und auf einer Skala vorstellbaren Begriffen in Verbindung: Bestleistung, Durchschnitts-, Gipfel-, Glanz-, Hoch-, Höchst-, Maximal-, Mehr-, Meister-, Mindest-, Rekord und Spitzenleistung. Damit erschienen die c-g-s-Sportarten um Zentimeter, Gramm und Sekunde auf der Bildfläche.

Zum zweiten bedeutete Maß nicht mehr — wie bei den Exerzitien — die Abmessung eines Vorgegebenen, z.B. einer geometrischen Form, sondern Messung in Hinblick auf *Steigerung*. "Citius, altius, fortius" wurde der olympische Slogan — "schneller, höher, stärker". Es war nicht zufällig dieselbe Zeit, als "der Fortschritt", ein als solcher völlig inhaltsleerer Steigerungs- und Fortbewegungsbegriff, zur Grundkategorie politischen und gesellschaftlichen Denkens wurde. Und im ökonomischen Bereich zeichnete sich eine Struktur ab, die das "Wachstum" zur beherrschenden Norm machte.

Zum dritten verschob sich auf dem Weg von den Exerzitien zum modernen Leisten die Aufmerksamkeit vom Prozeß (bzw. von der Form) zum Ergebnis. Die Leistung erscheint jetzt als *Produkt*, vergegenständlicht in c-g-s oder Punkten, als Rekord. In derselben Zeit — zwischen Adam Smith und Karl Marx — rückte in der Gesellschaftstheorie ebenso wie in der Praxis der Industrialisierung die Produktion, das Hervorbringen von Sachen bzw. Waren in den Mittelpunkt. Im Endergebnis entstand eine produktivistische Gesellschaft, die sich dem Bruttosozialprodukt, einem objektivierten und reduktionistischen Leistungsdatum unterwarf. Und abermals dieselbe Konfiguration begründete im späten 18. Jahrhundert die Genese der Pädagogik als die Unterwerfung von Kindheit und ihrer Gegenwart unter Ergebnis und Zukunft, unter einen erwarteten Leistungsnachweis (Prüfungsarbeit nach Noten, Zeugnis mit quantitativen Zensuren, Schulabschluß).

Zurück zu den Leibesübungen: Von den Philantropen übernahmen die deutschen Turner um Friedrich Ludwig Jahn das neue Leistungskonzept und setzten es in außerschulische Wettkämpfe um: Geräteturnen, Ringen und Kampfspiele, Laufen, Springen und Werfen um gemessene Leistungsdaten. Doch enthielt das Turnen ebenso wie die philantropische Gymnastik und deutlicher noch die schwedische Gymnastik Pehr Henrik Lings zugleich noch andere Gütemaßstäbe und Muster, die zum Leistungssport in Konkurrenz treten konnten. So sah z.B. Jahn neben dem Weit- und dem Hoch- auch den Tiefsprung vor. Dieser war sicher nicht sinnvoll nach den Steigerungs-und Rekordmustern zu üben: am Ende des Fortschritts stünde hier der Tod als rekordierter Selbstmord.

Aber Turnen und Gymnastik wurden im 19./20. Jahrhundert überholt durch den

Sport englischen Ursprungs, der präziser als andere Formen dem neuen Leisten entsprach. Überall baute man Wettkampforganisationen auf, von lokalen bis zu internationalen und olympischen Ebenen. Man notierte Rekorde und begann, diese Leistungen in den zahlengefüllten Seiten der Tagespresse zu publizieren. Von der Stoppuhr zur elektronischen Zeitnahme perfektionierte sich die Meßtechnologie. Mit Sportabzeichen, Schulsportfesten und Sportzensuren erreichte man — jenseits des Spitzensports — auch die Leibesübungen des (pädagogischen) Alltags.

Ursachen des Wandels

Um die Ursachen des Wandels zum modernen Leisten sind vielfache Hypothesen aufgestellt worden. Spiegelte sich darin die revolutionäre Dynamik des Bürgertums gegen des Ancien Régime? Handelte es sich um einen Ausdruck kapitalistischer Warenlogik? Lag das Messen in der Konsequenz des okzidentalen Rationalisierungsprozesses? Bildete die Leistung die Normen der aufsteigenden Industrie ab? Alle diese Hypothesen können gute Gründe für sich in Anspruch nehmen. Und doch decken sie jeweils nur Teile des Phänomens ab. Dies aber bedeutet, daß die Genese des Leistungsprinzips auf einen umfassenden Konfigurationswandel zurückzuführen ist. Sie bezeichnete einen Wandel der sozialen Zeit und des sozialen Raums.

Die *soziale Zeit* des Leistens zeigt sich in der markanten Bevorzugung, die die Industriegesellschaft dem Geschwindigkeitssport angedeihen läßt. Waren es im 15./16. Jahrhundert Kraftübungen und im 17./18. Jahrhundert Formalübungen, die im Vordergrund standen, so geht es seit dem 19. Jahrhundert primär um die Zeit, um Uhr und Geschwindigkeit: Pferderennen und Wettlauf, Rudern, Segeln und Schwimmen um Zeitrekorde, Eislauf, Rodeln und Skifahren um Schnelligkeit, Radrennen und Motorsport. Sogar die Gesellschaftstänze fügten sich — mit Walzer, Polka und Galopp — diesem Geschwindigkeitsmuster ein. Das "Zeithaben" und "Zeitgewinnen" wurde zu einer Grundfrage der Industriegesellschaft. Was jedoch als "Fortschritt" und "Spannung" zunächst faszinierend auf die Zukunft gerichtet war, erwies später auch seine Kehrseite: den "Streß".

Das Heraufkommen des neuen Leistens war zugleich durch einen neuen *sozialen Raum* charakterisiert, genauer: durch die sozialräumliche Dialektik. Zum einen drängten die neuen Geschwindigkeitsübungen hinaus ins Grüne und gaben dem modernen Sport den Anschein einer Naturbewegung. Zum anderen aber unterwarf der Sport im Namen des Leistens, der Egalisierung der Wettkampfbedingungen und der Homogenisierung des Raumes seine Umwelt einem Standardisierungsprozeß und schuf neuartige künstliche Räume. Von den ersten Aschenbahnen des 19. Jahrhunderts bis zu den Kunststoffbahnen und Plastikrasen unserer Tage, von den ersten Turnhallen und Schwimmhallen der 1840er Jahre bis zu Schulsporthallen und Trimm-Centren unserer Gegenwart entfaltete sich der Prozeß der Parzellierung und der sportiven Monokultur: bauliche Abtrennung des Sports von den Witterungseinflüssen, Trennung von Sport und Nicht-Sport, Trennung der Sportarten und Trennung der Leistungsklassen. Daß dieser Prozeß sich parallel zur Genese der Schule (bzw. ihrer Schulklassen) und des Gefängnisses (bzw. seiner Zellen), der Kasernen, der Irrenasyle und der Fabrik vollzog, war gesellschaftlich nicht zufällig (Michel Foucault).

Krise und Ende der Leistungskonfiguration?

Damit leitet die Geschichte des Leistungsprinzips über dessen Relativierung bereits hinüber zur Perspektive seines möglichen Endes bzw. seiner Transformation in ein anderes. Was entstanden ist, kann auch wieder verschwinden. Gibt es dafür Anzeichen?
Seit dem Ende der 1960er Jahre mehren sich Stimmen, die das moderne Leisten als bedrückend erscheinen lassen. Drei Beispiele: Eine Umfrage der Industriegewerkschaft Metall in Metallbetrieben des schwäbischen Rems-Murr-Kreises dokumentierte: *"66 Prozent sprechen von zunehmendem Leistungsdruck...Nur 39 Prozent fühlen sich gesund."*(Murrhardter Zeitung, 22.11.1979) *"Zu hoher Streß an Schulen? Vor allem Grundschuleltern über Leistungsdruck besorgt. 60 Prozent aller Bundesbürger glauben, daß die Kinder und Heranwachsenden in der Schule zu stark gefordert werden."* (MZ, 24.4.1980 über eine Umfrage des Münchener Infratest-Instituts) *"Notennot. Selbstmord von vier Schülern...Den Leistungsdruck in der Schule nannte die Staatsanwaltschaft Memmingen als Motiv."* (MZ, 16.2.1981)
Die soziale Zeit des Leistens erscheint zunehmend als Streß statt als Faszination und Zukunftschance. Sein sozialer Raum wird als dem Gefängnis verwandt empfunden. Und im Sport entdeckte man, daß die Konzentration auf das Ergebnis wegführte vom Körper und der Bewegung selbst — ein produktivistischer Entfremdungsprozeß?
Wenn diese neue Erfahrung mehr bedeuten sollte als eine augenblickliche (und modische) Frustration, so müßten sich dahinter neue und andere Muster der Leibesübungen und Körperkultur abzeichnen. Ist das der Fall?
Seit den sechziger Jahren kann man in Europa eine auffällige Rezeption ostasiatischer Meditationsformen vermerken. Ihre soziale Attraktion reicht von Jugendsekten und der jugendlichen Alternativszene bis zu den Kursen für leitende Manager und zum Hausfrauen-Yoga in kleinstädtischen Volkshochschulen. Leistung im industriesportiven Sinne kennzeichnet sie nicht mehr. Es wird nicht mehr gemessen (obwohl es Tendenzen der Verzweckung von Meditation zur Leistungssteigerung gibt), und der körperliche Prozeß emanzipiert sich gegenüber dem — vormals — beherrschenden Produkt, dem spannungs- und streßerzeugenden Leistungsergebnis. Nicht mehr Leistung, Spannung, Geschwindigkeit beschreiben die zeitliche Konfiguration dieser Körperkultur, sondern eher ihr Kontrast: Entspannung, Ruhe, Zeitlosigkeit. *"No future"?* — Auch der soziale Raum wird ein anderer: Weder kolonisieren solche Übungen die Umwelt durch leistungsbezogene Fortbewegung noch erfordern sie eine speziali-

Malaiische Kampfkunst Pencak silat

sierte Bebauung.
Die Rezeption asiatischer Kampfformen mit ihrer eigentümlichen Ambivalenz zwischen Schautanz und "echtem" Kampf, aber ohne — im westlichen Sinne — festgeschriebene Leistungskriterien, bestätigt diese Veränderung: Nach Judo und Karate greift man seit zehn Jahren nun "Kung Fu", Taekwan Do, Aikido und Tai Chi Chuan oder sogar den japanischen Schwertkampf Kendo auf. Auch im europäischen Tanz zeichnen sich Veränderungen ab. Nach zweihundert Jahren Fortbewegungstanz kam er buchstäblich zum Stehen. Er wurde als Beattanz zu einen polyzentrischen Platztanz oder gar, betrachtet man das Jugendverhalten bei Pop-Konzerten, zum Sitztanz.
Aus welchen sozialen Umkreisen kommen solche Innovationen? Vieles von dem, was heute wie ein Entwurf für eine neue, leistungsferne Körperkultur aussieht, scheint aus einer Jugendkultur zu kommen, in der Tätowierung und Disco, Flipper und Narzißmus eine größere Rolle zu spielen beginnen als Leistungswettkampf und Rekordinteresse. Aber das ist nur eine Seite. Eine andere ist, daß eine ganz neue Altersgruppe, die 30 bis 60jährigen, in den letzten Jahren neu in den Bereich der Leibesübungen einrückt. Neue Untersuchungen (in der dänischen Gemeinde Ringsted) weisen darauf hin, daß das leistungsbezogene Sportangebot der traditionellen Sportverbände den Bedürfnissen dieser Gruppe nicht mehr oder nicht mehr allein entspricht. Eher weisen die gesuchten Aktivitäten — unregelmäßig und spontan, unsystematisch und ohne Nachdruck auf dem Training — in Richtung von unorganisierten Spielen, Tanz und Yoga sowie auf verschiedene Freiluftaktivitäten. Zeichnet sich damit auch in dieser Altersgruppe ein strukturell neues Modell ab? Gerät zusammen mit dem Sport schließlich das Leistungsprinzip in die Zange zwischen den abweichenden Verhaltensweisen verschiedener Generationen?
Eines dürfen wir wohl mit Sicherheit folgern: Die Veränderung der Leistungsmuster im Sport wäre kein isolierter Vorgang. Sie würde auch diesmal wieder auf einen Konfigurationswandel verweisen, der die Gesamtgesellschaft grundlegend beträfe. Es wäre eine Opposition gegen das Industriesystem, — nicht (oder nicht primär) aus den Köpfen heraus, sondern aus dem Körper und aus der Sinnlichkeit.

Literatur

Zur Geschichte gesellschaftlichen Leistens:
Johannes Burkhardt, Das Verhaltensleitbild "Produktivität" und seine historisch-anthropologische Voraussetzung. In: Saeculum 25, 1974, S. 277-289
Walter Dohse, Das Schulzeugnis. Weinheim 1963
Günter Hartfiel (Hrsg.), Das Leistungsprinzip. Opladen 1977
Max Müller (Leitung und Nachw.), Sinn und Unsinn des Leistungsprinzips. München 1974

Zur Geschichte des Leistens im Sport:
Hajo Bernett (Hrsg.), Der Sport im Kreuzfeuer der Kritik. Schorndorf 1982
Henning Eichberg, Der Weg des Sports in die industrielle Zivilisation. Baden-Baden, 2. Aufl. 1979
derselbe, Leistung, Spannung, Geschwindigkeit. Sport und Tanz im gesellschaftlichen Wandel des 18./19. Jahrhunderts. Stuttgart 1978
derselbe, Die Veränderung des Sports ist gesellschaftlich. Münster (im Druck)
Karl-Heinz Gieseler (Red.), Sport, Leistung, Gesellschaft. München 1975
Allen Guttmann, From Ritual to Record. New York 1978
Wilhelm Hopf, Soziale Zeit und Körperkultur. Münster 1981
Maria Kloeren, Sport und Rekord. Kultursoziologische Untersuchungen zum England des 16.-17. Jahrhunderts. Leipzig 1935

Zur Zeitgeschichte der Sportleistung:
Ejgil Jespersen / Sören Riiskjaer, Idraet i lokalsamfundet (Ringstedkommune). Bd. 1-2, Gerlev 1980-82
August Nitschke / Hans Wieland (Hrsg.), Die Faszination und Wirkung außereuropäischer Tanz- und Sportformen. Ahrensburg 1981
Gunter A. Pilz, Wandlungen der Gewalt im Sport. Ahrensburg 1982

(Mit freundlicher Genehmigung der Redaktion aus: Beiträge zur historischen Sozialkunde, Wien 1/1983)

Wenig Logik und Zusammenhang zeigende Erscheinungen

Ein Reisebericht

"Wenn es zu den Pflichten eines Bundesliga-Vereins gehören sollte, seinen Spielern mehr zu bieten als ein gutes Gehalt, dicke Siegprämien, saubere Trikots und angemessene Trainingsbedingungen, so ist das Präsidium der Offenbacher Kickers diesem Gebot auch zum Jahreswechsel 1974/75 wieder beispielhaft nachgekommen. Für zehn Tage gingen Spieler, Trainer, Betreuer, ein Sportjournalist und zwei zahlungswillige OFC-Anhänger auf eine Traumreise. Ihr Ziel: die fast 12.000 Kilometer (gleich 20 Flugstunden) entfernt gelegene Inselrepublik Indonesien. Ihr Mitbringsel: vier Siege aus vier Spielen gegen indonesische Auswahlmannschaften und eine Fülle unvergeßlicher Eindrücke.

Im Vordergrund standen naturgemäß die sportlichen Ereignisse auf Java, der Hauptinsel des tropischen Archipels. In den deutschen Zeitungen war nicht allzuviel über dieses Spiel zu lesen und das Wenige oft noch falsch berichtet worden. An dieser Tatsache lassen sich zwei Merkmale des gastgebenden Landes ablesen:

Zum einen nimmt man es dort mit der Übermittlung von Nachrichten in die weite Welt nicht allzu genau — wie übrigens mit allem, was mit großem technischen Aufwand verbunden ist —, und zum zweiten spielt der Fußball in diesem Land noch nicht die große Rolle, wie etwa bei uns in Europa oder in Südamerika. Das wiederum liegt nicht zu letzt darin begründet, daß der Nationalsport Nummer eins in Indonesien Badminton heißt.

Als aber nun mit den Offenbacher Kickers eine Fußballmannschaft, und noch dazu eine in diesem Zeitpunkt überdurchschnittlich gute, aus dem Lande des Weltmeisters kam, konnten sich auch die indonesischen Fans, und speziell die aus Djakarta und Umgebung, dem großen Ereignis nicht verschließen. Zu den vier Spielen in das 120.000 Menschen fassende Nationalstadion kam die stolze und für deutsche Verhältnisse eigentlich unvorstellbare Zahl von 170.000 Zuschauern. Sie alle wollten nun sehen, was diese "Germanys", wie die Offenbacher Gäste an allen Ecken genannt wurden, zu bieten hatten.

Es war viel für das geringe Eintrittsgeld, das die Kickers boten. 16 Tore in vier Spielen und noch dazu einen weiten Einblick in den Leistungsstand einer europäischen Profi-Truppe. Die in jedem Spiel mit Freund und Feind begeistert mitgehenden Insulaner quittierten dieses Angebot mit fast ständig steigenden Zuschauerzahlen. Waren es im ersten Spiel "nur" 20.000 Neugierige, so kamen zur zweiten Vorstellung immerhin schon 25.000. Rekordbesuch (80.000) gab es am dritten Spieltag, und 48 Stunden später stellten sich bei der Revanche gegen den gleichen Gegner noch einmal 45.000 Fans ein.

So eigen und wenig verwandt mit dem harten europäischen Fußball wie das mehr auf optische Effekte, denn auf zählbare Erfolge ausgelegte Spiel der indonesischen Mannschaft, so fremd und erheiternd mußte dem von weither gereisten Beobachter das Gehabe auf der Tribüne vorkommen.

Wenn sich zum Beispiel ein Spieler, egal ob Freund oder Feind, verletzte, dann fielen die Zuschauer in kreischendes Gelächter; das gleiche geschah, wenn irgendeiner der Aktiven den Ball in die Wolken statt ins Tor schoß. Andere Länder, andere Sitten...
Sachverstand dagegen war bei den Insulanern festzustellen, wenn ein Spielzug klug aufgebaut wurde. Hierbei wurden die mit rhythmischem Klatschen unterlegten Anfeuerungsrufe umso lauter, je näher sich der Ball in Richtung Tor bewegte — wiederum egal, ob die eigene oder die Offenbacher Mannschaft im Besitz des runden Leders war. Solche, für europäische Verhältnisse wenig Logik und Zusammenhang zeigenden Erscheinungen, stellten die überall willkommenen Gäste freilich nicht erst im Stadion fest..."

(aus: 75 Jahre Offenbacher FC Kickers 1901 eV)

zwei

Rolf Lindner
Die Professionalisierung des Fußballsports

Die Diskussion über die Berufsspieler-Frage ist keineswegs neueren Datums. Als Auseinandersetzung um den erlaubten Spesen-Satz, z.b. in Bezug auf den Ersatz von Fahr- und Aufenthaltskosten bei Auswärtsspielen, ist sie bereits kurz nach Gründung des DFB, nämlich schon 1901 entbrannt. Ein paar Jahre später stand bereits die Frage auf der Tagesordnung, ob es gestattet sei, den Spielern, auch wiederum bei Auswärtsspielen, einen Lohnausfall zu erstatten; immerhin, damals waren Fahrten, etwa nach Prag, das zunächst dem DFB angeschlossen war, noch mehrtägig. 1930 schließlich ist in einem Beitrag im Jahrbuch des DFB vom *"Kampf gegen den Berufssport"* die Rede. In diesem, von Dr. Günther Riebow geschriebenen Artikel wird eingangs betont, daß der *"DFB immer auf dem Standpunkt gestanden (hat), daß nur der Amateursport von ihm zu pflegen sei"*. Der Artikel ist auf dem Hintergrund der Legalisierung des Berufsfußballs in Österreich, Ungarn und der Tschechoslowakei gegen Mitte/Ende der zwanziger Jahre zu sehen; gegen diesen Trend in den Nachbarländern, der in Gestalt von sogenannten Fußballegionären auf Deutschland überzugreifen drohte, bezog der DFB Stellung. *"Die Pflege des Amateusports"*, heißt es in dem besagten Artikel weiter, *"verlangt auf der anderen Seite Kampf gegen den Berufssport. Es ist unsere Pflicht, Berufssportler, die sich in unseren Reihen finden sollten, auszumerzen."* Die Sprache verrät, als was man den Berufssport verstand, als einen Schädling am hehren Sportgedanken. Beim 'Ausmerzen' war man gerade im besagten Jahr. 1930 hatte man Schalke 04 wegen des Verstoßes gegen die Amateurbestimmungen disqualifiziert und 14 Schalker zu Berufssportlern erklärt. Die Verfehlung war, soweit nachprüfbar und von den Beteiligten auch zugegeben, eine Lappalie: statt der damals erlaubten fünf Mark Spesen hatten Schalker Spieler zehn Mark genommen. Um 1930 herum war das gewiß keine Ausnahme. Aber der DFB wollte ein Exempel statuieren, und dazu bot sich der eh nicht besonders beliebte *"Proleten- und Pollackenverein"* Schalke 04, wie er zuweilen auch genannt wurde, geradezu an.
Zum Glück erledigten sich die Probleme 1933 von selbst. In der Festschrift des DFB zum 75jährigen Jubiläum heißt es unter der Jahreszahl 1933 lapidar: *"Der deutsche Fußball befaßte sich mit einer Reihe sehr ernster Probleme, unter denen die Berufsspielerfrage im Vordergrund stand, als der politische Umbruch völlig neue Verhältnisse schuf und die Probleme mit einem Schlag durch Anordnung löste."* *"Völlig neue Verhältnisse"* schuf zwar der *"politische Umbruch"* nicht, aber er sanktionierte nun den halboffiziellen Zigarettenladen-Amateurismus bei den Spitzenspielern — nach außen hin blieb das Amateurideal intakt. Dieses Ideal war sicherlich hehr, aber es stellte auch eine Ideologie dar, die entstehungsgeschichtlich an ein Klassenprivileg gebunden war. Im 19. Jahrhundert galt es als durchaus ehrenrührig für einen Gentleman, sich mit Berufssportlern gemein zu machen. Daß es nicht dazu kam, dafür sorgte der sogenannte 'Gentleman-Paragraph'. Berufssportler jener Zeit waren vor allem

Preisboxer und Schauläufer, die, um auf ihre Zuschauer zu kommen, immer tolldreistere Laufkunststücke erfinden mußten, wie jener F. Sass aus Lübeck, der als Ballett-Rückwärts-Kunst-Schnell-Läufer "rühmlichst bekannt" war. Als Berufssportler galten aber auch Sportlehrer, z.B. der Tennislehrer oder der Trainer, wie der Leichtathletik-Trainer, die ihre Tätigkeit zum Zwecke des Lebensunterhaltes ausübten. Doch sollte der Gentleman-Paragraph nicht nur für eine eindeutige Scheidung zwischen Herr und Knecht, zwischen Tennisspieler und Tennislehrer, zwischen dem wettenden Gentleman und dem menschlichen Kampfhahn, dem Preisboxer, sorgen, er sollte auch einen Unterschied treffen zwischen dem körperlich tätigen Lohnarbeiter und der geistig tätigen Herrenklasse. Der gesellschaftlich privilegierte Status des Amateurs kommt schlagend in einer Definition aus dem Jahre 1885 zur Geltung: *Amateur ist jener, der nie in einer für Alle offenen Concurrenz theilgenommen oder sich an Wettkämpfen betheiligt hat, wo die Bewerber öffentliche Geldpreise erhalten oder die Eintrittsgelder unter sich theilten; der ferner niemals gegen einen Professional, sei es um einen Preis oder um die Eintrittsgelder concurrirt hat; der weiters niemals zu keiner Zeit seines Lebens als Lehrer oder sonst wie von Hilfeleistungen bei der Ausübung athletischer Sportzweige seinen Lebensunterhalt erwarb, und der schließlich kein Handwerker, Arbeiter oder Tagelöhner ist."

Als ob die realen Klassenschranken noch einer symbolischen Verstärkung bedürften, wird hier die Lohnarbeiterexistenz als unvereinbar mit dem Amateurstatus erklärt. Dem Sport als Klassenprivileg, auch "Herrensport" genannt, entsprachen die journalistischen Erzeugnisse jener Zeit, die sich mit Sport befaßten. Ob nun *Der Sporn*, die älteste deutsche Rennsportzeitung oder *Ahoi*, die Zeitschrift für den Wassersport, es handelte sich um exclusive Blätter, die Gesellschaftsnachrichten näher standen als Sportzeitschriften in dem uns geläufigen Sinne.

Zu Anfang dieses Jahrhunderts war das aristokratische "Gentleman"-Ideal, das Ideal von Amateuren, *"deren ganzes Leben sich in begüterter Berufslosigkeit von einem kostspieligen Sport zum andern hinzieht"*(Fendrich), infragegestellt. An dessen Stelle trat nunmehr das Bild vom wahren Sportsmann, der *"immer zuerst ganzer Mann in einem bürgerlichen, wissenschaftlichen oder anderen Beruf (ist), und wenn er einen berechtigten Ehrgeiz hat, dann ist es der, daß er alle Erfolge im Sport nach Erfüllung seiner Berufspflicht noch außerdem gewonnen hat"*. Nunmehr wird der Sport, durchaus als Lebensschule verstanden, zur*"schönsten Nebensache"* der Welt für Menschen, *"die Sport aus Neigung treiben, ohne daraus eine Abneigung gegen ihren Beruf werden zu lassen"* (A. Fendrich, Der Sport, der Mensch und der Sportsmensch). Eine solche Bestimmung beinhaltet, auch wenn sich das Leitbild vom aristokratischen Müßiggänger zum erfolgreichen Bürger gewandelt hat, immer noch das Amateurideal, das nunmehr gesellschaftlich verallgemeinert wird, ohne die unterschiedliche ökonomische Stellung der Sporttreibenden zu berücksichtigen. Als Amateur gilt immer noch derjenige, der das Spiel ausschließlich um des Spieles willen pflegt.

Der DFB spielte als Hüter des Amateurideals eine besondere Rolle. Eckert bringt diese Haltung in einem im DFB-Jahrbuch 1954 erschienen Artikel trefflich zu Ausdruck:
"Immer erst war man nach langen, harten Kämpfen bereit, der Zeitentwicklung Rechnung zu tragen", eine Aussage, die keineswegs selbstkritisch gemeint war, sondern im Gegenteil die Standfestigkeit des DFB gegenüber diesen Degenerationserscheinungen illustrieren sollte.

Als Degenerations- und Zivilisationserscheinung (wobei Zivilisation mit England assoziiert wurde) wurde nämlich der Berufssport gewertet, dem der Amateursport, in sozialdarwinistischer Terminologie gefärbt, als 'Edelsport' gegenübergestellt wurde.

Ähnlich wurde auch in England, dem Mutterland des modernen Sports, argumentiert, mit dem Unterschied freilich, daß dort bereits 1885 der Berufsfußball offiziell eingeführt wurde. Damit zog man die Konsequenzen aus Professionalisierungstendenzen bei Pokalspielen, die sich vor allem in der Ausleihe hervorragender Spieler niederschlugen. Die Legalisierung des Berufsfußballs sollte solchen Praktiken einen Riegel vorschieben und, durchaus modern gedacht, den Vereinsvorständen, die nunmehr Arbeitgeber waren, eine stärkere Kontrolle über die Spieler ermöglichen. Eine Rolle bei der Professionalisierung spielte sicherlich auch die Tatsache, daß die Upper-Class-Vereine wie *Oxford University*, *Old Etonians* und *Old Carthusians* in der Zwischenzeit ihre absolute Vormachtstellung an die aus Fabriken und Kneipen hervorgegangenen Vereine aus dem Norden verloren hatten. Die Legalisierung des Berufssports stellte die alte Ordnung von Herr und Knecht wieder her, denn die Aristokraten des Sports zogen sich nicht nur auf die Amateurtradition der privilegierten Klasse zurück und überließen des Feld des Berufsfußballs dem Nachwuchs der arbeitenden Klassen; der Profistatus wurde überdies als unvereinbar mit repräsentativen Aufgaben und Würden erklärt, was zur Folge hatte, daß z.B. der Kapitän der Nationalmannschaft bis zum Ersten Weltkrieg ein Amateurspieler, zuletzt der einzige im Team, war.

Fußballschuster

Wenn wir uns die Zusammensetzung der ersten britischen Profimannschaft ansehen, dann zeigt sich, daß die überwiegende Mehrheit der Spieler aus Arbeiter- und Handwerkerkreisen stammte. In der ersten Phase, etwa bis zur Jahrhundertwende, waren traditionelle **Handwerkerberufe** (Polsterer, Wagenbauer, u.ä.) häufig vertreten, was darauf schließen läßt, daß diese Vertreter

Zuschauer im Hampton Park, 1912

aussterbender Berufe im Fußball eine Berufsalternative sahen; aber auch Facharbeiter waren stark vertreten, was damit zu tun hat, daß das Fußballspielen bis zur Jahrhundertwende als eine Art Zusatzqualifikation galt, die es dem Arbeitssuchenden ermöglichte, einen Job zu finden. In zeitgenössischen Annoncen suchen Betriebe oft Facharbeiter, die zugleich gute Fußballer sind. In dieser Phase war der normale Status der des Teilzeitprofi, ein Status, der dem des Vertragsspielers ähnelt, der in Deutschland erst 1949 eingeführt wurde.
Erst nach 1900 setzte sich der Vollprofi als Normalerscheinung durch, und es ist interessant, daß nunmehr vor allem ehemalige Bergleute unter den Spielern überrepräsentiert waren. Die Gehälter der ersten Vollprofis lassen sich durchaus noch mit den Löhnen besonders gefragter Facharbeiter oder mit denen von Vorarbeitern vergleichen. 1901 z.B. lag das Durchschnittsgehalt eines Fußballprofis bei 144 Pfd. Sterling jährlich, während Vorarbeiter in der Metallidustrie durchschnittlich 134, im Druckgewerbe 127 Pfd. Sterling erhielten. Vergleicht man das Spitzengehalt von Fußballprofis mit dem Spitzenlohn von Vorarbeitern, so kommt man zu einer Relation von 192 zu 172 Pfd. Sterling.
Für den Berufsspieler war der Fußballverein ein Arbeitgeber wie jeder andere, wobei diese Firma seit den 90er Jahren in der Rechtsform der GmbH angelegt war. Bei den meisten Vereinen kostete ein Anteilsschein ein Pfd. Sterling, aber es gab auch exclusive Klubs, die nur Anteilsscheine à zehn Pfd. Sterling verkauften — um Arbeiter fernzuhalten. Die waren nämlich, wie Tony Mason in seiner Arbeit über den "Association Football" feststellt, überraschend häufig als Anteilseigner vertreten; bei einigen Vereinen, wie z.B. Arsenal London, dominierten diese Kleinaktionäre sogar. Profit machten diese GmbH-Vereine so gut wie nie, aber für die Großanteilseigner, die vor allem aus dem Kleinbürgertum kamen, war das finanzielle Engagement auch ökonomisch zumindest indirekt interessant: als Gastwirte, Metzger, Lebensmittelhändler oder Brauereibesitzer konnten sie auf die Fußballanhänger als Kunden bauen.

Obwohl die Berufsspieler, verglichen mit dem Durchschnittsarbeiter, relativ viel verdienten, blieben sie immer noch gewissermaßen in Reichweite. Das Motiv, Berufsfußballer zu werden, war daher nicht nur finanziell bedingt; es handelte sich dabei immer auch um eine Entscheidung *gegen* die Industriearbeit. Dies erklärt auch den hohen Anteil an ehemaligen Bergarbeitern bzw. Söhnen von Bergarbeitern unter den Berufsspielern, galt und gilt doch die Arbeit untertage als besonders gefährlich und gesundheitsschädigend. Der Unterschied zwischen Arbeit im Pütt oder in der Fabrik und Tätigkeit als Berufsfußballer war es vor allem, der eine Laufbahn als Fußballer so attraktiv für so viele Arbeiter und Arbeiterjugendliche machte. Nat Lofthouse, zeitweise Bergmann und in den 50er Jahren Nationalspieler, faßte das in folgende Worte: *"Du kannst sagen, ich bekam nur vierzehn Mäuse in der Woche, aber es war auch keine richtige Arbeit. Meine alten Kumpels arbeiteten verdammt hart für acht Mäuse in der Woche. Ich habe leichtes Geld gemacht, das weiß ich, denn ich habe im Pütt 'gearbeitet' und Fußball 'gespielt'."*

Diese Haltung kann bis in die fünfziger Jahre hinein als durchaus charakteristisch für die britischen Berufsfußballer angesehen werden; das zentrale Motiv bei der Entscheidung, Berufsfußballer zu werden, war nicht, seine Herkunftsklasse zu verlassen, sondern der industriellen Arbeit zu entkommen.

Ähnliches gilt für den bundesrepublikanischen Vertragsspieler der fünfziger Jahre. Zurecht ist der Vertragsspieler von vielen Kritikern als Zwitter bezeichnet worden; kein Amateur mehr, aber auch noch kein Vollprofi. Zwar hätte der Vertragsspieler während seiner aktiven Laufbahn durchaus von seinem Fußballentgelt leben können; immerhin entsprach das Höchstgehalt von 320 DM 1950 dem Lohn eines Facharbeiters. Aber das halbherzige Vertragsspielersystem war 1949 vom DFB eingeführt worden, um den ungeliebten Berufsspielerstatus zu verhindern: §3, Absatz 1 des Vertragsspieler-Statuts bestimmte: *"Der Spieler muß einen Beruf ausüben."* Das war nun durchaus auch im Interesse der Spieler, denn der Anreiz für sie bestand, neben dem sicherlich willkommenen Zusatzverdienst, darin, daß sie im Betrieb leichtere Arbeit und eine sichere Stellung bekamen.

Exemplarisch zeigt sich das im Ruhrgebiet, wo Bergleute, die Vertragsspieler waren, vom Untertage- in den Übertagedienst versetzt und vom Arbeiter- ins Angestelltenverhältnis übernommen wurden. Vertragsspieler bekamen in der Regel, und allem Anschein nach durchaus mit Einverständnis der Kollegen, Druckposten im Betrieb, mit minimalem körperlichen Aufwand/Einsatz; im Bergbau waren vor allem die Materialverwaltung, die Magazine und die Waschkaue besonders beliebte Ausweichposten. Auch wenn das Lohneinbußen (vor allem Akkordzuschläge und Gedinggeld) mit sich brachte, so standen sie doch, Lohn und Vertragsspielergehalt zusammengenommen, wesentlich besser als ihre Kollegen da. Aber auch diese Spieler entfernten sich, wie die britischen Profis dieser Zeit, nicht von ihrem Herkunftsmilieu. Wenn es hochkam, brachten es die Vertragsspieler im Verlaufe ihrer Karriere zum Zigarettenladen mit Lotto-Toto-Annahmestelle oder zur Kneipe, beides in der Regel — schon aus Geschäftsinteresse — in dem Viertel gelegen, aus dem sie stammten bzw. wo sie ihre Fußballerkarriere begannen oder beendeten.

Wir sehen, daß die Kritik an der Professionalisierung, d.h. an dem bloßen Tatbestand, daß Menschen den Sport zu ihrem ausschließlichen Beruf machen, allein nicht ausreicht, um den aktuellen Profifußball auf den Begriff zu bringen. Obwohl es, wie gesehen, in England seit 1885 den Berufsfußball gab, waren auch dort die Begleitumstände, die wir mit dem Profifußball assoziieren (Starrummel, Kommerz und Show) nicht vor den späten 50er, frühen 60er Jahren vorhanden. Als Wendepunkt wird für England gemeinhin die Abschaffung der Höchstgehaltsgrenze und die Freigabe der Transfersummen in der Saison 1960/61, für die Bundesrepublik die Einführung der Bundesliga in der Saison 1963/64 angesehen. Aber warum gerade Anfang der sechziger Jahre?

Der DFB, der sich stets bemüht hatte, *"den Übergang zum Berufsspielertum aufzuhalten"* (Carl Koppehel), sah sich angesichts der früher vollzogenen Professionalisierung in anderen europäischen Ländern mit dem Rücken an der Wand und gezwungen, den Weg zum Profifußball freizumachen, denn vor allem auf internationaler Ebene wäre der bundesrepublikanische Fußball unweigerlich ins Hintertreffen geraten. Dies zeigt sich vor allem am sogenannten 'Ausverkauf' deutscher Spieler ins Ausland; allein zwischen 1960 und 1963 waren neun Nationalspieler ins Ausland, vornehmlich nach Italien, verkauft worden: Brülls, Geiger, Haller, Rahn, Schnellinger, Schütz, Stürmer, Szymaniak und Waldner. Vor 1960, und zwar bereits 1951, kickte nur ein einziger B-Nationalspieler, nämlich Horst Buhtz, später Trainer u.a. beim Wuppertaler SV, beim 1. FC Nürnberg und bei Bayern Uerdingen, im Ausland.

Der entscheidende Anstoß zur Vollprofessionalisierung wurde durch die Einführung des Europacups der Landesmeister im Jahre 1956 gegeben. Die ersten Jahre dieses Wettbewerbs, der in den letzten Jahren eine Domäne der britischen und bundesrepublikanischen Klubs geworden ist, zeigen deutlich, daß der bundesrepublikanische Vereinsfußball international zweitrangig zu werden drohte: in den ersten zehn Jahren des Bestehens gelangte überhaupt nur eine bundesdeutsche Mannschaft, Eintracht Frankfurt, ins Endspiel. Ähnlich erging es den englischen Vereinen, von denen keiner ins Endspiel kam. Der Europacup wurde eindeutig von Vereinen aus romanischen Ländern beherrscht, die frühzeitig den Profifußball im großen Stil eingeführt hatten: 5 mal Real Madrid, 2 mal Benfica Lissabon, 2 mal Internationale Mailand und einmal AC Mailand, so heißen die Sieger der ersten zehn Jahre Cup-Geschichte. Auf diesem Hintergrund ist sowohl die Einführung des Berufsfußballsports in der BRD als auch die Abschaffung der Höchstgehaltsgrenze in England zu sehen.

Die Etablierung des Europacups bedeutete aber noch mehr als den letzten Anstoß zum Vollprofitum. Durch den Europacup wurde der Vereinsfußball *internationalisiert* (zuvor gab es nur den sogenannten Mitropa-Cup, an dem sich die Berufsspielervereine aus Italien, Österreich, Tschechoslowakei und Ungarn in den Jahren 1927 bis 1940 beteiligten) und, was weitaus folgenreicher war, *me-*

dialisiert. Europacupspiele sind in erster Linie Medienspiele (Fernsehspiele), und als solche waren sie auch von ihrem Erfinder, dem *L'Equipe*-Journalisten Gabriel Hanot, konzipiert.

Es liegt auf der Hand, daß die Organisation des bundesrepublikanischen Spitzenfußballs in den fünfziger Jahren mit seinen vier Oberligen plus der Stadtliga Berlin angesichts dieser Entwicklung hoffnungslos veraltet war, denn die Internationalisierung des Vereinsfußballs setzt eigentlich eine Oligopolisierung der Vereine im eigenen Land voraus. Dieser Konzentrationsprozeß wurde beschleunigt nachgeholt, mit der Folge, daß die einzelnen Großstädte repräsentative Großvereine herausbildeten, traditionsreiche Vorortvereine aber auf der Strecke blieben bzw. zu bloßen Zulieferanten von Spielern degradiert wurden; in Hamburg z.B., einer Stadt mit einem ehemals vielfältigen Angebot an lokalen Spitzenvereinen, waren dies der Eimsbütteler TV, der Harburger TB, Concordia Hamburg, Altona 93 und zuletzt der FC St. Pauli. Aber auch regional schritt die Konzentration voran: die ehemalige Oberliga Südwest ist mit nur einem Verein (1. FC Kaiserslautern) in der Bundesliga vertreten und hat in deren Geschichte überhaupt erst drei Vereine gestellt (neben Kaiserslautern Borussia Neunkirchen und der 1. FC Saarbrücken, jeweils drei Saisons).

Mit der *Internationalisierung* und *Massenmedialisierung* des Vereinsfußballs ist ein dritter Faktor untrennbar verbunden, die *Kommerzialisierung* des Fußballsports bzw. dessen Umfeldes, die überhaupt erst die Professionalisierung im großen Stil möglich macht, zugleich aber zur Verwirklichung ihrer Interessen auf die Internationalisierung und Medialisierung angewiesen ist. Diese drei Faktoren als Bündel Internationalisierung / Medialisierung / Kommerzialisierung führen erst zu dem, was heute eigentlich mit Profifußball gemeint ist: der *Fußballsport als Show*! Der Soziologe Gerd Hortleder hat den Showsport definiert als *"technisch-wissenschaftlich fundierte, arbeitsmäßig vorbereitete, in der Regel als Beruf ausgeübte und als Show präsentierte Unterhaltung"*. Konstitutiv für den Showsport ist sein Unterhaltungscharakter, der durch die Massenmedien, insbesondere durch das Fernsehen vermittelt wird, wodurch die Medien zum indirekten Organisator des Showsports werden. Da sich die Vertreter der Medien, allen voran des Fernsehens, ihrer konstitutiven Rolle in diesem Prozeß nicht bewußt sind oder, wahrscheinlicher, nicht bewußt werden wollen, verhallt ihr hilfloser Protest gegen sogenannte Auswüchse auf halber Strecke. Selbst ein Einlenken auf den gelegentlichen Protest seitens der Sendeanstalten kann so noch zu einer erfolgreichen PR-Aktion werden: als das Fernsehen einmal drohte, eine Direktübertragung wegen übermäßiger ''Reiter''-Werbung im Stadion abzublasen, kaufte Braunschweigs ''Jägermeister''-Präsident Mast die Werbe-''Reiter'' für 150.000 DM kurz entschlossen auf und ließ sie weiß; nach Masts Eigenaussage ein überwältigender und spottbilliger Werbeeffekt, da am nächsten Tag sämtliche Zeitungen über diese Aktion berichteten.

Der Profifußball als Showsport stellt, zusammenfassend betrachtet, eine Symbiose von Sport, Kommerz und massenmedialer Präsentation dar. Symbiotisch ist diese Beziehung, da keines der Elemente ohne die jeweils anderen auskommt. Diese Veränderungen setzten, wie gezeigt, gegen Ende der fünfziger Jahre ein und sind im Zusammenhang mit der generellen Entwicklung der Konsum-, Freizeit- und Unterhaltungsindustrie in dieser Phase zu sehen. Diese Veränderungen haben aber, dies gilt es zu betonen, das Fußballspiel selbst am wenigsten berührt. Vergleicht man Filmaufnahmen aus den fünfziger Jahren mit Aufnahmen von heute, so ist zwar unübersehbar, daß es weitaus athletischer, schneller und auch taktischer, kurz: professioneller geworden ist, die spezifische Faszination des Spiels, seine relative Unwägbarkeit, seine Angewiesenheit auf Kooperation und Koordination der einzelnen Spieler mit- und zueinander ist erhalten geblieben. Was sich verändert hat, ist nicht das Spielen, das sind die Spieler, die Zuschauer und der Verein.

Wie sehr sich die Spieler verändert haben, läßt sich plastisch am Beispiel ehemaliger Spitzenspieler zeigen, die sich kaum oder gar nicht auf dem glatten Showparkett bewegen können. Kuzorra zum Beispiel, den Schalker Spitzenspieler der zwanziger und dreißiger Jahre, heutzutage in einer Fernsehdiskussion zu erleben, ist rührend und peinlich zugleich. Da erlebt man einen Mythos, der nie über Gelsenkirchen hinausgekommen ist, unbeweglich, traditionalistisch und in einer altmodisch, aber zugleich nostalgisch wirkenden Weise "vereinstreu". Er repräsentiert in klassischer Weise den alten, traditionsgebundenen und lokalorientierten Spielertypus, der es in seiner Gemeinde zu behäbigem Wohlstand gebracht hat. Selbst Uwe Seeler, unbestritten der populärste Fußballer der sechziger Jahre, hatte noch etwas von der Aura des Volkshelden, wenn auch als "Uns Uwe" entsprechend medial aufbereitet. Im Vergleich dazu ist der neue Spielertypus sowohl räumlich wie sozial mobil; seine Vereinstreue macht er 'in letzter Instanz' von der Kontenbewegung abhängig. Mit dieser Veränderung hängt ein weiterer Aspekt unmittelbar zusammen: der lokalorientierte

Stars bei der Arbeit: Autogramme am Fließband

Spitzenspieler früherer Zeiten war der *Held* seiner Gemeinde, der mobile Spitzenspieler unserer Tage ist der von den Medien geformte *Star*. Aus diesem Grunde hat der Spitzenspieler heutzutage auch mehr mit den Kollegen aus anderen Showbranchen gemeinsam als mit den historischen Vorgängern auf seinem Posten: Bernhard Dietz zum Beispiel mehr mit Heino als etwa mit Werner Kohlmeyer, Bernd Schuster mehr mit Rod Steward als etwa mit Horst Eckel. Heutzutage werden Images geprägt, die den als Star entrückten Spieler dem Zuschauer nahebringen sollen und werblich nutzbar sind: der schöne Hansi Müller, der unwillkürlich an Roy Black erinnert; das enfant terrible Bernd Schuster; der Wunschschwiegersohn Rummenigge; Hrubesch, der die undankbare Rolle des Monsters zu spielen hat; der Linksaußen Lienen und der bärbeißiggrimmige Ex-Maoist Breitner — alle sind sie dem Sportfan so geläufig wie die diversen Königshäuser den Leserinnen des *Goldenen Blattes*.

Daß es bei dem Aufbau von Idolen gelegentlich nicht ohne Opfer zugeht, zeigt folgende Meldung, die Anfang Mai 1983 in der bundesrepublikanischen Presse zu lesen war: *"Pleite ist der frühere nordirische Fußballstar George Best. Am Dienstagabend stand der mit 115.418 englischen Pfund verschuldete 36jährige Ex-Nationalspieler, dem offensichtlich teure Autos, Alkohol und Spielleidenschaft zum Verhängnis wurden, in London vor Gericht. George Best: 'Ich bin ein Alkoholiker. Meine Trinkerei in den letzten zwölf Jahren war der Anfang meines Untergangs.'"*

Es ist bezeichnend für den traurigen Zustand der Sportpresse, daß diese Meldung einzig durch die präzise Benennung der Schuldenlast zu bestechen weiß. In dieser Meldung ist, zwischen den Zeilen, die ganze Geschichte des Fußballs als Showsport enthalten. Denn George Best war nicht irgendein Star, er war der erste systematisch aufgebaute und ausgenutzte *Super-Star* der Fußballgeschichte überhaupt, nicht von ungefähr als Zeiterscheinung mit den Beatles und den Rolling Stones verglichen. Bereits mit siebzehn Jahren Profi bei Manchester United, war sein Name (und vor allem sein Bild) in den späten sechziger Jahren in den Teenager-Popmagazinen ebenso häufig wie im Sportteil zu finden. George Best, mit siebzehn ein scheuer nordirischer Junge aus sogenannten kleinen Verhältnissen, ist ein tragisches Beispiel dafür, was passieren kann, wenn jemand von einem Tag auf den anderen ins Rampenlicht internationaler Super-Stars katapultiert wird und dann von eben denselben Medien wie eine heiße Kartoffel fallen gelassen wird, wenn er sich *tatsächlich* wie ein Star benimmt: arrogant, launisch und verschwenderisch.

Erst mit Franz Beckenbauer, vor allem aber mit Günther Netzer, der die Rolle souveräner zu spielen verstand, betrat der Super-Star die bundesdeutsche Szene; heute finden sich in Zeitschriften wie *Bravo* neben Postern und Starschnitten von Pop-Größen auch solche von Rummenigge, Littbarski und anderen.

Mit der Entwicklung vom Helden zum Star geht eine Veränderung im Verhältnis zwischen Spieler und Zuschauer einher. Der Held wird vom Volk, der Star von den Medien gemacht. So wie der traditionsgebundene, lokalorientierte Spieler und der traditionelle, lokalorientierte Vereinsanhänger zusammengehören, so bilden der *Star* und der *Fan* eine Symbiose; keiner ist ohne den anderen denkbar. Der traditionelle Zuschauer war (wie der traditionelle Spieler) vereinsorientiert; er stellte das Stammpublikum, das relativ unabhängig von Sieg oder Niederlage (aber mit der von Sonntag auf Sonntag erneuerten Hoffnung auf einen Sieg) und auch bei einem eventuellen Abstieg, zähneknirschend und über die 'Flaschen' lästernd, dem Verein die Treue hielt; jeden zweiten Sonntag gings, allem Unbill zum Trotz, wieder zum Platz. Charles Critcher, ein englischer Kultursoziologe, nennt diesen Anhänger in seiner Zuschauertypologie zurecht das *Mitglied*, denn er verhält sich wie ein Vereinsmitglied, das rituell zu den Vereinssitzungen erscheint. Im Unterschied dazu wechselt der kritische *Kunde* (der zweite Zuschauertyp bei Critcher), der ja durchaus zu einem Stammkunden werden kann, den Laden, wenn er enttäuscht wird. Der *Konsument* aber, der dritte Typ, kennt nicht mal die Loyalität des Stammkunden, ihm geht es einzig darum, für sein gutes Geld gute Ware (sprich: ein gutes Spiel) zu bekommen, und er ist es, der — geformt durch das Fernsehen — in erster Linie showorientiert ist. Wir kennen das Äquivalent zu dieser Zuschauerhaltung auf Veranstalterseite, der sogenannte Topzuschlag bei besonders attraktiven Begegnungen, eine Praxis, die in der Prä-Showsport-Ära absolut undenkbar gewesen wäre (wehe dem Vereinspräsidenten!).

Der Überblick über Veränderungen wäre unvollständig, wenn wir den Dritten im Bunde, den Sportberichterstatter, außer acht lassen würden. Der traditionelle Sportberichterstatter läßt sich am besten als *Statistiker* umschreiben, jener Typ, der "wie aus der Pistole geschossen" den Deutschen Meister 1954, die Aufstellung der Nationalelf im Spiel gegen Schweden bei der WM 1958 und den Mannschaftskapitän, sagen wir, von BV Lüttringhausen zu nennen weiß. Der moderne, der Entwicklung zum Showsport Rechnung tragende Berichterstatter ist der *Showmoderator*, der selber als Star fungiert und Autogramme zu geben versteht: Typ Gottschalk etwa oder, behäbiger, Wim Thoelke (der nicht zufällig aus der Showsportbranche kam).

Die aufgezeigten Veränderungen (Held → Star; Anhänger → Fan; Statistiker → Showmaster) machen deutlich, daß der Showcharakter des modernen Fußballs das gesamte Umfeld prägt und in allgemeine gesellschaftliche Prozesse einbindet. Relativ gesehen ist es zufällig, daß der Fußballstar *Fußball*star und nicht Popstar geworden ist; daß der Fußballfan *Fußball*fan und nicht Filmfan ist, daß der Fußballshowmaster *Fußball*showmaster ist und nicht "Einer wird gewinnen" moderiert.

Solche Veränderungen haben nicht zuletzt Rückwirkungen auf die soziale Zusammensetzung von Spielern und Zuschauern. Weder was die soziale Herkunft der Spieler noch die der Zuschauer angeht, kann heute beim Fußballsport noch vom sogenannten Proletensport die Rede sein — es sei denn, man wollte sich der Lächerlichkeit preisgeben. Die Verdienst- und Karrieremöglichkeiten im Profifußball lassen ihn mehr und mehr auch für Abiturienten und Studenten als eine durchaus attraktive Berufsalternative erscheinen, um so mehr, als Schüler der höheren Lehranstalten aufgrund des verlängerten sozialen Moratoriums ungleich länger eine Entscheidung auf Probe auf sich nehmen können als Hauptschulabgänger. Während das Vertragsspielersystem mit seiner Berufstätigkeits-Klausel den jungen Arbeiter favorisierte, privilegiert das Profisystem den Schüler und Studenten. In der 1. Mannschaft von Bayern München standen nicht von ungefähr zeitweise sieben Abiturienten. Auf der Zuschauerseite wächst der Anteil gut verdienender Angestellten beständig. Bei besonders modern gemanagten, showorientierten Vereinen wie dem HSV beträgt der Anteil der Angestellten unter den Zuschauern mittlerweile rund 50%; bereits 1977 verdienten 11% der HSV-Zuschauer mehr als 4.000 DM monatlich. Diese Entwicklung ist nun schon aufgrund der Eintrittspreise kaum verwunderlich. In der Saison 82/83 kostete ein Stehplatz bei den Bundesligavereinen im Durchschnitt 10,- DM, ein unüberdachter Sitzplatz, soweit vorhanden, 18,- DM, ein überdachter Sitzplatz bis zu 40,- DM — ohne Topzuschlag, versteht sich. Die damit verbundene kulturelle Veränderung aber zeigt sich darin, daß Fußball derzeit *chic* ist. Beim Hamburger SV und bei Bayern München tummelt sich, vor allem bei Top-Begegnungen, die Schickeria lokaler, nationaler und internationaler Provenienz. In der Prominenten-Lounge (auch so etwas gibt es inzwischen) begegnen sich dann, gewissermaßen von Super-Star zu Super-Star, Beckenbauer und Karajan, Belmondo und Rummenigge.

Fazit: War der Spitzenfußballsport anfangs Sache der bürgerlichen Klasse, dann vornehmlich der der Arbeiter, so ist er inzwischen mehr und mehr zur Angelegenheit der Mittelschichten geworden, sowohl was die Spieler als auch die Zuschauer anbetrifft. Das kann nicht verwundern, wenn man bedenkt, das auch das Show-Business vornehmlich eine Angelegenheit der neuen Mittelklasse ist: der Habitus der Showmaster entspricht sowohl dem der Spieler wie dem der Zuschauer neuen Typs. Während es der Spitzenspieler früherer Jahre, wenn es hochkam, zu einem Tabakwarenladen mit Lotto-Toto-Annahmestelle, zu einer Kneipe oder zu einem Sportartikelgeschäft brachte (er also gewissermaßen auch nach Beendigung seiner Karriere noch von seinen Anhängern, von seinen örtlichen Loyalitäten lebte), investieren die Spieler neuen Typs, abgesehen von Abschreibungsmodellen, vornehmlich in Wachstumsbranchen des Dienstleistungsgewerbes. Überproportional legen sie ihr Geld in Immobilien an, sind Besitzer bzw. Miteigner von Immobilien-, Versicherungs- und Werbeagenturen oder investieren in Bereichen, die genauso chic und modern wie ihr Image sind: in Diskotheken, Pubs, Saunen, Solarien und in Sportstudios (Tennis-, Squash-, Fitness- und jetzt wohl auch Aerobic-Zentren). In dieser Hinsicht lassen sich die Profispieler als Vertreter der neuen Mittelklasse interpretieren, die vornehmlich im tertiären Sektor, im Dienstleistungsbereich, agiert. So gesehen, ist ihr Geld genauso mobil wie sie selbst.

Knut Hickethier
Klammergriffe

Kommerzialisierung von oben und von unten — der Fußball im Medienverbund

Fußball ist vor allem ein Geschäft, das ist eine Binsenwahrheit. Die Kommerzialisierung hat den Fußball auf verschiedenen Ebenen ergriffen, nicht nur auf der Ebene des "Kaufs" und "Verkaufs" von Spielern von einem Verein an den anderen. Kommerzialisierung ist ein Prozeß, ein Prozeß mit oft ungewollten, meist hingenommenen Folgen. Kommerzialisierung wird von oben und von unten betrieben, sie setzt im Großen an und im Kleinen, sie betreibt das große Geschäft der Weltmeisterschaften und das kleine der Fan-Souveniers. In der Umklammerung, unter dem Druck der Pythonschlange, verändert sich das Umklammerte. Dem hypnotisierten Blick auf das Geld folgt die Erstarrung.

Das große Geld — Kommerzialisierung von oben

Die Fußballweltmeisterschaften sind Großspektakel der Kommerzialisierung. Hergestellte Ereignisse um der Ereignisse willen, high lights der Fußball-Verwertung, gelegentlich auch noch, wenn auch selten, Feste des Fußballs. Die Daten vom großen Geld sind bekannt. Ihre Publikation in den Fußball-Gazetten soll wohl auch noch mit dem Glanz des großen Geldes von der Größe der Ereignisse im Fußball künden. Walter Ruhland hat diese Daten vor einiger Zeit in *Medium* zusammengetragen und in einen größeren Kontext gestellt. Auf seine Ausführungen stütze ich mich im folgenden.[1]

Für die weltweiten Übertragungsrechte der Weltmeisterschaften kassierte der Weltfußballverband (FIFA) von den Rundfunk- und Fernsehanstalten 1982 44 Millionen DM, 20 Millionen mehr als 1978. Zusätzlich gaben für den bundesdeutschen Raum die ARD und das ZDF sechs Millionen aus. Die britische Firma Westnally Ltd. zahlte dem Veranstalter der Weltmeisterschaften, also dem Weltfußballverband, für die Werberechte 52 Millionen DM, vier Jahre zuvor lag der Preis noch bei rund 30 Millionen DM. Für die Werbung muß das Dabeisein also attraktiv sein und für die werbetreibenden Firmen einträglich, denn aus reiner Liebe zum Fußball wird so viel Geld nicht locker gemacht. Hinter diesem Preis von 52 Millionen verbergen sich weitere, nicht genannte Summen, da Westnally Ltd. die Werberechte profitträchtig weiterverkaufte. Immerhin rechnete man mit ca. 1.5 Milliarden Fernsehzuschauern, die, über vier Wochen verteilt, die Übertragungen der Spiele im Fernsehen und damit auch die Reklametafeln am Rande der Spielfelder sehen würden und dann auch sahen. Diese Bandenwerbung ist das zentrale Werbemittel im Rahmen solcher Weltmeisterschaften und sie ist vor allem für die internationalen Konzerne interessant. So warben zehn weltweit operierende Konzerne, vom amerikanischen Zigarettenkonzern Reynolds bis zu Coca Cola, ein Konzern, der übrigens eng mit Westnally Ltd. verbunden ist, für sich und ihre Produkte. 1982 wurde erstmals für sogenannte Problemprodukte, also für Alkohol und für Zigaretten, geworben.

Die mit dem Fußball verkoppelte Werbung ist sicher die auffälligste Kommerzialisierungsform. Doch neben ihr gibt es weitere, weniger auffällige Verwertungen solcher sportlichen Großereignisse. Dazu gehört z.b. der gesamte kommerzielle Betrieb, der mit dem Ablauf und der Organisation der Weltmeisterschaft zusammenhängt: Hotellerie, Baugewerbe, Touristikbranche usf. Immerhin aber machen die Zahlen aus der Werbung bereits deutlich, um welche Größenordnungen es sich hier handelt. Dagegen nehmen sich Beträge, die ein paar deutsche Fußballstars mit der Werbung verdienen, eher bescheiden aus. Schätzungen zufolge verdient Rummenigge, er wirbt unter anderem für Fuji, AEG, die Gothaer Versicherungen, rund 500.000 DM. Ähnliche Größenordnungen erreichten von den deutschen Fußballstars nur noch Beckenbauer, Breitner und Schumacher.[2]

Das Interessante an den hier genannten Beispielen einer Kommerzialisierung des Fußballs ist, daß sie den Fußball scheinbar nur mittelbar zu betreffen scheinen. Aber ist es tatsächlich nur das Drumherum, die Verpackung, ist es nur das notwendige Klappern, das angeblich zum Handwerk gehört?

Der Kommerzialisierungsdruck, der hier von außen und von oben kommt, wirkt sich zwangsläufig auch auf das Spielen aus, es hat Folgen für die Spieler und für die Zuschauer. Denn daß der Fußball überhaupt in dieser Weise Werbeträger werden konnte, hatte seine strukturelle Veränderung zur Voraussetzung: er mußte aus seiner engen sozialen Verankerung herausgelöst werden, ohne daß er dabei zugleich seine Attraktion für breite soziale Schichten verlor. Die Veränderung des Fußballs von einer proletarischen Amateurveranstaltung zu einem auf Show angelegten Sport ist inzwischen vielfältig historisch untersucht und kritisiert worden.[3] Die enge soziale Bindung zwischen Amateurspieler und Zuschauer einer Stadt, eines Viertels löste sich auf, stattdessen trat ein Star-Fan-Verhältnis an deren Stelle. Spieler, die durch ihre Spielweise, aber auch durch die Aura ihrer Persönlichkeit die Zuschauer zu faszinieren wußten, wurden zu Idolen — eine Entwicklung, die durch die über den Fußball berichtenden Medien verstärkt wurde. Erst mit dieser Strukturveränderung konnte auch die Indienstnahme des Fußballs durch die Werbung einsetzen. Daß Spieler wie Rummenigge oder Breitner für bestimmte Produkte warben, setzte ihre überregionale Bekanntheit voraus.

Mit dieser historischen Entwicklung fand zugleich auch eine Transformation des Spielerlebnisses in eine Produktform statt. Wesentlich trugen dazu vor allem das Radio und dann das Fernsehen bei, denn gerade diese beiden Medien suggerierten durch die Direktübertragung eines Spiels, durch die Live-Reportage, Hörern und Zuschauern eine Teilhabe am Spielerlebnis der direkt im Stadion Anwesenden. Überspielten beim Radio die Reporter durch die Sprache und Sprechgestus (vor allem durch die Dynamisierung, Emotionalität und Sprachmetaphorik) die Reduktion des Erlebnisses auf die akustische Vermittlungsebene, so bedurfte es beim Fernsehen der für das Radio schon typisch gewordenen Aufgeregtheit des Sportreporters nicht mehr. Ganz im Gegenteil schien eine solche Kommentierung die Zuschauer zunehmend zu stören,[4] da

Emotionalisierung und Dynamisierung bei diesem Medium bereits von der Kamera geleistet wurde. Der Fernsehzuschauer konnte am Bildschirm durch die unterschiedlichen Kameraperspektiven und Einstellungsgrößen der Aufnahmen, durch "Heranholen" und blitzschnelles Schwenken vom Spiel im Idealfall mehr sehen, als wenn er im Stadion das Spiel aus immergleicher Perspektive und Distanz beobachtete.

Die größere Nähe zum Ball aber hatte auch ihren Preis. Der Zuschauer war an den Blick der Kamera und an den Ausschnitt, den sie zeigte, gebunden, was außerhalb dieses Ausschnittes geschah, sah er nicht. Zugleich fehlten zentrale kulturelle Dimensionen des Fußballspiels: *"Im Fernsehen wird die Komplexität des 'sozialen Ereignisses' Fußball auf Nur-Fußball reduziert. Die Atmosphäre des Spiels, seine öffentliche Dimension geht verloren."*[5] Denn der Fußballzuschauer war mit seiner "bequemen" Teilhabe zum Mitglied einer "Fernsehgemeinde" geworden. Das ermöglichte eine Ausweitung der Zuschauerzahlen, aber es setzte das Fußballspiel, das als Fernsehfußball dem Zuschauer jetzt angeboten wurde, auch der Konkurrenz der umgebenden und zeitlich parallel laufenden Unterhaltungssendungen aus.

Fernsehfußball als Medienprodukt weist jedoch auch strukturelle Ähnlichkeiten mit den anderen Unterhaltungssendungen des Fernsehens auf. Der Fernsehfußball wird jetzt an dramaturgischen Gewohnheiten und Gesetzen gemessen.[6] Zwar legt schon die Struktur des Fußballspiels als nicht medial vermitteltes Ereignis solche Momente auf, doch gerade der wahrnehmungsmäßige Verlust der Alleinstellung, die das Spiel im Stadion noch auszeichnet, drängt die Vergleichbarkeit in den Vordergrund.

Zwei Parteien treten auf dem Spielfeld gegeneinander auf, eine wird in aller Regel am Ende Sieger sein. Der "dramatische Konflikt" zwischen diesen Parteien wird von einzelnen Figuren und ihrem Zusammenspiel mit anderen ausgetragen und entschieden, ihr Handeln, ihr Geschick entscheidet alles. Meist gibt es auch Protagonisten, an denen sich die Zuschauersympathie festmacht. Höhepunkte des "dramatischen Verlaufs" sind die Tore, zwischen ihnen gibt es retardierende Elemente, gibt es Formen der Spannungsumkehr, Umbrüche, Wenden, Scheinkonflikte, Kumulationen usf.

Anders als bei dem fünfaktigen Schauspiel Freytagscher Prägung, dem hier die dramatischen Kategorien entlehnt sind,[7] ist beim Fernsehfußball jedoch nicht alles vorgegeben. So ist vor allem die entscheidende Frage, wer siegt, offen und auch die Zahl der Höhepunkte (wieviel Tore fallen) steht nicht schon zu Beginn fest. Das macht für so viele Zuschauer den Fußball ja auch als Medienprodukt noch außerordentlich interessant. Doch nichts kann dem Fußball in seiner Attraktion gefährlicher werden als die Demontage dieser Offenheit des Spiels, als der Eindruck, hier gebe nicht jede Mannschaft das Beste, um den Sieg zu erringen. So waren etwa die Bundesliga-Mauscheleien zu Beginn der siebziger Jahre, als zwischen einigen Vereinen vorher abgesprochen worden war, wer siegen sollte, ein Ansatz zu einer solchen Demontage und die Zuschauer fühlten sich nicht zu Unrecht im ihre Unterhaltung betrogen.

Die Transformation des Fußballs zu einem Produkt innerhalb eines vielfältigen Medienangebots erleichterte seine kommerzielle Ausnutzung, seine neu hinzu gekommene Reichweite (als Medienprodukt) begünstigte seine Verwertung und seine Einbindung in zusätzliche Verwertungsstrategien. Weil gerade die Fußball-Weltmeisterschaften durch die Vorabkampagnen der Medien und ihre spezifische Konstruktion des Nationen-Wettbewerbs mit all ihren latenten emotionalen Konnotationen im Vergleich zu anderen Fernsehsendungen auf ein überproportional großes Publikum stoßen, sind gerade diese Sendungen für die werbetreibenden Konzerne als Werbeträger von besonderem Interesse.

Anders als die Verbundprogramme aus Werbespot und Unterhaltungssendungen (etwa bei den amerikanischen Serien, deren Folgen für die Werbespots unterbrochen werden, oder etwa auch die bundesdeutschen Werberahmenprogramme), bei denen die Trennung zwischen Unterhaltungssendungen und Werbung zumindest formal besteht, sind Sportsendungen insgesamt und Fußballsendungen im besonderen für die werbetreibende Industrie deshalb interessant, weil hier die Werbung und das eigentliche Unterhaltungsangebot integriert sind. Die Werbung ist immer mit dabei, wenn das Spiel gezeigt wird, sie ist im Medienprodukt direkt eingebunden. Drei Bereiche sind dabei besonders zu nennen: die Bandenwerbung, die Trikotwerbung und die Schuhwerbung.

Bandenwerbung

Das Anbringen von Werbesignets auf den Abgrenzungen des Rasens zu den Zuschauerplätzen und dann auch auf mobil einsetzbaren Reitern ist das wichtigste Werbemittel bei national und international bedeutsamen Spielen. Diese Werbeflächen sind so plaziert, daß sie sich im Einzugsbereich der Fernsehkameras befinden und so einen sichtbaren kommerziellen Rahmen der Veranstaltung bilden. Die Einführung von ''televisual codes'', die die Aufnahmedramaturgie des Spielgeschehens regeln, werden dabei von der Werbebranche auch in der Aufstellung und Gestaltung der Werbeflächen mitberücksichtigt.[8]

Die Werbesignets auf Banden und Reitern sind so auch bei schnellen Spielzügen und Kameraschwenks leicht zu erkennen und zu identifizieren, auch wenn der Zuschauer seine Aufmerksamkeit vorrangig auf das Spielgeschehen zentriert und nicht auf die Werbung.

Walter Ruhland hat in einer Analyse einer Länderspiel-Übertragung festgestellt, daß *"über 42 der insgesamt 90 Spielminuten die verschiedenen Produkte auf der Bandenwerbung sichtbar"* waren, d.h. also, *"über annähernd die Hälfte der Spieldauer hinweg wurden die Aktionen der Fußballprofis von der Werbung begleitet."*[9]

Das Fußballspielen wird dadurch, so könnte man überspitzt formulieren, selbst zu einem großen Werbespot, etwa vom Modell eines "Präsenter-Spots", wie ihn Wolf Dieter Lützen beschrieben hat: die Spieler lenken durch ihr Spiel indirekt den Blick der Zuschauer (ohne daß die einen es wollen und die anderen daran interessiert sind) auch auf die Werbung und ihre Botschaft.[10]

Trikot- und Schuhwerbung

Weniger "aufdringlich" scheint dagegen zunächst die Werbung "am Mann" zu sein. Auf den Trikots der Bundesligaspieler präsentieren sich beispielsweise die Insignien von Uhu, Doppeldusch, Jägermeister und anderen. Das ist im Stadion meist eher unauffällig. Diese Werbung wird erst durch die Kamera wirksam. Jetzt erscheint sie nicht mehr als unerhebliches Detail, die Nah- oder Halbnahaufnahme eines Spielers bringt sie groß ins Bild. Die Werbung ist hier auch nicht wie bei der Bandenwerbung Staffage, Kulisse für das Spiel, sondern selbst mitten drin im Spielgeschehen. Die Kamera kompensiert durch ihre Vergrößerung das an sich kleine Trikotsignet, sie komplettiert das Werbeensemble der Umrandung, führt die Werbung auch in die Mitte, ins Herz des Spiels.

Ebenfalls in dieser Mitte befindet sich auch die Schuhwerbung, auch sie ist am Körper der Spieler, ist Werbung "am Mann". Die drei "adidas"-Streifen sind als Markenzeichen ebenfalls gut erkennbar, wenn die Kamera in einer Großauf-

Die Bundesliga als Werbeabteilung[12]

Verein	Trikotwerbung für:	Ausstattung mit Fußballdress etc. durch:
1. Bundesliga		
1. FC Köln	Doppeldusch	adidas
Arminia Bielefeld	Seidensticker	adidas
Hamburger SV	BP	adidas
Eintracht Frankfurt	Infotec	adidas
1. FC Nürnberg	Aro	adidas
VfL Bochum	Polsterwelt	adidas
Bayern München	Iveco Magirus	adidas
Bayer 04 Leverkusen	Bayer	adidas
1. FC Kaiserslautern	Portas	adidas
SVW Mannheim	Duscholux	adidas
VfB Stuttgart	Dinkelacker	adidas
Eintracht Braunschweig	Jägermeister	adidas
Werder Bremen	Olympia	Puma
Fortuna Düsseldorf	Arag	Puma
Kickers Offenbach	Portas	Puma
Borussia Mönchen-Gladbach	erdgas	Puma
Borussia Dortmund	Arctis Eiskrem	Pony
Bayer 05 Uerdingen	Bayer	Pony
2. Bundesliga		
Hannover 96	Hanomag	adidas
Karlsruher SC	Moninger	adidas
Wattenscheid 09	Time Collection	adidas
Darmstadt 98	Sportslife	adidas
Union Solingen	v.d.Hoogen Bestecke	adidas
1. FC Saarbrücken	Jägermeister	adidas
SSV Ulm 46	Gardena	adidas
Fortuna Köln	Vademecum	adidas
VfL Osnabrück	Planol Chemie	Puma
Hertha BSC	Sparkasse	Puma
Stuttgarter Kickers	Südmilch	Puma
Rot-Weiß Oberhausen	Schulzhäuser	Puma
Hessen Kassel	Raiffeisen	Puma
BV Lüttringhausen	Assugrin	Puma
RW Essen	erdgas	Pony
MSV Duisburg	—	adidas
SC Freiburg	—	adidas
SC Charlottenburg	—	adidas
Alemannia Aachen	—	adidas
FC Schalke 04	—	adidas

nahme auf die Füße der Spieler zielt und dem laufenden Ball und den Spieler in Aktion folgt. Ist nicht auch das durch diese drei Streifen gekennzeichnete Produkt der Held, wenn es schließlich zum Tor kommt und "adidas" den Ball wieder einmal ins Ziel getreten hat?

Ohne "adidas" gibt es scheinbar keinen Fußball. Walter Ruhland stellte in seiner Spielanalyse fest, daß *"in rund 20 der 90 Minuten Nahaufnahmen ausgestrahlt (wurden), die einzelne Spieler in Aktion zeigten, zumeist nach Fouls, vor Freistößen, bei Eckbällen oder Abschlägen vom Tor. In 15 dieser 20 Minuten waren die 'drei Streifen' von 'adidas' auf den Trikots oder Schuhen der Spieler sichtbar. Selbst der Arzneikoffer des deutschen Masseurs, der nach einem Foul an Breitner aufs Spielfeld eilte, war damit versehen und trug zusätzlich den Schriftzug 'adidas'."* [11] Da braucht die Firma "adidas" auch keine Kosten mehr für die Bandenwerbung oder für Spots im Werbefernsehen aufzuwenden, sondern kann das Geld direkt in ihre PR-Aktionen bei den Spielern einsetzen. Es wäre vielleicht sogar gefährlich, wenn in der Bandenwerbung der Firmenname auftauchte, denn da würde vielleicht manch ein Zuschauer doch stutzig werden und über den Zusammenhang von Begriff, Spiel und Schuh nachzudenken anfangen. So funktioniert es doch besser, die drei Streifen, die zudem auch noch auf Trikots, Hosen, Jacken und vielem anderen Zubehör der meisten Bundesligamannschaften auftauchen, prägen sich *"unauffällig und doch nachhaltig"* (Ruhland) in den Köpfen der Zuschauer als zum Fußball dazugehörig ein. Daß das Fernsehen beim Funktionieren dieser geschickten "adidas"-Werbung eine zentrale Rolle spielt, liegt auf der Hand: auch hier spielen für die Zuschauer im Stadion die drei Streifen am Schuh wahrnehmungsmäßig keine Rolle: erst die Kamera hebt sie durch die Vergrößerungen im Bild hervor.

Aus solchen und ähnlichen Beobachtungen heraus trifft Josef Hackforth die grundsätzliche Feststellung: *"Die Dreiecksbeziehung Sport — Kommerz — Fernsehen ist heute enger denn je und würde durch das Herausbrechen auch nur eines Gliedes in ihrem Fortbestehen und reibungslosen Funktionieren existenzgefährdend bedroht."* [13] Denn das Fernsehen ist auch selbst aktiver Partner im Geschäft und kann sich nicht damit entschuldigen, wenn es die Fußballspiele nicht übertrage, entfache es einen Volkszorn. Über die 1971 gegründete "Sport TV" (mit Sitz in Brüssel), an der verschiedene europäische Fernsehanstalten (für die ARD der Bayerische Rundfunk) beteiligt sind, ist das Fernsehen auch in die Kommerzialisierung direkt verstrickt: über die "Sport TV" verringern sich die Übertragungskosten und es entsteht eine direkte Beteiligung an Werbung.

Weitere Klammergriffe

Spätestens hier muß etwas zu den möglichen Einwänden gesagt werden, die sich beim Lesen solcher Beobachtungen und Schlußfolgerungen zur Kommerzialisierung des Fußballs bei manchem einstellen werden: Na und, warum sollte denn die Werbung schaden, wird nicht durch die Einnahmen vieles billiger vieles billiger und manches überhaupt auch erst möglich? Und stoßen wir nicht überall in unseren Städten, in den Straßen und sonst überall auf Werbung, sind nicht allerorts Leuchtschriften, Werbetafeln, Plakate, Anzeigen, Werbespots zu sehen? Tragen nicht auch viele im Sommer T-shirts mit aufgedruckten Werbesignets, einfach nur so, weil sie es schön finden, oder benutzen eine Tschibo-Tasche, die Kodak-Box oder eine Sonnenmütze mit dem Aufdruck "Ruhrkohle"? Wirbt nicht jedes Krokodil auf einem Hemd auch für den Hersteller, viele Jeans-Hinterteile für Levis oder Lee? Und sind nicht schon andere viel weiter, wenn wir zu Papiertaschentücher "Tempo-Tücher" und zum durchsichtigen Klebeband "Tesafilm" sagen?

Die Kommerzialisierung des Fußballs wäre in unserer Gesellschaft wohl sicher nicht der Rede wert, wenn sich nicht dabei auch das Fußballspiel qualitativ veränderte. Indem Fußball zur Show, zur massenmedialen Unterhaltung einerseits und zum indirekten Werbespot andererseits wird, setzen auch deren jeweilige Wirkungsmechanismen ein. Als Programmform muß der Fernsehfußball mit den Perfektionsstandards und dem Attraktionswert anderer Unterhaltungsangebote in den Fernsehprogrammen mithalten: Das Versprechen an Spannung, an spielerischen Höhepunkten sowie an Möglichkeiten, sich daran als Zuschauer emotional aufzuladen, muß immer wieder neu, muß von *jedem* Spiel eingelöst werden. Das ist auf Dauer nicht durchzuhalten. Eine Reihe schlechter Spiele kann den Zuschauer fernsehfußball-müde machen und ihn zu anderen Programmen umschalten lassen. Denn da der direkte soziale Zusammenhang zwischen Verein und Zuschauer verloren gegangen oder doch zumindest brüchig geworden ist, fehlt vielen Zuschauern die Motivation, auch in schlechten Zeiten Spielern, Vereinen und dem Fußball insgesamt die Treue zu halten.

Doch auch wo es keine solche Serie schlechter Spiele gibt, treten Abnutzungs- und Ermüdungserscheinungen auf. Da der Zuschauer ja nicht unmittelbar im Stadion beim Spiel dabei ist, prägen Kameraperspektiven und -Bewegungen, prägen die Wahl des Ausschnitts, Schnittfolge und Montage der Bilder sowie der Kommentar zunehmend seine Sicht des Fußballs. Diese medienspezifischen Mittel sind aber zugleich auch immanent mit bestimmten Tendenzen verbunden, die mit dem Fußball wenig zu tun haben: etwa die Tendenz zur Komprimierung und Beschleunigung eines Geschehens oder die Tendenz zur Multiperspektivität, etwa wenn ein Geschehen immer von ständig wechselnden Standpunkten gezeigt wird. Die durch solche Tendenzen und Darstellungsmittel geprägte Wahrnehmung der Zuschauer vom Spielgeschehen wirkt auch auf das Vermittelte zurück: Das direkte Erlebnis im Stadion wirkt spannungsarmer als der Fernsehzusammenschnitt, der Zuschauer beginnt sich zu langweilen, er erwartet ständig Überraschungen, etwas Neues auch auf dem Spielfeld, wo doch das Fernsehen selbst ständig über Innovationen seiner Berichterstattung, vom "Tor des Monats" bis zum "Fußball-Ballett" nachdenkt.

Das Paradox ist nun, daß die Überformung des Fußballerlebnisses durch die Vermittlungscodes der Medien nicht zur Langeweile am Fernsehfußball führen, sondern daß die Zuschauer die schnellen Reize des Fernsehfußballs im Stadion vermissen. Das Medienprodukt wird zum Maßstab, an dem das Spiel im Stadion gemessen wird.

Solche Ermüdungs- und Abnutzungserscheinungen sind langfristiger Art. Sie wurden auch lange Zeit überdeckt durch das ständige Wachsen der Wirtschaftsbranche Fußball sowie durch einen aus den alten Fußballtraditionen gewachsenen Kern von Zuschauern. Doch mit deren Schwinden wie mit der festen Etablierung des Fußballs im Medienverbund werden auch die Krisen deutlich, läßt die Faszination des Fußballs, wie an den rückläufigen Zuschauerzahlen zu sehen ist, langsam nach.

So wird gerade in der Saison 1983/84 besonders stark über den Zuschauerschwund bei den Bundesligaspielen geklagt. Da mögen zusätzliche Faktoren hinzukommen (z.B. die allgemeine ökonomische Krise, die hohe Arbeitslosigkeit und die verminderten Realeinkommen), doch sie machen es nur offenkundig: der Fernsehfußball reicht vielen aus, das Zuschauen im Stadion (noch dazu bei den hohen Preisen) scheint vielen entbehrlich. Dies ist natürlich auch den Vereinen nicht verborgen geblieben. Und sie versuchen bewußt, die Aura der Unmittelbarkeit für sich einzusetzen. So "tingelte" der 1. FC Köln mit dem gerade gewonnenen DFB-Vereinspokal "durch die Kneipen des Umlands", um den Kontakt zu den Fans zu suchen. Die Fans sollten sich durch die so vermittelte Nähe wieder stärker mit dem Verein verbunden fühlen.[14]

Der Zuschauerschwund macht damit die ersten Anzeichen von Leichenstarre des Opfers sichtbar. Die Folgen von Kommerzialisierung und Medialisierung[15] werden offenkundig. Denn auch die Vereine selbst waren schon längst dem hypnotisierten Blick des großen Geldes erlegen. Daß Spieler nur für hohe Ablösesummen den Verein wechseln können, bedeutet letztlich einen Handel mit ihnen. Er wird seit Jahren betrieben und störte solange keinen, als alle davon profitierten. Ganz selbstverständlich wird in den Gazetten von den Spielern wie einer Ware, wird von ihnen wie von Leibeigenen gesprochen. So ist z.B. in einem Bundesliga-Sonderheft des AC-Verlages zum Beginn der Saison 83/84 in einem Bericht über Bayer-04-Leverkusen zu lesen, daß "...*Torjäger Ökland nach Paris verkauft*" wurde, daß Herbert Winklhofer eine "*Leihgabe des FC Bayern München*" sei, "*die nunmehr endgültig in den 'Besitz' der Leverkusener überging*" usf.[16] Doch plötzlich können die Vereine wegen des Zuschauerschwundes die exorbitanten Ablösesummen nicht mehr zahlen. Der Dortmunder Rechtsaußen, Rüdiger Abramczik, geht vor das Arbeitsgericht, weil sein bisheriger Verein ihn nicht unter 650.000 DM gehen lassen will, die keiner bezahlen wollte, daß ihn sein Verein aber andererseits auch nicht erneut unter Vertrag nehmen wollte.[17] Das Spar-System mit seinen hohen Transfersummen, mit dem die Bundesliga sich großen Fußball sichern wollte, droht in Zeiten des Zuschauerrückgangs und damit auch des Rückgangs an Einnahmen die Vereine kaputt zu machen.

Zwar reagierten die Vereine mit ihren reduzierten Etats darauf und bezahlten nicht mehr jede geforderte Summe, sondern ließen viele Profispieler "im Regen stehen". Doch daß etwa beispielsweise Torwart Wolfgang Kneib (Arminia

Bielefeld) nun statt 270.000 DM nur noch 150.000 DM, Frank Mill (Borussia Mönchen-Gladbach) statt 300.000 DM nur noch 150.000 DM Jahresgage beziehen, bedeutet nicht gleich, wie Martin Haegele in der *Sportillustrierten* (Sonderheft Bundesliga) 1983 mutmaßte, daß *"die Bundesliga nicht mehr eine Kaste privilegierter Schausteller"* sei. Sicher werden die *"Sitten härter"*, aber gewiß der *"Wettbewerb"* nicht deshalb gleich *"ehrlicher"*.[18] Dem Nachwuchs wird (weil er auch billiger ist) nun wieder mehr Beachtung geschenkt, aber trotzdem gilt noch Johannes Nitschmanns kritisches Resümee vom sportlichen *"Ausbluten"* der Bundesliga: *"Mit dem finanziellen Konkurs der Vereine geht zugleich ein sportlicher Kollaps einher. Seit Jahren schon schieben sich die Bundesligavereine gegenseitig für Hunderttausende gestandene Profispieler zu, für talentierte Nachwuchskicker bietet sich da nur selten die Chance auf einen Stammplatz. Die Fußball-Bundesliga blutet sportlich aus. Das gegenwärtige Leistungstief der bundesdeutschen Nationalmannschaft ist alles andere als ein Zufall."*[19]

Es ist kein Wunder, daß in einer solchen Situation bei den Vereinen die Nachfrage nach Mäzenen und Sponsoren stark gestiegen ist. Warum sollten nicht auch Fußballmannschaften von den Werbeabteilungen eines Konzerns (wie es beispielsweise der Bayer-Konzern vorführt) direkt unter Vertrag genommen werden? Wie das "Endziel" einer solchen Kommerzialisierung aussehen könnte, hat vor zehn Jahren schon Alfred Behrens in einer bissigen Vision beschrieben.[20] Wenn es stimmt, daß wir uns langsam auf dieses Ziel zubewegen, dann verwundert es auch nicht, wenn zu lesen ist, daß der Braunschweiger Sponsor Günter Mast ("Jägermeister") "seinen" mit über drei Millionen DM verschuldeten Verein *"durch eine persönliche Bürgschaft"* vor dem drohenden Lizenzverlust bewahrt habe.[21]

Das kleine Geld — Kommerzialisierung von unten

Es wäre ja nun völlig unverständlich, wenn der Glanz des großen Geldes nicht auch andere lockte. Verwertungsnischen gibt es überall, man muß sie nur entdecken. Wo mit dem Fußballstar Geschäfte gemacht werden können, kann man auch welche mit dem Fan machen.

Der Fan fühlt sich in seiner Verehrung, in seiner Liebe zum Star bzw. zum Verein zugleich in einer Distanz zu diesen: der Gegenstand der Verehrung bleibt fern und unerreichbar — und gerade diese Ferne sichert die Dauer und Konstanz der Fan-Verehrung, denn unmittelbare Nähe desillusioniert fast immer. Der Fan hat die Tendenz, seine Verehrung sichtbar zu machen, sie anderen mitzuteilen und möglichst mit anderen Fans Kontakt aufzunehmen. Denn die gemeinsame Verehrung steigert das Erlebnis des Stars. Zeichen, Symbole sollen deshalb anderen gegenüber diese Verehrung signalisieren. Hier bot sich für eine Kommerzialisierung der Ansatzpunkt: die traditionelle Vereins-Anstecknadel ließ sich ausbauen. Der Kommerz produzierte Aufkleber und gestickte Abzeichen, Schals, Mützen, Pullis in den Vereinsfarben, Taschen, Beutel und vieles mehr mit den Vereinszeichen. Die Produktpalette weitete sich zunehmend aus.[22] Der Fan will auch ein Abbild seiner Verehrung besitzen. Das Foto von Rummenigge, das vielleicht sogar signierte Foto von Breitner oder Beckenbauer überbrückt zugleich die Distanz, es suggeriert Nähe. Die Etablierung solcher Fan-Produkte knüpft an die erfolgreichen Vorbilder, die Fanfotos von Theaterschauspielern, an. Es ist naheliegend, daß mit der Durchsetzung des Star-Fan-Verhältnisses und der Herausbildung des Starkultes auch analoge Formen aus anderen Unterhaltungsbereichen übernommen wurden. Gerade in solchen Transformationen ist der Kommerz besonders geschickt. Und der Vergleich zu anderen medienbezogenen Fan-Produkten zeigt, wie die Einfügung des Fußballs in ein massenmedial gestütztes und kommerziell ausgewertetes Verbundsystem auch zugleich ähnliche Kommerzialisierungen im Zuschauerbereich hervorrief. Was früher dem Filmfan ein Kleidungsstück des Filmlieblings war, ist heute dem Fußballfan ein Originaltrikot eines

bekannten Fußballspielers. So lobte beispielsweise vor einiger Zeit die Zeitschrift *Fußball-Fan* in einem "Super-Rätsel-Gewinnspiel", das über mehrere Hefte ging und ganz offensichtlich Fans als Leser anlocken sollte, als Hauptgewinn *"zwei Original-Trikots von Franz Beckenbauer, schweißgetränkt, aus den neuesten Cosmosspielen, mit Original-Autogrammen drauf"* aus.[23]

Das vom Schweiß Beckenbauers getränkte Trikots hat eine ähnliche Qualität wie der Petticoat von Conny Froboes oder die Jeans von Peter Kraus in den fünfziger Jahren. Zwar hatte die Werbeaktion des *Fußball Fan* nicht den gewünschten Erfolg, da die Zeitschrift angesichts der Übermacht der gut etablierten *kickers* (Fußballwoche und Fußballmagazin) sich auf dem Markt nicht halten konnte.

Doch ähnliche Aktionen gibt es immer wieder, oft auch auf kleinerer Flamme. So werden z.B. auch "Original-Aufnahmen" mit "Original-Autogrammen" versprochen (*"Nein, keine normale Autogrammkarte, eine echte Fotografie"*). Mit dem Echtheitsanspruch des Fotos soll etwas von der Aura der Unmittelbarkeit und der Einmaligkeit eingeholt werden, die gerade im Zeitalter der Reproduzierbarkeit dem Fan als etwas besonders Erstrebenswertes gilt. Und die Fußballzeitschriften müssen sich in ihrer Konkurrenz um den Fan schon einige Attraktionen einfallen lassen, wo doch auch andere damit werben, daß man durch sie die Spieler *"hautnah kennenlernen"* werde.[24]

Die Palette der Fanprodukte ist vielfältig und variationsfähig. Neu ist neben den Mascottchen, Bierseideln, Umhängetaschen, Wimpeln, Fan-Kissen, Kalendern, Flaschenöffnern und vielem anderen mehr an ähnlichen Produkten, die z.B. vom *Spofa-Versand* in 6761 Schmittweiler angeboten werden, vor allem der "Wedelschal" mit in Siebdruck aufgedruckten Namen, Signets und Farben der Vereine sowie die *"Schweißbänder mit der Super-Saugkraft"* in den Farben und Schriftzügen der Bundesligavereine.[25]

Das Einschwören der Fans auf die Vereinssymbole geht einher mit einer Verringerung der Bedeutung der Vereinszeichen und -farben bei den Vereinen selbst, die ihre Spieler gewinnträchtig unter anderen Symbolen auftreten lassen. Das Vereinssignet ist nur noch eines von drei Signets, die in aller Regel die Brust der Spieler schmücken: hinzugekommen sind die Werbesignets eines Sponsors sowie das Signet der Ausstattungsfirma, die den Dress der Spieler einheitlich von den Schuhen über die Strümpfe, Hosen, Trikots, Pullover, Jacken bis zu den Torhüterhandschuhen und den Spieler- und Trainertaschen gestaltet und damit auch gleich für sich selbst wirbt (adidas, Puma, Pony).

Wo auf der einen Seite die Werbung den Vereinsnamen beiseitedrängt, bedarf es anscheinend auf der anderen Seite der intensivierten Präsentation der Vereinssignets gegenüber und durch den Fan, damit über diese sinnliche "Brücke" die Bindung an den Verein erhalten bleibt.

Indem die Vereinszeichen auf diese Weise "popularisiert" werden, schafft ihre Verallgemeinerung andererseits auch die Voraussetzung ihrer Verdrängung von ihrem eigentlichen Ort: auf den Trikots der Spieler. Doch dieser Vorgang ist nicht nur ein einfacher Austauschprozeß, bei den Vereinssignets findet auch eine qualitative Veränderung statt, sie werden damit als Markenzeichen endgültig Bestandteil der Warenästhetik.

Fußball im Medienverbund

Versuchen wir abschließend die Phänomene allgemeiner einzuordnen, die Klammergriffe der Kommerzialisierung von oben und von unten in strukturellen Veränderungsprozessen zu sehen, so sind die beschriebenen Phänomene des Medien-Verbunds in einem Prozeß massenmedialer Verdichtung und der Intensivierung der Medienkommunikation zu sehen, der bei uns etwa seit den fünfziger und sechziger Jahren eingesetzt hat.[26] Dazu gehören neben der engen Verzahnung und Verflechtung der einzelnen Medien untereinander auch die Verbindung der Massenmedien und der Spielzeug- und Bekleidungsindustrie. Wird auf der einen Seite die massenhafte Propagierung bestimmter Stars, Inhalte, auch bestimmter Spiel- und Verhaltensweisen betrieben, wobei diese Programme aber aufgrund der Flüchtigkeit der betreffenden Medien im wahrsten Sinne des Wortes unfaßbar bleiben, so decken die hinzutretenden Spielzeug- und Bekleidungsunternehmen gerade das Bedürfnis nach sinnlicher Gegenständlichkeit, die sich nicht nach einmaligem Konsum wieder entzieht, ab.

In diesem Zusammenhang sind die Fanprodukte für den Fußball-Fan zu sehen, sie bilden einen Teilmarkt innerhalb dieser Verflechtung. Sie sind zum einen Ausdruck von Verlusterfahrungen an sinnlicher Unmittelbarkeit und Gegenständlichkeit, sie stützen zum anderen durch ihren Warencharakter die Konsumorientierung im Fernsehzuschauen. Ist schon die Rolle des Zuschauers im Stadion (zumindest was das Spielen betrifft) weitgehend passiv, so erfüllt sich das Leben des Fans aus der Sicht derjenigen, die diesen Markt mit Produkten versehen, vor allem darin, daß er fleißig die jeweiligen Fan-Angebote kauft und konsumiert. Und um auf dem laufenden zu bleiben, muß der Fan auch noch die Fußballzeitschriften abonnieren und per Radio und Fernsehen die Spielübertragungen, Sportberichte und Studiosendungen regelmäßig verfolgen.

So unterstützt dieser scheinbar so periphere Fan-Markt die Einstimmung der Fußballzuschauer in die richtige Konsumbereitschaft den Angeboten des Kommerzes gegenüber. Schon wittert der Kommerz auch neue Geschägte in einer veränderten, noch einmal intensivierten Medienlandschaft. HSV-Präsident Wolfgang Klein setzt auf das private Fernsehen: *"Mit Kabelfernsehen und Pay-TV läßt sich die wirtschaftliche Situation der Vereine erheblich verbessern."*[27] Mehr Fußball live im Fernsehen und in Konferenzschaltungen mehrerer, an verschiedenen Orten gleichzeitig laufender Spiele (*"wie die am letzten Bundesligaspieltag 82/83 mit dem Treffen Schalke gegen den HSV und Werder Bremen gegen Bochum"*) sind seine Vision.

Doch es ist mehr als fraglich, ob diese weiteren Schritte der Kommerzialisierung des Fußballs ein probates Mittel sind gegen die von Klein verspürte, hinter der Kommerzialisierung lauernde Angst, *"Spiele (zu) machen, die die Fans nicht mehr interessieren"*[28] Und der Zuschauerrückgang der letzten Jahre hat diese Gefahr greifbar werden lassen.

Anmerkungen

1) Walter Ruhland, Freundschaftsspiele. In: Medium 12. Jg. (1982) H. 6, S. 22.
2) Ebda.
3) Z.B. Rolf Lindner/Heinrich Th. Breuer, "Sind doch nicht alles Beckenbauers". Zur Sozialgeschichte des Fußballs im Ruhrgebiet. Frankfurt/M. 1979, S. 84ff.

[4]) Vgl. Josef Hackforth, Sport im Fernsehen. Münster 1975, S. 276ff.
[5]) Lothar Mikos, Unterhaltung pur. Kulturelle Aspekte von Fußball und Fernsehen. In: Medium 12. Jg. (1982) H. 6, S. 21.
[6]) Vgl. Jan Berg, Fernsehen, Fußball, Fernsehfußball. In: Ästhetik und Kommunikation 9. Jg. (1978) H. 33, S. 121ff., auch in Rolf Lindner (Hrsg.), Der Fußballfan. Ansichten vom Zuschauer. Frankfurt/M. 1980.
[7]) Gustav Freytag, Technik des Dramas. Leipzig 1886.
[8]) Vgl. Mikos (Anm. 59); auch: Bernard Vandenheede, Auch live ist nicht wirklich. Fußball als Fernseh-Show. In: Medium 12 Jg. (1982) H. 6, S. 25ff.
[9]) Ruhland (Anm. 1), S. 23
[10]) Wolf Dieter Lützen, "Das Produkt als 'Held'" — und andere Typen der Fernsehwerbung. In: Helmut Kreuzer/Karl Prümm (Hrsg.), Fernsehsendungen und ihre Formen. Stuttgart 1979, S. 230ff.
[11]) Ruhland (Anm. 2), S. 23f.
[12]) Zit n. Ruhland (Anm. 1), S. 24
[13]) Zusammengestellt nach Mannschaftsfotos in der Sportillustrierte/Fußballwoche, Sonderheft Bundesliga 83/84. Bei Fortuna Köln: Kicker Fußballmagazin 1983, H. 4, S. 34.
[14]) Ruhland (Anm. 1), S. 23.
[15]) Hubert Kulgemeyer, Mit dem Pott zu den Fans. In: Sportillustrierte/Fußballwoche (Anm. 12), S. 178.
[16]) Zum Begriff vgl. Karl Bauer/Heinz Hengst, Wirklichkeit aus zweiter Hand. Reinbek 1980, S. 11ff.
[17]) Sonderheft Bundesliga 1983/84, hrsg. v. AC-Verlag Grünwald 1983, S. 37.
[18]) Johannes Nitschmann, Vor dem finanziellen und sportlichen Kollaps. In: Vorwärts Nr. 33 v. 11.8.1983, S. 3.
[19]) Martin Haegele, Poker ohne As. In: Sportillustrierte (Anm. 12), S. 30.
[20]) Nitschmann (Anm. 17).
[21]) Alfred Behrens, Die Fernsehliga. Spielbericht aus dem Fußballgeschäft der Zukunft. Berlin 1974.
[22]) Nitschmann (Anm. 17).
[23]) Dazu ausführlicher: Knut Hickethier, Der synthetische Fan. In: Rolf Lindner (Hrsg.), Der Fußballfan. Ansichten vom Zuschauer. Frankfurt/M. 1980, S. 87ff.
[24]) Zit. n. ebda.
[25]) Anzeigen in der Sportillustrierte (Anm. 12), S. 188-192.
[26]) Vgl. Dieter Prokop, Faszination und Langeweile. Die populären Medien. Stuttgart 1979, S. 9ff.
[27]) Zit. n.: Kicker-Fußballmagazin 1983, Nr. 4, S. 13.
[28]) Ebd.

Gunter A. Pilz
Fußballsport und körperliche Gewalt

"Fußball brutal"; "Hohe Geldstrafe nach vorsätzlichem Foul"; "Hektische 2. Liga: Zweimal rot, 33mal gelb"; "Tod beim Fußball — möglicherweise nach Foul"; "Fußball in Deutschland immer brutaler"; "Nur das Ergebnis war friedlich — 1:1"; "Bastrup: doppelter Kiefernbruch — Gentile schlug Dänen seinen Ellenbogen ins Gesicht"; "Gewalttätigkeit im Stadion nimmt zu"; "Schwere Krawalle nach Niederlage: Polizei vertrieb wütende 96er Fans mit Tränengas"; "Selbst ein 80jähriger trat dem Schiedsrichter gegen das Bein — Ausschreitungen auf den Sportplätzen auch im Fußballbezirk"; "Fußball-Fanatiker wegen Totschlags angeklagt"; "Fußballfans beschädigten Bus — Sieben Festnahmen / Polizisten wurden verletzt"; "49 Randalierer beim Revier-Derby festgenommen"; "Gesund und fair — das war einmal".
Diese kleine Auswahl aus Schlagzeilen zu Berichten vom bundesdeutschen Fußballgeschehen in den letzten Monaten, die sich nahezu beliebig fortsetzen ließe, zeigt, daß es mit den immer noch und immer wieder gepriesenen ethischen Werten wie "Fairneß", "Ritterlichkeit", "Kameradschaft" im heutigen Fußballsport nicht sehr weit her ist.
Im folgenden sollen anhand einer entwicklungssoziologischen Analyse Probleme und Ursachen der Gewalt im Fußballsport dargestellt werden. Dabei wird in einem ersten Schritt den Wandlungen der Gewalt im Fußballsport nachgegangen, d.h. es wird gezeigt, daß sich entsprechend gesamtgesellschaftlichen Entwicklungstrends auch im Fußballsport (wie im Sport schlechthin) eine Wandlung der Balance zwischen affektiver und rationaler Gewalt zugunsten der letzteren vollzogen hat. In einem zweiten Schritt wird aufgezeigt, daß das Problem körperlicher Gewalt kein geschlechtsspezifisches Problem ist, d.h. daß Frauen sich ebenfalls gewalttätiger Mittel im Interesse sportlichen Erfolges bedienen. In einem letzten Schritt wird mehr thesenartig auf die Ursachen des Fußballrowdytums eingegangen. Angesichts der Vielschichtigkeit der hier zu behandelnden Problemfelder kann an dieser Stelle nur mehr thesenartig, bruchstückhaft auf die einzelnen Aspekte eingegangen werden.

Wandlungen der Gewalt im Fußballsport

Den folgenden Ausführungen liegt die These zugrunde, daß der Sport keinen gesellschaftlichen Freiraum darstellt, sondern als Teilbereich menschlichen Zusammenlebens eine "Manifestation spezifischer gesellschaftlicher Entwicklungen schlechthin" ist, der sich auch weiterhin "in Übereinstimmung mit künftigen Entwicklungen verändern wird" (Elias 1975, 105). Um Wandlungen der Gewalt aufzeigen zu können, ist es erforderlich, zwischen zwei Formen körperlicher Gewalt zu unterscheiden:
— expressive, *affektive* Gewalt
— instrumentelle, *rationale* Gewalt.

Affektive Gewalt meint dabei gewalttätige Handlungen, die ohne Belastungen des sozialen Gewissens erfolgen, die den gesellschaftlichen Gewaltstandards entsprechen, lustbetont ausgeführt und lustvoll erlebt werden. Sie entspricht somit den gesamtgesellschaftlichen, situations-und sportartspezifisch tolerierten Gewaltstandards, wie sie Elias mit dem Begriff der "Angriffslust" umschrieben hat.

Instrumentelle Gewalt, rationale Gewalt meint dagegen weniger ein lustbetontes Ausagieren gewalttätiger Bedürfnisse als genau kalkulierte, geplante, rational eingesetzte, die gesellschaftlichen und sportartspezifischen Gewaltstandards überschreitende Handlungen im Interesse eines übergeordneten Ziels. Bei dieser Unterscheidung handelt es sich um Idealtypen, die nie in 'Reinkultur' vorkommen. Es gilt also jeweils die Balance zwischen diesen beiden Formen aufzuzeigen. Menschliche Rationalität und Emotionen sind untrennbare Aspekte eines Ganzen, d.h. Menschen sind niemals völlig 'rational' oder völlig 'affektiv', wohl aber mehr oder weniger 'rational', mehr oder weniger 'affektiv'. Faßt man nun auf der Folie dieser begrifflichen Unterscheidung grob den aktuellen Stand der Erkenntnisse zum Problem körperlicher Gewalt im Sport zusammen, so läßt sich festhalten, daß die Balance zwischen affektiver und rationaler Gewalt sich immer mehr in Richtung rationaler Gewalt verschiebt, d.h. daß affektive Gewalt immer mehr zurückgedrängt wird und sich stattdessen mehr und mehr rationale Gewalt im Fußballsport durchsetzt. Dies soll im folgenden anhand sozialhistorischer Analysen und empirischer Daten belegt werden.

Zurückdrängung, Dämpfung affektiver Gewalt

Auch wenn *"im sportlichen Wettkampf die Kampf- und Angriffslust"*, die affektive Gewalt, *"einen gesellschaftlich erlaubten Ausdruck findet"*, so läßt sich dennoch im Laufe der Geschichte, des Zivilisationsprozesses eine *"deutliche Kurve der Mäßigung und humanisierenden Affekttransformation"* verzeichnen, d.h., der Sport ist heute, *"gemessen an den Augenfreuden vergangener Phasen eine überaus gemäßigte Inkarnation der verwandelten Angriffs- und Grausamkeitsneigungen"*(Elias 1977, 280f.). Die früheren Formen des Sports waren im Vergleich zu den heutigen Formen um ein Vielfaches härter, wilder, brutaler, erlaubten ein ungleich höheres Maß an gesellschaftlich tolerierter Gewalt. So etwa berichtet Carew 1602 über die Gefährlichkeit des Hurling, einem Vorläufer unseres heutigen Fußballspiels:

"Ich kann mich nicht entschließen, ob ich dieses Spiel eher empfehlen sollte für die Mannheit und Ertüchtigung, oder es verdammen wegen seiner Ungestümtheit und des Schadens den es zufügt: denn auf der einen Seite macht es ihre Leiber stark, hart und behende und füllt ihre Herzen mit Mut, dem Feinde von Angesicht zu begegnen. So auf der anderen Seite ist es begleitet von mancherlei Gefahren. Als Beweis dafür: ist das Hurling beendet, wirst du sie sich heimwärts zurückziehen sehen, wie nach einer verlorenen Schlacht mit blutigen Schädeln, gebrochenen Knochen, die Glieder verrenkt, und mit Quet-

schungen, die ihr Leben zu verkürzen dienen; dennoch ein gutes Spiel, und weder Ankläger noch Krone, sind dessenthalben beunruhigt." (zit. nach: Dunning 1981, 139)

Die Tatsache, daß weder Anwalt noch Krone deswegen beunruhigt sind, und daß auch Carew selbst nicht weiß, ob er das Spiel verdammen oder empfehlen soll, weist auf die enge Verflechtung der im Spiel verankerten Gewalt mit gesellschaftlichen Gewaltstandards hin; sie widersprachen ganz offensichtlich nicht den damaligen gesellschaftlichen Verhaltensstandards. Die Gegenüberstellung einiger Struktureigentümlichkeiten der volkstümlichen und modernen Spiele verdeutlicht, daß im Laufe der einsetzenden Modernisierung, man könnte auch von einer Zivilisierung des Fußballspiels sprechen, sich die Spieler zunehmend der Erwartung ausgesetzt sehen, ein höheres Maß an Selbstkontrolle einzuüben, daß einige der gewalttätigen Elemente der früheren Spielformen beseitigt, zumindest unter eine strengere Kontrolle gebracht wurden (vergl. Dunning, 1979, 17; Tabelle 1).

Das ungleich höhere Maß an erlaubter körperlicher Gewalt in den früheren Formen des Sports wird dabei verständlich, wenn wir es mit den Standards der Gewaltkontrolle der damaligen Gesellschaften in Beziehung setzen. Die Anwendung und Verherrlichung körperlicher Gewalt war bis zu einem gewissen Grade lebensnotwendig. Erst die immer weiter um sich greifende wirtschaftliche Verflechtung, die immer größer werdende Abhängigkeit der Menschen voneinander, machte kalkulierbares, rationaleres auch längerfristig angelegtes Handeln notwendig, und somit eine zunehmende Kontrolle der Affekte und körperlichen Gewalt. Die Lust an Gewaltanwendung und die Qual von anderen wird mehr und mehr unter staatliche Kontrolle gestellt.

Tabelle 1: Wandlungen der Struktureigenschaften von 'Sport'-Spielen (vgl. Dunning 1979, 93)

Volksspiele	Moderne Sportspiele
Hoher Grad sozial tolerierter körperlicher Gewaltanwendung, emotionale Spontaneität, geringe Zurückhaltung	Niedriger Grad sozial tolerierter körperlicher Gewaltanwendung, hohe Kontrolle über Emotionalität, hohe Zurückhaltung
Offene und spontane Erzeugung einer Vergnügen bereitenden Kampfstimmung	Stärker kontrollierte, sublimierte Erzeugung einer Kampfstimmung (Spannung)
Nachdruck auf Gewalt und Kraft (force) statt Geschicklichkeit (skill).	Nachdruck auf Geschicklichkeit statt Gewalt und Kraft.

Die Rückbindung affektiver Gewalt läßt sich auch am Beispiel der Geschichte der Fußballregeln, die auch eine Geschichte der zunehmenden Dämpfung erlaubter, körperlicher Gewalt sind, nachzeichnen:

1845: erste geschriebene Regeln, u.a.: Einsatz von Tritten gegen das Schienbein eingeschränkt, Verbot von eisenbeschlagenen Stiefeln, die besonders schwere Verletzungen hervorriefen
1874: Verbot von Treten, Schlagen und Beinstellen
1880: Freistoß bei Regelverstoß
1884: Schiedsrichter als externe Gewaltkontrolle wird eingeführt
1909: Platzverweis wird eingeführt
1970: 'gelbe' und 'rote' Karten werden eingeführt.

Dabei ist jedoch festzuhalten, daß die Dämpfung affektiver Gewalt je nach Gesellschaft, sozialer Schicht, nach Sportart unterschiedlich stark ausgeprägt ist, man denke nur an das ungleich höhere erlaubte Maß an körperlicher Gewalt in den Sportarten wie Boxen, Ringen, Eishockey, Fußball, Handball im Vergleich zu Basketball, Turnen oder zur Leichtathletik. Die Rekrutierung von Sportlern der erstgenannten Sportarten erfolgt dabei weitgehend aus einem Sozial- oder besser: Erziehungsmilieu, in dem körperliche Gewalt noch lust- und freudvoll ausgelebt wird, legitimes Mittel der Interessendurchsetzung, zumindest sozial nicht geächtet ist. Mit anderen Worten: der unterschiedlich stark ausgeprägte Grad an erlaubter körperlicher Gewalt in den einzelnen Sportarten und Sozialschichten ist ein wesentliches Selektionskriterium für die Wahl einer bestimmten Sportart. An dieser Stelle sei bereits darauf hingewiesen, daß diese affektive Gewalt, die Legitimation körperlicher Gewalt in bestimmten Sozialschichten, auch eine der Ursachen für die Gewalt, die Krawalle von Fußballfans sind. Auch hier rekrutiert sich ein Großteil der Rowdies aus einem Sozial- und Erziehungsmilieu, in dem körperliche Gewalt ein wichtiges Mittel zur Durchsetzung eigener Ziele, vor allem aber auch zum Erreichen eines sozialen Status angesehen wird.

Das unterschiedlich stark ausgeprägte Maß an erlaubter körperlicher Gewalt in den einzelnen Nationalsportarten ist schließlich so besehen auch ein Gradmesser für das gesellschaftlich, kulturell unterschiedlich weit fortgeschrittene Maß der Dämpfung körperlicher Gewalt, die unterschiedlich weit vorangeschrittene gesellschaftliche Tabuisierung affektiver Gewalt. American football und die darin im Vergleich zum europäischen Fußball ungleich ausgeprägtere Gewalt ist sicherlich nur erklärbar aus dem ungleich höheren Stellenwert individueller körperlicher Gewalt in der Geschichte und heutigen Gesellschaft der USA. So etwa antworteten Footballspieler auf die Frage, weshalb sie diese Sportart betreiben, u.a.: *"Weil du den anderen schlagen kannst, härter, und du konntest Leuten eine reinhauen und alles. Dabei zeigen, wie grausam du bist"* (Mantell 1972, 123f.).

Die Balance zwischen affektiver und instrumenteller Gewalt ist bei diesen Sportarten entweder im Gleichgewicht oder noch mehr in Richtung affektiver Gewalt verschoben. Dieser kulturell unterschiedlich stark ausgeprägte Grad der Dämpfung körperlicher Gewalt ist schließlich auch ein Grund für das im Vergleich zu mittel- und nordeuropäischen Fußballspielern ungleich höhere Maß an affektiver Gewalt südeuropäischer oder lateinamerikanischer Fußballspieler. Das in diesen Kulturbereichen noch erheblich stärker ausgeprägte Maß an tolerierter individueller Gewalt — man denke nur an die strengeren Moralkodizes, an die Blutrache usw. — wirkt sich auch auf das Verhalten der Sportler aus, auf deren Balance zwischen affektiver und rationaler Gewalt, die mehr noch zugunsten affektiver Gewalt verschoben ist. In diesem Zusammenhang ist eine Zeitungsmeldung im *Sport-Zürich* vom 23.3.1983 von der Pressekonferenz des neuen brasilianischen Trainers höchst interessant:

"*Brasiliens Coach: Mehr Fouls! (upi) Carlos Alberto Parreira (40), der neue Nationalcoach Brasiliens, gab bei einer Pressekonferenz etwas ungewöhnliche Ansichten über seine Vorstellungen der Spielweise Brasiliens bekannt. Er meinte: 'Wir werden in Zukunft nicht nur traditionellen brasilianischen Fußball spielen, sondern wir werden versuchen, unsere Gegner im richtigen Moment auch mit Fouls aus dem Rhythmus zu bringen!' Parreira betonte ausdrücklich, daß er nicht für Brutalität sei, doch müsse man sich der effizientesten Mittel zu bedienen wissen, um einen Gegner unter Kontrolle halten zu können. Als Beispiel führte der Nationalcoach die holländische Mannschaft an, die 1974 in Deutschland im Finale gestanden hatte. 'Sobald der Gegner im Ballbesitz war, unternahmen die Holländer alles, um den Ball zurückerkämpfen zu können. Es handelt sich hier nicht um Brutalität, es ist einfach so, daß manchmal ein Foul die einzige Möglichkeit ist, den Ball zurückzuerobern.' Dem Nachfolger von Tele Santana schwebt ein Mischung von brasilianischer Ballartistik und Virtuosität und einem guten Schuß defensiver Verantwortung als ideale Spielweise einer zukünftigen brasilianischen Nationalmannschaft vor. 'Jeder Brasilianer ist am Ball unübertroffen, aber er muß auch lernen zu kämpfen, in der Verteidigung Verantwortung zu übernehmen, Löcher zu stopfen. Diese Mängel haben uns in Spanien an der WM den Titel gekostet.' Parreira will seinen Einjahresvertrag dazu nützen, dem brasilianischen Nationalteam seine Ideen und Vorstellungen einzuverleiben — und sich dabei wohl auf seinen Wahlspruch verlassen: 'Ein Team ist gut, wenn es gewinnt — ein Trainer ist gut, wenn er zeigt, daß er der Meister ist.'*" Hinter dieser Meldung verbirgt sich in unserer Terminologie die Forderung nach einer Verschiebung der Balance von affektiver und rationaler Gewalt zugunsten der letzteren im Interesse des sportlichen Erfolgs.

Fassen wir zusammen: Im Laufe des Zivilisationsprozesses setzt eine — wenn auch kultur-, gesellschafts-, schichtspezifisch unterschiedlich stark ausgeprägte — immer stärker werdende Kontrolle der Affekte und körperlichen Gewalt ein, mit der Konsequenz, daß das Problem affektiver Gewalt im Sport wie in der Gesellschaft zunehmend an Bedeutung verliert, die Problemfelder sich von der affektiven zur instrumentellen Gewalt verlagern.

Zunahme rationaler Gewalt

Die Verlagerung affektiver Gewalt in Richtung instrumenteller Gewalt läßt sich zunächst einmal sehr schön illustrieren, wenn wir uns einige der "Zehn Gebote des Sports" von Carl Diem (1960^2, 24) vor Augen halten:
"Treibe Sport um des Sports Willen, ohne Eigennutz und Ehrsucht, treu den Regeln ...
Setze im Sport Deine ganze Kraft ein, aber lasse den Sport Begleitmelodie und nicht Inhalt des Lebens bleiben.
Gebe niemals auf, nicht im Training und nicht im Kampfe, aber aller Sport ist nicht eine Stunde Kranksein wert.
Weiche keinem Kampfe aus — verzichte ritterlich auf jeden Vorteil — erstrebe statt des Beifalls der Zuschauer das Lob Deines Gewissens.
Suche den stärksten Gegner und achte ihn als Deinen Freund, der Gast hat immer recht.
Folge wortlos dem Schiedsrichter, auch wenn er zu irren scheint.
Der erste Glückwunsch gelte Deinem Besieger, der erste Dank dem Unterlegenen, für Dich darf es nur einen Wunsch geben: möge immer der beste gewinnen."
Konfrontiert man die Schlagzeilen am Anfang dieses Beitrages mit diesen Geboten, dann wird deutlich, daß die immer größer werdenden Anforderungen, die zunehmende gesellschaftliche, wirtschaftliche und politische Bedeutung sportlicher Wettkämpfe dazu geführt haben, daß die Einhaltung des Fairneßgebotes immer mehr einer 'technokratischen Moral' Platz gemacht hat, die sich nurmehr am Erfolg, ganz gleich mit welchen Mitteln er erreicht wurde, orientiert (vgl. Heinilä 1974).
Diese technokratische Moral, diese uneingeschränkte Erfolgsmentalität und rationale Gewalt äußert sich dabei in verschiedenen Symptomen, die hier nur der Vollständigkeit halber aufgezählt seien, um das Problem der rationalen Gewalt dann am Beispiel des Fußballspiels zu verdeutlichen. Folgende Symptome rationaler Gewalt lassen sich m.E. im heutigen Sport festmachen:
— *Gewalttätige Handlungsmuster* seitens der *Sportler* wie der *Zuschauer* gehören heute nicht nur im Bereich des Spitzen- und Profisports und nicht nur in den sogenannten Kampfsportarten zum sportlichen Alltag;
— *körperliche Manipulationen* scheinen unabdingbare Voraussetzung für sportliche Erfolge, zumindest auf der oberen Leistungsebene, zu sein;
— das *Training und der Wettkampfbetrieb* setzen *immer früher* ein und erfassen Kinder schon im Vorschulalter (Kinderhochleistungssport vergleichbar mit Kinderarbeit im Frühkapitalismus);

— *Trainingsintensität* und *Trainingsdauer* werden immer größer, die körperlichen Belastungen immer unerträglicher (Spitzensportler als vorprogrammierte Frührentner);
— *Sportgeräte* und *-anlagen* werden im Interesse neuer Höchstleistungen auch auf Kosten der Gesundheit der Athleten ständig 'verbessert' und weiterentwickelt (Kunststoffbahnen, plastifizierte Rennanzüge, Schnabelski etc.);
— *psychische Manipulationen* an Athleten gewinnen immer mehr an Gewicht (vgl. ausführlicher: Pilz 1982 b, 10ff).

Bevor ich nun auf das Problem rationaler Gewalt im Fußballsport zu sprechen komme, sei ganz allgemein vorausgeschickt, daß das Ausmaß und die Art rationaler, instrumenteller Gewalt stark bestimmt werden durch das Regelwerk, die Sanktionsmechanismen der jeweiligen Sportarten. Je rigider das Regelwerk der jeweiligen Sportart, desto erfolgreicher sind Mannschaften, die regelkonform spielen, je 'liberaler' das Regelwerk, desto erfolgreicher sind Mannschaften, die am häufigtsen die Regeln verletzen (vgl. Voigt 1982). Eine Relativierung scheint mir jedoch hier angebracht. Die Tatsache, daß das Regelwerk rigider gehandhabt wird, bedeutet nicht unbedingt, daß instrumentelle, rationale Gewalt weniger auftritt, vielmehr ist zu vermuten, daß rationale Gewalt 'hinter die Kulissen' verbannt wird, verdeckter, weniger offen, gleichsam raffinierter, versteckter ausgeführt und damit auch weniger leicht feststellbar ist. Eine Vermutung, die sich bezogen auf das Hallenhandballspiel, dessen Regelwerk ja erst unlängst rigider gehandhabt wurde, zu bestätigen scheint (vgl. auch Schmidt 1982). Doch kommen wir nun zum Problem rationaler Gewalt im Fußballsport. In einer Untersuchung von britischen Profi- und Amateurfußballspielern kommt Heinilä (1974) zu folgenden Ergebnissen:

Tabelle 2: Einschätzung des 'Fair play', Legitimation rationaler Gewalt. Ein Vergleich zwischen britischen Profifußballspielern (N = 125) und Amateurfußballspielern (N = 111), prozentuale Zustimmung

Rationale Gewalt	Zustimmung in Prozent	
	Profis	Amateure
Ein schneller Spieler muß mit allen Mitteln, ob erlaubt oder nicht, gestoppt werden	55	37
Ein Spieler in einer aussichtsreichen Schußposition muß unbarmherzig zu Fall gebracht werden	70	54
In wichtigen Spielen sind alle Mittel erlaubt, um das Spiel zu gewinnen	54	38
In einem Spiel darf ein Spieler alles versuchen, solange er dabei nicht erwischt wird	69	42
Ein Spieler spielt grob, weil sein Gegenspieler technisch besser ist	83	73
Hartes, grobes Spiel ist erlaubt, wenn die andere Mannschaft grob spielt	94	91

Die Tabelle 2 belegt eindrucksvoll, daß im Interesse sportlichen Erfolges alle Mittel erlaubt sind, rationale Gewalt legitimiert wird. Dabei — und dies ist meines Erachtens besonders bedeutsam und erschreckend zugleich — wird die Bereitschaft zu und Rechtfertigung von rationaler Gewalt im Laufe der sportlichen Sozialisation systematisch gelernt, eingeübt, antrainiert (vgl. Tabelle 3).

Tabelle 3: Einschätzung des 'Fair play' im Vergleich zum Mannschaftsinteresse und dem Entsprechen der Forderungen des Schiedsrichters, differenziert nach Altersklassen (vgl. Heinilä, 1974, 40)

Auf dem Spielfeld hat sich ein Spieler wie folgt zu verhalten:	15 Jahre	16 Jahre	17 Jahre	18 Jahre	Profis
Zu versuchen, soviel wie möglich Vorteile für seine Mannschaft zu erzielen	27	31	39	44	54
Dem Geist des 'fair play' zu entsprechen	40	29	30	22	16
Den Forderungen des Schiedsrichters zu entsprechen	29	31	25	29	24
Keine Antwort	4	9	6	5	6
	100	100	100	100	100

Die Tabelle 3 belegt eindrucksvoll, daß im Laufe des sportlichen Sozialisationsprozesses das Gebot der Fairneß erfolgsorientierten, rationalen körperlichen Gewalthandlungen Platz macht. Weit davon entfernt, Fairneß und Ritterlichkeit einzuüben, entpuppt sich der Fußballsport als Sozialisationsagentur rationaler Gewalt. Diese Ergebnisse konnten wir im Rahmen des Projektauftrages 'Sport und Gewalt' auch für den bundesdeutschen Fußball bestätigen (vgl. Frogner/Pilz 1982). Der Trainer spielt dabei eine bedeutende Rolle, das heißt, er ist eine, wenn nicht gar *die* zentrale Sozialisationsinstanz rationaler Gewalt (vgl. Frogner/Pilz 1982). So besehen überraschen die folgenden Aussagen von Fußballspielern sicherlich nicht:

"Wir unterscheiden uns nicht allzusehr von Tieren, wir tragen unseren Existenzkampf mit allen Mitteln aus. Jeder muß versuchen, den anderen fertigzumachen" (Jupp Kapellmann, in: Stern 1975, Nr. 43).

"Der Bundesligafußball ist deshalb zu einem brutalen Existenzkampf heruntergekommen, weil sportlicher Ehrgeiz durch teilweise rücksichtslosen finanziellen Ehrgeiz ersetzt worden ist" (Ewald Lienen, in: konkret Sport 1982).

"Ich behaupte: wir müssen die Jugendlichen lehren, foul zu spielen! Das klingt vielleicht brutal, aber was hilft es, ständig um den heißen Brei herumzureden ...Denn eines ist klar, und das gilt für Schüler genauso wie für Bundesligaprofis: bevor ich dem Gegner erlaube, ein Tor zu schießen, muß ich ihn mit allen Mittel daran hindern — und wenn ich das nicht mit fairen Mitteln tun kann, dann muß ich das eben mit einem Foul tun. Lieber ein Freistoß als ein Tor. Wer das nicht offen zugibt, der lügt sich was vor — oder er ist kein Fußballer" (Paul Breitner, Ich will kein Vorbild sein, Copress-Verlag München 1980, 26).

Es verwundert schon viel eher, daß gerade die Sportjournalisten dieses Phänomen entweder nicht wahrhaben wollen, oder es gezielt verharmlosen, verniedlichen, ja totschweigen, um die Mär vom fairen Sport aufrechtzuerhalten. Wie dies dann aussieht, möge folgender kleiner Exkurs in die Sportberichterstattung verdeutlichen.

Fernsehübertragung vom Europa-Cupspiel *Dynamo Ostberlin : Hamburger SV* vom 15.9.1982 (Reporter: Fritz Klein):

25. Minute: "Kleine Hakelei, aber kein unfaires Spiel, im Gegenteil, da ist viel Tempo drin."

55. Minute: "Ja, Foul von Hartwig, aber alles in allem gesehen, trotz der Bedeutung des Spiels, ein faires Spiel."

65. Minute: "Hartwig liebt die Hakeleien, aber das sollte er besser lassen."

Fernsehübertragung vom Europameisterschaftsspiel *Österreich : Bundesrepublik Deutschland* vom 27.4.1982 (Reporter: Eberhard Stanjek):

"Derbes Foul an Rummenigge. Ein Spiel mit Haken und Ösen. Man kann nach 20 Minuten nicht sagen, daß das Spiel besonders unsportlich ist, aber doch ganz schön hart."

Kommentar zum Bundesligaspiel *Stuttgart : Kaiserslautern* vom 11.12.1982:

"Es war kein unfaires Spiel, aber mit Haken und Ösen." (vgl. Pilz im Druck)

Diese Beispiele mögen genügen, um zu belegen, daß es ganz offensichtlich das Bemühen der Sportjournalisten ist, die alltägliche Gewalt im heutigen Wettkampfsport, im Bundesligafußball speziell zu verschweigen, herunterzuspielen, zu ignorieren und daß damit zumindest indirekt die Sportjournalisten der Legitimation rationaler Gewalt im Fußballsport Vorschub leisten (vgl. auch Freudenreich 1983 im Druck).

Fassen wir zusammen: rationale Gewalt ist im Interesse sportlichen Erfolges konstitutives Element des modernen Fußballsports. Dabei erfahren Kinder und Jugendliche im Laufe ihrer leistungssportlichen Karriere, daß das Einhalten von Regeln, die Befolgung des Fairneßgebotes hinderlich sind für den sportlichen Erfolg und legitimieren somit zunehmend den Einsatz rationaler Gewalt.

Frauensport und körperliche Gewalt

Verfolgt man die Geschichte des Frauensports, so zeigt sich, daß Frauen lange Zeit — entsprechend traditionellen Geschlechtsrollenklischees und der Stellung der Frauen in den jeweiligen Phasen der gesellschaftlichen Entwicklung — zunächst ganz von sportlichen Tätigkeiten und später von den härteren Formen des Sports ausgeschlossen waren. Am Beispiel der Entwicklung der Sportdisziplinen läßt sich dies veranschaulichen. So wurden erst ab 1976 auch härtere Sportarten, Sportarten, die körperliche Gewalt bedingen, für Frauen zugelassen (vgl. Tabelle 4).

Tabelle 4: Entwicklung der Wettbewerbe für Frauen bei den Olympischen Spielen seit 1936 (vgl. Pfister 1980)

Wettbewerbe/Sportarten	Olympische Spiele									
	1936	'48	'52	'56	'60	'64	'68	'72	'76	'80
Eiskunstlauf	*	*	*	*	*	*	*	*	*	*
Schwimmen	*	*	*	*	*	*	*	*	*	*
Fechten	*	*	*	*	*	*	*	*	*	*
Turnen	*	*	*	*	*	*	*	*	*	*
Leichtathletik	*	*	*	*	*	*	*	*	*	*
Alpiner Skilauf	*	*	*	*	*	*	*	*	*	*
Kanu		*	*	*	*	*	*	*	*	*
Skilanglauf			*	*	*	*	*	*	*	*
Eisschnellauf					*	*	*	*	*	*
Rodeln						*	*	*	*	*
Volleyball						*	*	*	*	*
Bogenschießen								*	*	*
Basketball									*	*
Handball									*	*
Rudern									*	*
Hockey										*

1984 werden für Frauen der Marathonlauf und das Radfahren ins Olympische Programm aufgenommen, 1988 kommt Judo hinzu. Dennoch, Sportarten, die ein besonders ausgeprägtes Maß an körperlicher Gewalt erlauben, sind auch heute noch für Frauen bei Olympischen Spielen tabu: Eishockey, Gewichtheben, Ringen, Wasserball, Fußball etc. Andererseits ist auch nicht zu verkennen, daß aufgrund der Wandlungen der Machtbalance zwischen den Geschlechtern zugunsten eines größeren Freiheits- und Entscheidungsspielraumes des weiblichen Geschlechts Frauen auch zunehmend Zugang zu härteren Formen des Sports gefunden haben. Selbst Sportarten wie Boxen und Gewichtheben (in Form von Bodybuilding), Eishockey und Wasserball werden heute bereits von

Frauen auf nationaler und internationaler Ebene wettkampfmäßig ausgeübt. Die Entwicklung des Frauensports, vor allem die Öffnung sogenannter Kampfsportarten für Frauen, sprechen für die These, daß affektive Gewalt und gewalttätige Handlungsmuster auch im Frauensport zunehmen.
Die Entwicklung der weiblichen Mitgliederzahlen und die Rangordnung weiblicher Mitglieder von Mannschaftssportarten machen dabei auf ein interessantes Phänomen aufmerksam: die Veränderung der Mannschaftssportarten, die das höchste Maß an körperlicher Gewalt erlauben, weisen die höchsten weiblichen Mitgliederzahlen auf (vgl. Tabellen 5 und 6).

Tabelle 5: Mitgliederzahlen von Mannschaftssportverbänden nach weiblicher Mitgliederstärke (absolut und in Prozent zu den Männlichen Mitgliedern) (Bestanderhebung DSB 1982)

Sportarten	weibliche Mitgliederzahlen		
	absolut	in Prozent	
1. Fußball	407.102	8.70	(5)*
2. Handball	224.683	30.66	(3)*
3. Volleyball	140.893	47.23	(1)*
4. Basketball	30.934	34.50	(2)*
5. Hockey	14.455	4.81	(6)*

* Rangordnung nach Prozentanteil weiblicher Mitglieder

Tabelle 6: Entwicklung der weiblichen Mitgliederzahlen von Mannschaftssportfachverbänden (Rangplatzvergleich bezogen auf alle Sportarten, gestützt auf Bestandserhebungen des DSB 1974 und 1982)

Sportfachverband	Rangplatz 1974	Rangplatz 1982	absolut 1974	absolut 1982
Deutscher Fußballbund	5	3	162.215	407.102
Deutscher Handballbund	8	8	101.758	224.683
Deutscher Volleyballverband	12	12	32.417	140.893
Deutscher Basketballbund	21	20	11.621	30.934
Deutscher Hockeybund	23	23	9.629	14.455

Folgt man nun jedoch Aussagen von Funktionären und Verantwortlichen für den Frauensport, so wird — offensichtlich um, gestützt auf traditionelle Geschlechtsrollenklischees, das Betreiben sogenannter Männersportarten von Frauen zu rechtfertigen — immer wieder betont, daß sich der Frauensport auch im Bereich des Wettkampfsports und der Kampfsportarten durch die Durchsetzung sogenannter 'weiblicher Qualitäten' auszeichne, also kein Abbild des Männersports mit all seinen Auswüchsen darstelle (vgl. Knoop et al 1980; Tschap 1978). Berichte und Untersuchungen jüngerer Zeit weisen jedoch in eine andere Richtung: auch der von Frauen betriebene Wettkampfsport zeichnet sich durch zunehmende rationale Gewalt aus. So konnte bei der Untersuchung über Einstellung von jugendlichen Fußballspielern und -spielerinnen zu Regeln und Normen im Sport nachgewiesen werden, daß zwar Fußballspielerinnen rationale Gewalthandlungen signifikant weniger legitimieren als Fußballspieler, daß sie andererseits jedoch diese Handlungen genauso häufig während eines Punktspieles ausführen wie die Fußballspieler. Mit anderen Worten: die Mädchen setzen genauso häufig wie die Jungen rationale Gewalt im Interesse des sportlichen Erfolges ein, während die Jungen dies jedoch im gleichen Umfang auch legitimieren, tun sich die Mädchen erheblich schwerer, ihr Verhalten auch zu rechtfertigen. Hier wird der Konflikt zwischen traditionellen Geschlechtsrollenmustern und den Erfordernissen des Wettkampfsports deutlich, was sich auch daran festmachen läßt, daß die Mädchen erheblich häufiger als die Jungen vom Trainer ausgewechselt werden, weil sie nicht hart genug eingestiegen sind und häufiger gelobt werden, wenn sie durch ein grobes Foul ein Tor verhindert haben und schließlich auch häufiger als die Jungen auf aggressives Spiel, harten Einsatz trainiert werden (vgl. Frogner/Pilz 1982).

Die Mädchen müssen ganz offensichtlich aufgrund unterschiedlicher Sozialisationserfahrungen mehr als die Jungen lernen, im Spiel hart und aggressiv einzusteigen, sodaß sie vom Trainer auch entsprechend darauf vorbereitet werden. Bestätigt werden diese Ergebnisse auch durch Berichte über Damenfußballspiele. So berichtet der Vorsitzende des Presseausschusses des Niedersächsischen Fußballverbandes Krikkis im amtlichen Organ des Niedersächsischen Fußballverbandes, dem *Niedersachsen Fußball,* vom November 1982 unter der Überschrift *"Das Rowdytum nimmt in erschreckendem Maße auch bei uns zu: Damenfußball — rohe Spielweise"* unter anderem:

"Selbst im Damenfußball häufen sich die Klagen über rohe Spielweise und unsportliches Verhalten der Aktiven. In einem Fall trat eine Spielerin ihrer Gegnerin brutal in die Beine. Folge: vier Wochen Sperre. In einem anderen Match erteilte der Unparteiische einen fünfminütigen Platzverweis. Die Reaktion der Spielerin: Sie verließ das Feld ganz und ward nicht mehr gesehen. Ihre Trotzreaktion war noch von unschönen Worten in Richtung Schiedsrichter begleitet."
Entsprechend bezweifelt auch Anne Trabant, die Trainerin und Mannschaftsführerin des Deutschen Damenfußballmeisters und Nationalspielerin, daß sich die Betonung des Spielerischen im Frauenfußball auf die Dauer durchhalten läßt. Wenn die Entwicklung so weitergeht, dann werde der Konkurrenzkampf bedeutend härter. Untersuchungen in anderen Mannschaftssportarten, in denen sich Frauen schon länger auf nationaler und internationaler Ebene wettkampfmäßig betätigen, zeigen denn auch, daß rationale Gewalt auch hier zum unverzichtbaren Rüstzeug erfolgreicher Sportlerinnen gehört (vgl. Frogner 1980; Morris 1975). Ein Vergleich der Entwicklung bestimmter Individualsportarten und der dort immer gravierender werdenden Problematik physischer Manipulationen zeigt, daß der Gebrauch von Dopingmitteln, unerlaubter pharmakologischer Substanzen im Interesse der Leistungsverbesserung auch in einigen Disziplinen des Frauensports nicht nur unabdingbare Voraussetzung sportli-

chen Erfolges ist, sondern offensichtlich im Vergleich zum Männersport sogar noch eine größere Bedeutung hat (vgl. Tabelle 7).

Tabelle 7: Auswertung der Berichte über Dopingfälle und Dopingproblematik in der *Hannoverschen Allgemeinen Zeitung* für den Zeitraum von August 1979 bis Juni 1981 getrennt nach Männer- und Frauensport (Pilz 1982a).

	Zahl der Berichte über Dopingproblematik bzw. akute Dopingfälle	Zahl der betroffenen, bzw. bestraften Athleten/ Athletinnen
Männersport	18	11
Frauensport	24	22

So steht auch in der *Hannoverschen Allgemeinen Zeitung* vom 3.11.1982 in einem Bericht über Dopingfälle bei den Europameisterschaften der Leichtathleten unter der Überschrift *"Frauen führen die Liste an"* unter anderem: *"Wieder waren es zwei Frauen. Die Statistik weist seit dem Jahr 1971 nunmehr 37 Dopingfälle in der Leichtathletik aus, und das Verhältnis zwischen starken und schwachem Geschlecht lautet jetzt schon 15 zu 22."*
Ein Faktum, das Liesel Westermann, die ehemalige Weltrekordhalterin im Diskuswurf, dazu veranlaßt, davon zu sprechen, daß der Reiz des Abenteuers Leistungssport verblaßt sei und der nackten Brutalität eines Existenzkampfes um der Leistung willen Platz gemacht habe (Westermann 1977).
Faßt man diese Ergebnisse zusammen, so zeigt sich in der Tat, daß im Zuge der Wandlung gesamtgesellschaftlicher Werte und Normen, der Machtbalance zwischen den Geschlechtern, sich zunehmend auch den Frauen auch Verhaltensmuster der Gewalt öffnen. Die Frage der Anwendung affektiver wie rationaler Gewalt ist so besehen weniger eine Frage der Geschlechtszugehörigkeit als vielmehr eine Frage gesellschaftlicher Gewaltstandards, der Machtbalance zwischen den Geschlechtern. Bezogen auf den Sport: Je nach Bedrohlichkeit der sportlichen Situation, je nach Sportart, nach den strukturellen Bedingungen der sportlichen Situation schwankt die Balance zwischen mehr kampfbetonten oder mehr kameradschaftlichen, zwischen mehr fairen und mehr unfairen, mehr friedfertigen und mehr gewalttätigen Handlungen. Dies gilt — entgegen aller Beteuerungen — für den Männer- wie den Frauensport gleichermaßen. Ein besonders eindrucksvolles Beispiel für die Nortwendigkeit rationaler Gewalt im Frauensport gaben dabei die Spielerinnen einer Hannoverschen Wasserballmannschaft, als sie bei einem Rundfunkinterview in der *Plattenkiste* des NDR 2 vom 22.8.1981 offen bekannten, daß sie unter Wasser z.T. brutale Fouls begehen, da sie sonst kaum eine Chance hätten, erfolgreich zu spielen. (Siehe den folgenden Ausschnitt aus dem Rundfunkinterview; I = Interviewer, S = Spielerinnen, T = Trainer der Wasserballspielerinnen.)
I: Wie sehen Sie das denn, Sabine, ist das ein schwerer Sport?
S: Ach, na ja, also es ist manchmal schon ganz schön ruppig, ich meine, man

merkt das; also von oben sieht's vielleicht ganz gut aus und so, aber die Unterwasserarbeit ist doch schon ganz hart.
I: Mhm, wird denn unter Wasser gefoult, oder was?
S: Na ja klar!
I: Ja? Was heißt klar? Ich denke, das ist eine faire Sportart.
S: Na ja, also, der Schiedsrichter sollte das nicht mitkriegen. Dann, also, man muß das schon so machen, daß es im Hinterhalt ist.
I: So, und sie sind doch immer noch eine Amateurmannschaft, und dabei arbeiten Sie schon mit solchen Tricks?
S: Tja, ich meine, das ist gelernt, das gehört dazu.
T: Man muß sich irgendwie durchsetzen, wenn man Torschüsse anbringen will, abstoßen oder so, ich meine aber immer, es muß im Rahmen bleiben, vor allem so geschickt machen, daß es eben der Schiedsrichter nicht sieht. (...)
T: Ja, es gibt auch mal blaue Augen oder vielleicht auch mal Rippen angeknackst oder was, das kommt schon mal vor.
S: Ja, einige Verletzungen haben wir schon. (...)
T: Ja, manchmal muß man sich schon durchsetzen, ne, und dann, ab und zu, muß man eben schon 'n Foul machen.
I: Warum muß man das?
T: Na ja, dann hauen einem die anderen das...ohne dem geht's wohl nicht. (...)
S: Ja, wenn es keine Fouls geben würde, so ungefähr, dann würde man vielleicht nie zum Torschuß kommen, denn irgendwie wird man ja immer festgehalten oder so, dann muß man sich ja irgendwie mal befreien oder so, und dann gibt's halt so 'n kleines Foul oder Freistoß oder irgendwas, und dann kann man vielleicht mal 'ne Torchance nutzen.''

In dem Moment, wo der Sport aus seiner Privatheit hervortritt, wo er nicht mehr länger im Freizeit-, Vergnügungs- und Mußebereich verhaftet bleibt, sondern öffentlich wird und sportliche Erfolge sozial, wirtschaftlich, politisch immer mehr an Bedeutung gewinnen, in diesem Moment kann er nicht mehr den Forderungen nach Fair play gerecht werden. Die zunehmende gesellschaftliche Bedeutung des Sports, vor allem sportlicher Erfolge, durch die Massenmedien zusätzlich aufge- und überbewertet, führt dazu, daß die sozialen Verhaltensmaßstäbe im Wettkampfsport, ja nicht einmal nur dort, sich verschieben und Verhaltensmustern der Wirtschaftlichkeit, des Erfolgsprinzips um jeden Preis, der Konkurrenz im strengsten Sinne, des Existenzkampfes untergeordnet werden. Um es mit Weis (1976, 312) zu sagen:

"Je stärker der Sport professionalisiert wird, je mehr der Sieg als das Ziel sportlichen Strebens den Mitteln, mit denen er erreicht wird, betont wird, je wichtiger schließlich die wirtschaftlichen und sonstigen Folgen eines Sieges sind, desto höher mag die Wahrscheinlichkeit sein, daß die Regeln des Sports zugunsten anderer Interessen verletzt werden. Wo Sieg und Erfolg die höchsten Ziele sind, legitimiert auch der Zweck das illegitime Mittel.''

Wie schwer es dabei ist, Änderungen herbeizuführen, zumal es sich hierbei ja nicht um ein sportspezifisches, sondern um ein Problem einer leistungs-, konkurrenzorientierten Gesellschaft, einer Erfolgsgesellschaft, handelt — wir bekommen das Problem der Einhaltung von Fairneß, bzw. die Bedeutung rationaler Gewalt für den beruflichen, wirtschaftlichen Erfolg ja tagtäglich immer wieder vorgelebt — mögen die Lösungsvorschläge des Bielefelder Sozialpsychologen Schmidt (1976, 133f.) verdeutlichen:

"Zu fordern wäre eine allgemeine Dezentralisierung der Sportförderung, sowie eine starke Förderung des Breitensports auf Kosten des repräsentativen Spitzensports, zu überlegen wäre, ob internationale Konkurrenzen, internationale Leistungsvergleiche mit dem Charakter von Länderkämpfen nicht grundsätzlich entfallen sollten. Auch Aufklärung über die 'Gefahren des Sports'...wäre angebracht. Aktive Sportler könnten sich gegen Übertraining und inhumane Formen der Dressur als internationale Spitzensportler zur Wehr setzen, indem sie sich entsprechende Interessenvertretungen schaffen. Zu erwägen wäre auch die Bildung internationaler Sportgruppen oder Sportclubs. Sportberichterstattung, sowohl in den elektronischen wie in den Zeitungsmedien, müßte ihres spektakulären Charakters beraubt werden. Es wäre durchzusetzen, daß über politisch relevante internationale Vergleichswettkämpfe etwas weniger berichtet und etwas mehr über die Vorgänge, die diese Ereignisse hervorbringen und von ihnen hervorgebracht werden.
Jede einzelne dieser Anregungen erscheint nicht realisierbar ohne einschneidende Veränderungen in der betreffenden Gesellschaft — ein Umstand, aus dem ein weiteres Mal die enorme gesellschaftliche Bedeutung des Sports hervorgeht."

Daß dabei bereits schon Handlungsmuster der Konkurrenzorientierung und Gewalt den 'öffentlichen' Breiten- und Freizeitsport erfaßt haben, sei der Vollständigkeit halber hier nur erwähnt (vgl. Pilz 1982c).

Gewalttätige Ausschreitungen von Fußballfans

Es muß an dieser Stelle nochmals betont werden, daß es angesichts der Vielschichtigkeit gerade dieses Problemfeldes nicht darum gehen kann, umfassend oder auch nur annähernd alle Aspekte darzustellen und zu diskutieren. Vielmehr soll versucht werden, einige der bedeutendsten Gesichtspunkte des Fußballrowdytums kurz zu referieren. (Ausführliche Darstellungen sind zu finden bei: Becker 1982, Friebel et al 1979; Gabler/Schulz/Weber 1982; Lang 1976; Lindner 1980; Pilz 1979; Pramann 1980; Schulz/Weber 1982; Weis 1982; Weis et al 1982.)

Grob unterscheiden können wir zwei Ursachen gewalttätiger Ausschreitungen von Fußballfans festmachen:
— *sportspezifische* Einflußgrößen, die mehr oder weniger im direkten Zusammenhang mit dem Geschehen auf dem Spielfeld stehen;
— *gesellschaftliche* Einflußgrößen, die mehr oder weniger direkt im Zusammenhang mit strukturellen Problemen der Gesellschaft stehen.

Sportspezifische Einflußgrößen der Zuschauergewalt

Auch wenn aufgrund vielfältiger Maßnahmen seitens der Polizei, des Ordnungsdienstes und der Vereine das Problem der Ausschreitungen im Stadion vergleichsweise gering einzuschätzen ist, sind sportspezifische Ursachen nicht zu unterschätzen. Dies beginnt bereits bei so scheinbar nebensächlichen Fragen wie der Verteilung von Sitz- und Stehplätzen. Untersuchungen haben gezeigt, daß, je größer die Zuschauerzahl, je näher die Zuschauer am sportlichen Geschehen sind, je größer der Lärm im Stadion, je mehr Stehplätze vorhanden sind, desto größer die Wahrscheinlichkeit ist, daß die Atmosphäre aufgeheizt, Emotionen freigesetzt werden und gewalttätige Handlungen zum Ausdruck kommen. Dazu kommt, daß die Bedeutung, die dem Spiel beigemessen wird, auch als Gradmesser für die Wahrscheinlichkeit gewalttätiger Ausschreitungen gelten kann, dies umsomehr, je mehr die eigenen Erwartungen enttäuscht werden. In diesem Kontext spielem m.E. die Massenmedien, die Sportberichterstatter eine unglückselige Rolle. Selbst alltäglichen Bundesligaspielen, ja selbst Freundschaftsspielen wird die 'Normalität' genommen, indem man sie — offensichtlich verkaufsfördernd, aber eben dann auch gewaltfördernd — zu Revanchekämpfen hochstilisiert, zu Kämpfen zwischen Erzfeinden, zu Fights um das nackte sportliche wie finanzielle Überleben oder schlicht zu einem traditionsreichen Lokalfight. Gewalttätige Ausschreitungen sind in diesem Falle geradezu vorprogrammiert. Es scheint so, als würden sich die Sportjournalisten die These des Verhaltensforschers von Holst zu eigen machen, der in völliger Verkennung sportlicher Wirklichkeit und geradezu fahrlässiger, ja abenteuerlicher Übertragung unbewiesener triebtheoretischer Hypothesen aus dem Tierreich, allen Ernstes schrieb:

"Kampf um die Rangordnung, Führung und Gefolgschaft, gemeinsamer harter Einsatz (sogar unter Lebensgefahr), begeisterter Ansturm gegen den Feind — all dies kann, in feste Spielregeln gefaßt, im Sport abgesättigt werden. Wo solche Kämpfe von Presse und Rundfunk dramatisiert und auf das Niveau nationalpolitischer Ereignisse gehoben werden, ist ihre positive Bedeutung gar nicht zu überschätzen" (von Holst 1969, 320).

Dabei ergibt sich besonders für die Vereine eine nicht zu überschätzende Interessenkollision. Zum einen ist es ihnen natürlich nur recht, wenn Spiele in den Vorberichten hochstilisiert werden, da dies mehr Zuschauer anzieht, zum anderen können langfristig zunehmende Ausschreitungen bei solchen Veranstaltungen friedfertige Zuschauer davon abhalten, weiterhin ins Stadion zu kommen. Besonders anfällig für solchermaßen aufgebauschtes Emotionspotential sind Fans, die sich durch die Identifikation mit ihrer Mannschaft Selbstwertgefühle schaffen. Die Identifikation mit der Mannschaft hilft bei diesen Individuen (meist Angehörige sozial depravierter Schichten) stellvertretend über eigene Unzulänglichkeiten hinweg und schafft Erfolgserlebnisse bei siegreichen Spielen. Diese Erfolgserlebnisse sind naturgemäß um so intensiver, umso größer, je mehr auf dem Spiel stand, je bedeutender das Spiel war.

Die starke Identifikation mit der eigenen Mannschaft trägt aber auch dazu bei, daß das Spielgeschehen nur noch durch eine überaus subjektive Brille verfolgt wird, der Gegner automatisch zum Feind avanciert. So wird dann z.T. gewalttätig gegen Entscheidungen und Handlungen protestiert, die man als schädlich für den Erfolg der eigenen Mannschaft interpretiert. Fouls der gegnerischen Spieler werden mit schrillen Pfiffen, Verbalinjurien bis hin zu Tätlichkeiten quittiert, Fouls der eigenen Mannschaft von Beifallskundgebungen begleitet. Fouls der eigenen Mannschaft werden bejubelt, zumindest verharmlost, Fouls der Gegner dramatisiert, ein Phänomen, dem — wie Volkamer (1982) zeigt — selbst Sportreporter leicht erliegen. Der Schiedsrichter wird in diesem Kontext zu einem 'situativen, aggressiven Hinweisreiz', der je nach Entscheidung die Fans der einen oder der anderen Mannschaft gegen sich aufbringt. Dabei gilt es zusätzlich zu berücksichtigen, daß die Spieler selbst durch ihr Verhalten bewußt oder unbewußt dazu beitragen, die Zuschauer gegen den Schiedsrichter aufzuhetzen. Man denke nur an das stete Reklamieren von Einwürfen oder Eckbällen, obwohl man genau weiß, daß man selbst den Ball ins Aus gespielt hat; man denke an das Reklamieren bei Frei- oder Strafstößen, bei Hinausstellungen bis hin zu den berüchtigten 'Schwalben', um einen Strafstoß zu erhalten. Es liegt auf der Hand, daß vor allem Zuschauer, die sich voll mit ihrer Mannschaft identifizieren, solche Reklamationen ihrer Spieler als berechtigt ansehen. Schließlich sind sie ihre Vorbilder, sind näher am Spielgeschehen, haben die größere Sachkompetenz. Läßt sich ein Schiedsrichter nicht auf solche Täuschungsmanöver ein, schafft er ungewollt ein emotionales Klima, das leicht, vor allem wenn die eigene Mannschaft dann auch noch verlieren sollte, in Gewalt umschlagen kann. In diesem Kontext wird auch das vieldiskutierte Problem des Heimschiedsrichters bedeutsam (vgl. Heisterkamp, 1975). Der ehemalige britische internationale Schiedsrichter Burtenshaw (1974) gesteht denn auch in seinen Memoiren offen, daß er manchmal aus Angst vor Gewalttätigkeiten der Fans bewußt vor einem Platzverweis oder Elfmeter zurückgeschreckt sei. So verwundert es auch nicht, wenn in Untersuchungen eindeutig nachgewiesen werden kann, daß die Bereitschaft der Fans, gewalttätig zu werden, nach dem Erlebnis eines Fußballspiels deutlich höher als vorher ist (vgl. Gabler/Schulz/Weber 1982). Erklärt werden kann dies mit den bereits angedeuteten aggressiven Hinweisreizen im Stadion. Vor allem stieg die Gewalttätigkeit nach Spielen, bei denen es besonders hart zuging, in denen z.b. Elfmeter und mehrere gelbe Karten vergeben wurden.

Fassen wir zusammen: Es gibt sehr wohl einen Zusammenhang, eine Wechselbeziehung, zwischen dem Geschehen auf dem Sportplatz und dem Verhalten der Zuschauer, eine Wechselwirkung zwischen der Gewalt auf dem Rasen und der Gewalt der Fans. Auch wenn Gewalthandlungen außerhalb des Stadions, vor allem auch schon vor einem Spiel, wesentlich häufiger beobachtet werden können, darf diese 'unselige' Verflechtung von Spieler- und Zuschauergewalt nicht unterschätzt werden.

Gesellschaftliche Bedingungen der Fangewalt

Das meines Erachtens gravierendere Problem in Zusammenhang mit dem Phänomen des Fußballrowdytums ist in der zunehmenden Perspektivlosigkeit, der zunehmenden Arbeitslosigkeit, der Sinnleere, Sinnkrise Jugendlicher zu sehen. Ein Problemkomplex, der zu einer deprimierenden, wie auch gefährlichen 'Null Bock'-, 'No Future'-Mentalität führt. So sieht auch Elias (1981, 121f.) zurecht im Problem der Sinnerfüllung der jüngeren Generation eines der zentralem zu bewältigenden Probleme unserer Zeit:

"Es ist eigentlich nicht schwer zu sehen, daß diese Sinnsperre für einen nicht unbeträchtlichen Teil der jüngeren Generation, sei es durch Gesetze, sei es durch Arbeitslosigkeit oder wodurch auch immer, ein weites Rekrutierungsfeld, nicht nur für gegenwärtige Drogenhändler, sondern auch für zukünftige Stadtguerillas und für zukünftige Radikalenbewegungen überhaupt schafft, ob rechts oder links. Niemand kann sagen, was da auf die deutsche Bundesrepublik zukommt, wenn diese Saat aufgeht."

Mir scheint, daß sich ein Teil dieser Saat bereits im Umfeld von Bundesligafußballspielen bemerkbar macht. Es ist jedenfalls nicht zu verkennen, daß die zunehmende Gewalttätigkeit vor und nach Bundesligaspielen mehr und mehr Ausdruck gesellschaftlicher Konflikte, der Jugendarbeitslosigkeit, familiärer Konflikte, belastender Arbeitsplatzverhältnisse, gesellschaftlicher Isolation ist. Hinzu kommt, daß der zivilisationsbedingte, ereignisarme, triste Alltag vieler Jugendlicher (im Sinne der von Elias angesprochenen Sinnsperre) dazu beiträgt, daß sie in ihrer Freizeit nicht Spannung abbauen, sondern diese aktiv suchen. Die jugendlichen Fußballrowdies wollen aktiv Einfluß auf sich und ihre Umwelt nehmen und dies auch durch ihre Umwelt bestätigt bekommen; sie erleben je-

doch gerade über die Normierung und Kontrolle ihres Verhaltens und ihrer Leistungen durch die Erwachsenenwelt ein ständiges Defizit an eigener Wirksamkeit. Aus dieser Rolle des sozial Deprivierten versucht sich der Fußballfan am Fußballwochenende in der Situation des Stadionumfeldes zu lösen, sein Einflußdefizit zu kompensieren und die Möglichkeiten und Grenzen seiner Ich-Identitätsfindung zu erproben (vgl. Gutachten "Sport und Gewalt" in: Pilz et al 1982). Die Aussage eines jugendlichen Fußballrowdies verdeutlicht dies treffend:
"Die ganze Woche muß man die Schnauze halten, zu Hause keinen Ton riskieren, im Betrieb darfste nichts sagen, dafür geben wir am Wochenende so richtig die Sau ab...Fußball ist für uns Krieg. Wir sind die Besten. Der Verein kann ruhig verlieren, wir schlagen alle" (Kunkel 1978).
Gewalt, gewalttätige Handlungen jugendlicher Fußballfans sind — und dies darf nicht verkannt werden — so besehen auch besonders Reaktionen, Antworten auf strukturelle Gewalt, die auf den Jugendlichen lastet, auf sie einwirkt. So führten bereits 1978 Winterbottom und Germain als Vertreter staatlicher Behörden und Institutionen auf einen Kongreß über Ursachen der Gewalt im Sport als Gründe für Fußballrowdytum unter anderem an: das Dogma des sozialen Erfolges, die Rivalität und der Sieg über die Konkurrenten; die Werbung, die das Verlangen nach Konsum wachruft und dabei Bedürfnisse entwickelt, die unvermeidlich bei vielen unbefriedigt bleiben müssen aufgrund der wirtschaftlichen Ungleichgewichte; die Instabilität des Arbeitsmarktes; die Verarmung der familiären und sozialen Beziehungen; der inhumane Urbanismus. Dabei kommt hinzu, daß viele der von diesen gesellschaftlichen Problemen, Unzulänglichkeiten, von dieser strukturellen Gewalt betroffenen Jugendlichen aus einem Erziehungs- und Sozialmilieu kommen, einer Subkultur erwachsen, in der Kraft und

körperliche Gewalt erheblich weniger geächtet sind als in der Gesellschaft, ja mehr noch: in der Gewalt und Kraft anerkannte Mittel zur Erreichung eines sozialen Status, sozialer Anerkennung sind (vgl. Becker 1982; Bourdieu 1983; Boltanski 1976). Die Dämpfung und Tabuierung körperlicher Gewalt wird eben in verschiedenen Sozialschichten sehr unterschiedlich gehandhabt, und gerade in den unteren, den depravierten Sozialschichten sind die Affekt- und Gewaltkontrolle noch vergleichsweise gering ausgeprägt, wird zum Teil sogar körperliche Gewalt als ein legitimes Mittel der Interessendurchsetzung angesehen. Zu einem bestimmten Grade kann man entsprechend das gewalttätige Handeln dieser Fans als ein ihren subkulturellen Werten entsprechendes und angemessenes Handeln bezeichnen. Dabei macht Becker (1982, 84) zurecht darauf aufmerksam, daß *"die 'kulturfremde' Forderung nach der Wahl alternativer"* (sprich gewaltloser) Antworten bei den Fans gleichsam ein anderes *"kulturelles Kapital bzw. einen anderen Habitus"* voraussetzt, der aber, *"wäre er vorhanden, diese Situation gar nicht erst entstehen ließe"*. Eine ebenso realistische, wie auch deprimierende Aussage.

Zum Schluß sei noch kurz das Problem des Alkoholkonsums jugendlicher Fans angesprochen. Es ist in der Tat unbestritten, daß Alkohol eine wesentliche Rolle bei den Ausschreitungen spielt. Allein, es stellt sich hier die Frage, weshalb Jugendliche zum Alkohol greifen. Dazu ist zunächst einmal der allgemeine Stellenwert des Alkohols in unserer Gesellschaft hervorzuheben. Ich wage die These, daß es in unserer Gesellschaft mehr und eher toleriert wird, sich ab und zu einmal zu besaufen, denn als Antialkoholiker gesellschaftlich anerkannt zu werden. Gerade im Sport, bei Sportveranstaltungen, bei Vereins- und Verbandsereignissen wird dem Alkohol in einem oft erschreckenden Ausmaß zugesprochen. Weshalb sollten sich dann gerade die Fans abstinent verhalten? Dennoch: Während man sich überall darüber Gedanken macht, wie man den Alkoholkonsum der Fußballfans einschränken kann, werben Fußballklubs für Schnäpse oder Biermarken. Andererseits darf und kann aber auch nicht verkannt werden, daß Alkohol gerade in jugendlichen Subkulturen auch ein wichtiges Instrument ist, um dem dort besonders stark ausgeprägten Männlichkeitsmythos zu fröhnen.

Hinzu kommt, daß Alkohol den Erlebniswert, die Erlebnisqualität erhöht. Der Alkohol ist so besehen auch ein Mittel, nicht nur der Perspektivlosigkeit zu entfliehen und den Männlichkeitskanons zu entsprechen, sondern auch ein Mittel, um Spannungen, Erlebnisse noch intensiver zu erfahren.

Fassen wir zusammen: Ein Großteil der Ursachen für Gewalthandlungen jugendlicher Fußballfans ist in den gesellschaftlichen Unzulänglichkeiten, der strukturellen Gewalt und in den subkulturellen Werten (die allerdings ja wiederum Ausgeburt struktureller Gewalt sind) zu suchen. So sieht denn auch die Zukunft nicht sehr optimistisch aus, was die Eindämmung der Gewalttätigkeit jugendlicher Fußballfans anbelangt. Die Arbeitslosigkeit wird noch über Jahre hinweg andauern, die geburtenstarken Jahrgänge drängen erst ins Berufsleben, die Perspektivlosigkeit und Sinnleere, Sinnsperre scheint erst am Anfang

zu stehen — vor allem auch angesichts leerer Kassen und daraus resultierender Einsparung vor allem im sozialen Bereich. Dennoch und gerade deshalb ist hier und jetzt die Gesellschaft gefordert. Dabei hilft es wenig, die Kontrollen zu verschärfen, repressive Maßnahmen zu ergreifen. Um das Gutachten *Sport und Gewalt* zu zitieren:
"Wenn die Lösung der vielfältigen Probleme der Fans indirekt auch zur Reduktion von Gewalthandlungen führt, dann ist ein zielgruppenorientierter Einsatz von Sozialarbeitern und -pädagogen erforderlich. Dieser Einsatz von Sozialpädagogen könnte dazu beitragen, daß die Jugendlichen in ihrer Freizeit lernen, insbesondere das Bedürfnis nach Erlebnis, Aktivität, Spannung, eigener Wirksamkeit sozial angemessen (gegebenenfalls auch in anderen Feldern) zu realisieren, alternative Interessen aufzubauen, Vorurteile abzubauen u.a." (Pilz u.a. 1982, 22).
Da das Verhalten der Fans, besonders deren Gewalttätigkeit, mehr eine strukturbedingte Zeiterscheinung ist, wird sich kurzfristig auch kaum etwas ändern. Langfristig müßte sich jedoch — bei einer Konzentration auf die *"Behebung der grundlegenden Probleme Jugendlicher"* — das Problem beheben und auch *"der Einsatz von aktiver wie passiver Gegengewalt im Stadion und Stadionumfeld durch Polizei und Ordnungskräfte"* abbauen lassen (vgl. Pilz u.a. 1982, 22).

Literatur

Becker, P., Haut'se, haut'se in 'ne Schnauze — Das Fußballstadion als Ort der Reproduktion sozialer Strukturen, in: Pilz, G.A. (Hg.), Sport und körperliche Gewalt, Reinbek 1982, S. 72-84
Boltanski, L., Die soziale Verwendung des Körpers, in: Kamper/Rittner (Hg.), Zur Geschichte des Körpers, München 1976, S. 138-183
Bourdieu, P., Die Feinen Unterschiede, Frankfurt/M. 1982
Burtenshaw, N., Whose Side Are You On, Ref?, London 1974
Diem, C., Wesen und Lehre des Sports und der Leibeserziehung, Berlin 1960
Dunning, E., Volksfußball und Fußballsport, in: Hopf, W. (Hg.), Fußball-Soziologie und Sozialgeschichte einer populären Sportart, Bensheim 1979, S. 12-18
Dunning, E., Sport und Gewalt in sozialhistorischer Perspektive, in: Kutsch/Wiswede (Hg.), Sport und Gesellschaft: Die Kehrseite der Medaille, Königstein 1981, S. 135-152
Elias, N., Die Genese des Sports als soziologisches Problem, in: Hammerich/Heinemann (Hg.), Texte zur Soziologie des Sports, Schorndorf 1975, S. 81-109
Elias, N., Über den Prozeß der Zivilisation, Frankfurt/M. 1977
Elias, N., Zivilisation und Gewalt, in: Mathes (Hg.), Lebenswelt und soziale Probleme, Frankfurt/M. 1981, S. 98-124
Freudenreich, J.-O., Die Sport-Show, Reinbek 1982
Freudenreich, J.-O., "Wir schreiben Sport", in: Digel, H. (Hg.), Sport und Berichterstattung, Reinbek im Druck

Friebel H. u.a., Selbstorganisierte Jugendgruppen zwischen Partykultur und politischer Partizipation, Opladen 1979

Frogner, E., Eine soziologische Untersuchung über Aggression im Sport, Ahrensburg 1980

Frogner E./Pilz G.A., Untersuchung zur Einstellung von jugendlichen Fußballspielern und -spielerinnen zu Regeln und Normen im Sport, in: Pilz, G.A. u.a., Sport und Gewalt, Schorndorf 1982, S. 191-244

Gabler, H./Schulz, H.-J./Weber, R., Zuschaueraggression — eine Feldstudie über Fußballfans, in: Pilz, G.A. u.a., a.a.O., S. 23-59

Heinilä, K., Ethics of Sports, University of Jyväskylä Research Reports 1974, 4

Heisterkamp, G., Die Psychodynamik von Kampfspielen, Schorndorf 1975

Knoop, F. u.a., Bestandsaufnahme im Damenfußball, Frankfurt/M. 1980

Kunkel, R., Fußball ist für uns Krieg, in: Die Zeit 1978, Nr. 2, S. 39-40

Lang, G.E., Der Ausbruch von Tumulten bei Sportveranstaltungen, in: Lüschen/Weis (Hg.), Die Soziologie des Sports, Darmstadt 1976, S. 273-295

Lindner, R. (Hg.), Der Fußballfan — Ansichten vom Zuschauer, Frankfurt/M. 1980

Mantell, D.M., Familie und Aggression, Frankfurt 1972

Morris, L.D., A socio-psychological study of highly skilled women field hockey players, in: International Journal of Sport Psychology 6, 1975, 3, p. 134-147

Pfister, G. (Hg.), Frau und Sport, Frankfurt/M. 1980

Pilz, G.A., Zuschauerausschreitungen im Fußball, in: Hopf, W., Hg.), a.a.O., S. 171-190

Pilz, G.A., Wandlungen der Gewalt im Sport, Ahrensburg 1982 a

Pilz, G.A. u.a., Sport und Gewalt, Schorndorf 1982 b

Pilz, G.A. (Hg.), Sport und körperliche Gewalt, Reinbek 1982 c

Pilz. G.A., Sportjournalismus — oder die Unfähigkeit zur kritischen Distanz, im Druck

Pramann, U., Das bißchen Freiheit. Die fremde Welt der Fußballfans, Hamburg 1980

Schmidt, H.-D., Sport und Vorurteile, insbesondere nationalistische Einstellungen, in:Bierhoff-Alfermann, D. (Hg.), Soziale Einflüsse im Sport, Darmstadt 1976, S. 113-135

Schmidt, H.-G., Foulspiel als Pflichtprogramm — Erfahrungen als Aktiver und Trainer, in: Pilz, G.A. (Hg.), Sport und körperliche Gewalt, Reinbek 1982, S. 25-34

Schulz, H.J./Weber, R., Zuschauerausschreitungen — Das Problem der Fans, in: Pilz, G.A. (Hg.), Sport und körperliche Gewalt, a.a.O., S. 55-71

Tschap, A., Emanzipation der Frau durch Sport?, in: DSB (Hg.), Sport als gesellschaftlicher Faktor, Frankfurt/M. 1978, S. 41-52

Volkamer, M., Der Einfluß der Sportberichterstattung auf Sportler und Zuschauer, in: Pilz, G.A. (Hg.), Sport und körperliche Gewalt, a.a.O., S. 93-99

von Holst, E., Probleme der modernen Instinktforschung, in: Ders., Zur Verhaltensphysiologie bei Tieren und Menschen. Gesammelte Abhandlungen, München 1969

Weis, K., Abweichung und Konformität in der Institution Sport, in: Lüschen/Weis (Hg.), Die Soziologie des Sports, a.a.O., S. 296-315

Weis, K., Fußballrowdytum — Zur räumlichen und rituellen Beschränkung eines sozialen Problems, in: Vaskovics, L. (Hg.), Die Raumbezogenheit sozialer Probleme, Opladen 1982, S. 291-301

Weis, K. u.a., Zuschauerausschreitungen und das Bild vom Fußballfan, in: Pilz, G.A. u.a., Sport und Gewalt, a.a.O., S. 60-95

Winterbottom, W./Germain, J.C., Resolution of the working group: Measures taken by the public authorities, in: Ministerie van Nationale Opvoeding en Nederlandse Cultuur (Hg.), Geweld in de Sport, Brüssel 1978, S. 279-284

drei

Alexander von Hoffmann
Zwischen Faszination und Langeweile — Sport in den Massenmedien

So las sich vor 90 Jahren, in der Frühzeit des deutschen Sportjournalismus, ein Fußballbericht der *Münchner Neuesten Nachrichten:* "*Am Samstag und Sonntag spielte zum ersten Male ein deutscher Fußballklub auf englischem Boden. Es war ein Team des Frankfurter Fußballklubs, lauter stattliche, gewandte und mutige Leute, die, trotzdem sie beide Male tüchtig verklopft wurden — einmal mit 29, das andere Mal mit 19 Punkten zu 0 — dem fatherland alle Ehre machten.*"

Gut 40 Jahre danach demonstrierte das deutsche fatherland der Welt, wie der Sport als politische Propaganda für eine Ideologie in Dienst genommen werden kann. Die Berliner Olympischen Spiele 1936 wurden vom deutschen Faschismus als multimediales Sportspektakel inszeniert, einschließlich Film, Fernsehen, Lightshow, Massen-Revue, Verwandlung der Hauptstadt in ein triumphales Bühnenbild, und sie prägten eine ganze Generation deutscher Sportjournalisten.

Nach dem Zweiten Weltkrieg konnten sich alte ideologische Grundhaltungen in der westdeutschen Sportberichterstattung zunächst sehr viel reiner konservieren als auf anderen Gebieten. Das Ressort Sport, dessen Gegenstand bis heute entgegen aller historischen Erfahrung gern für unpolitisch gehalten wird, hatte nicht im Mittelpunkt der Bemühungen um Reeducation gestanden, die von den Westalliierten beim politischen Nachkriegsjournalismus unternommen wurden. Während die Besatzungsmächte z.B. die Berichterstattung der allgemeinen Nachrichtenagenturen noch jahrelang kontrollierten, durfte ein unbekannter Privatmann schon Ende 1945 die Spezialagentur Sport-Informations-Dienst (sid) in eigener Kompetenz eröffnen und betreiben.

Hinzu kam, daß die Westdeutschen während der ersten Nachkriegsjahre im internationalen Sport gar nicht oder nur schwach vertreten waren, folglich auch Sportjournalisten kaum Anlaß für politisierte Berichterstattung fanden. Das änderte sich, als der Kalte Krieg auch im Sport ausbrach und Journalisten den Kampf der Systeme bereitwillig in den Stadien widergespiegelt sahen.

War dies aber noch im Gleichklang mit der herrschenden politischen Ideologie der fünfziger Jahre, so fiel der westdeutsche Sportjournalismus unangenehm auf, als über den Sieg des DFB-Teams bei der Fußballweltmeisterschaft 1954 zu berichten war. Da wurde mit einem Schlage deutlich, welcher Geist in vielen Sportredaktionen überlebt hatte. Die durch ihren nationalistischen Überschwang berühmt gewordene Live-Reportage des Rundfunk-Journalisten Herbert Zimmermann vom Endspiel gegen Ungarn charakterisierte das Durchschnittsniveau. Der Düsseldorfer *Mittag* etwa, durchaus liberal und wegen seines umfangreichen Sportteils über das Rheinland hinaus verbreitet, schrieb damals:

"*Deutschland ist Fußball-Weltmeister...In Deutschland hat dieser Sieg einen Jubel ausgelöst, der alle Begeisterung übertrifft, die es bisher um eine große*

Hurra-Patriotismus bei deutsch - englischem Fußballspiel in Berlin

sportliche Leistung in unserem Vaterland gegeben hat...Das ganze deutsche Volk ist stolz auf seine Mannschaft." Dieser Ausbruch von Volk-und-Vaterland-Ideologie hatte Folgen: Als Reaktion auf die massive, auch internationale Kritik begannen die Sportjournalisten, sich dem Zeitgeist anzupassen, d.h. sie lernten, Ideologie gefälliger zu verpacken, oder bemühten sich gar, sie zurückzudrängen. Heute ist Sportberichterstattung politisch eher behutsamer als die Produktion anderer Ressorts — Blätter wie die Bildzeitung einmal ausgenommen. So stand z.B. ein großer Teil der westdeutschen Sportjournalisten dem von den USA geforderten Olympia-Boykott 1980 skeptisch bis ablehnend gegenüber, obwohl ihre Kollegen von der Politik den Anlaß des Boykotts, die sowjetische Besetzung Afghanistans, ideologisch weidlich ausschlachteten. Und die Sportberichterstatter bei der Eishockey-Weltmeisterschaft 1983 distanzierten sich überwiegend von den gegen die DDR-Mannschaft gerichteten Haß-Demonstrationen westdeutscher Zuschauer, ausgelöst durch die demagogische Pressekampagne nach dem Tod eines Bundesbürgers an der DDR-Grenze.
Zeitgenössische Kritik an der Sportberichterstattung in bundesdeutschen Massenmedien richtet sich auf anderes als politische Einäugigkeit. Die Berichterstattung, so lauten die wesentlichen Kritikpunkte, konzentriere sich auf den kommerzialisierten, professionalisierten Hochleistungssport auf Kosten eines spontanen, spielerischen, das soziale Verhalten ausbildenden Sports, sie fördere die Brutalisierung des Sports und helfe, ein elitäres, autoritäres Weltbild zu verbreiten.
Ich halte solche Kritik insgesamt für berechtigt. Dagegen spricht auch nicht, daß über bestimmte Arten von Breitensport wie Skilaufen, Trimm-Dich, Jogging, Tennis, Windsurfing und dergleichen durchaus berichtet wird, denn auch in diesen Fällen ist der kommerzielle Hintergrund ohne weiteres erkennbar. Alle diese Sportaktivitäten verlangen die Errichtung aufwendiger Anlagen und/

oder die Anschaffung teurer Ausrüstungen mit einem ständigen Ersatz- und Erneuerungsbedarf, eignen sich oft auch dafür, modische Bedürfnisse zu kreieren und profitabel zu bedienen; sie nützen vorhandenen Dienstleistungsbranchen, etwa Touristik und Hotellerie, und rufen neue ins Leben, etwa den ganzen Sportschulbetrieb, die Fitness-Center bis hin zu den Aerobic-Studios.

Am Rande sei vermerkt, daß die Berichterstattung über solche Arten des Breitensports in aller Regel auch nicht im Sportteil stattfindet, sondern entweder in Spezialressorts wie Reise, Mode, Freizeit, wo sie sich gut mit entsprechender Werbung kombinieren läßt, oder dort, wo üblicherweise gesellschaftliche Kuriosa abgehandelt werden — im Vermischten, der Wochenendbeilage, im Fernsehmagazin. Schon dadurch geben die Medien zu erkennen, daß sie gar nicht meinen, hier über Sport zu berichten.

Kritik an Symptomen

Gewiß können Sportjournalisten auch für sich in Anspruch nehmen, daß sie auf kritische Berichterstattung nicht gänzlich verzichten. Es wird ja in den Medien gelegentlich beklagt, wie sehr die Werbung den Sport vereinnahmt habe. Es wird beklagt, daß die Massen, statt selber Sport zu treiben, nur noch Zuschauer seien. Es werden die Professionalisierung, die Politisierung, der Starkult, die zunehmende Gewalt bei Mannschaftsspielen, die Vermarktung der Sportler beklagt. Aber diese Kritik folgt dem gleichen Muster, nach dem Journalisten auch in anderen Bereichen verfahren: Es ist Kritik an Symptomen, an den sogenannten Mißbräuchen, Auswüchsen, Verfallserscheinungen, aber nicht an den Ursachen. Auch Sportjournalisten verschließen sich der Frage — oder erkennen sie gar nicht —, ob die Auswüchse nicht längst die Regel sind und woher diese Regel denn kommt.

Dafür drei instruktive Beispiele. Das erste: Werbung im Sport. Es gab eine Zeit, als das ein in den Medien heftig umstrittenes Thema war. Da weigerte sich z.B. das Fernsehen, internationale Sportspektakel zu übertragen, weil es zuviel Reklame hätte zeigen müssen. Aber das Fernsehen hat sich nie dagegen verwahrt, jene Voraussetzungen selbst zu schaffen, die Werbung unabwendbar in den Sport hineinbringt: das mit wochen-oder monatelanger Vorberichterstattung angeheizte, auf den Punkt der Live-Übertragung fixierte Millionenpublikum. Wie es der Journalist Eric Ertl formuliert hat: *"Der Gladiator und sein Propagandist arbeiten für denselben Zirkus."*

Ein zweites Beispiel für bloße Symptom-Kritik: Gewalt im Sport. Ich gestehe, daß mir die von Norbert Elias anhand des Fußballsports nachgezeichnete zivilisatorische Entwicklung seit längerem wieder rückläufig zu sein scheint. Nicht etwa zurück zum "wilden Fußball" der fernen Vergangenheit, aber doch zurück in zunehmende Gewaltanwendung, die nur sehr viel raffinierter praktiziert wird, und der sich sowohl die Regeln als auch deren Interpreten, die Schiedsrichter, mehr und mehr anpassen. Abgesehen von der hohen und ständig verfeinerten Kunst des "verdeckten Fouls" erscheint mir als ein typisches Bei-

spiel, daß noch so brutale Angriffe auf den Körper des Gegners weitgehend ungeahndet bleiben, wenn dabei *auch* der Ball getroffen wird. Jeder kennt die Beschwichtigungsformel der Fernsehkommentatoren nach einem solchen Akt der Gewalt: *"Kein Foul. Der Angriff galt dem Ball."*
Dieselben Medien, die sich gelegentlich über Gewalt im Fußball erregen, helfen mit, eben diese Gewalt zur Norm zu machen. Wenn das Fernsehbild schon mehrfach Spieler gezeigt hat, die sich vor Schmerzen am Boden krümmen, hört man den Kommentator sagen, es sei ein faires Spiel. Journalisten nennen es neckisch "die Notbremse ziehen", wenn einem Spieler vor dem Torschuß die Beine weggetreten werden, sie loben den Spieler, der "zweikampfstark" ist, seinen Gegenspieler "ausschaltet", umgekehrt tadeln sie den, der Zweikämpfe scheut oder verliert, sie tadeln die Mannschaft, die "nicht konsequent genug angreift" — und sie müßten doch wissen, daß sie  damit zu mehr Gewalt auffordern. Die *Frankfurter Rundschau* meldete während der Eishockey-Weltmeisterschaft 1983: *"Mit dem Landshuter Michel Betz erlitt im bundesdeutschen Team schon der vierte Spieler einen Handbruch . . . Außerdem fiel Peter Schiller mit einer Nierenquetschung aus."* Die Nachricht stand in einem kleinen Kasten mit Vermischtem von der WM, unter der schelmischen Überschrift *"Am Rande der Bande"*.
Journalistische Empörung über Gewalt entzündet sich meist wiederum nur an den sogenannten Auswüchsen — die klaffende Schenkelwunde des Fußballers Ewald Lienen, das brutale "Ausschalten" des französischen Spielers Battiston durch den westdeutschen Torwart Schumacher. Selten oder nie beschäftigen sich Sportjournalisten mit den ökonomischen Rahmenbedingungen, die Gewalt zum unerläßlichen Bestandteil des Kommerzsports machen, mit dem Zwang, Profit um nahezu jeden Preis zu sichern.
Ein drittes Beispiel für diese Form von Kritik: Die Klagen über das Aussterben der sogenannten Spielerpersönlichkeiten. Auch dieses Phänomen ist erklärbar — wird aber nicht erklärt — durch die Kommerzialisierung des Fußballs. Spielerpersönlichkeiten bedürfen der Wasserträger, der Hilfskräfte, sie können nur deshalb so deutlich herausragen, weil andere sich kleiner machen. Das aber tut kein Spieler mehr, wenn hohe Einkommen und Marktwerte nur durch eigene Profilierung zu erreichen sind. Und kein Verein, für den es in jedem Spiel um die fortdauernde Sicherung von Millioneneinnahmen geht, kann es sich leisten, sündhaft teure Spieler zugunsten von ein oder zwei Spielerpersönlichkeiten auf Zuträgerdienste zu beschränken.
Sportberichterstattung ist zwar nicht primäre Ursache der Fehlentwicklungen im Sport, aber sie sanktioniert, verstärkt, verfestigt sie. Sportberichterstattung

befaßt sich nicht mit den Primärursachen. Wo sie kritisiert, nimmt sie lediglich sogenannte Auswüchse aufs Korn, ohne einzugestehen, daß der Regelfall ein einziger Auswuchs ist.

Genuß, Unterhaltung, Identifikation

Dies alles läßt sich der Sportberichterstattung vorwerfen, zugleich aber kann nicht geleugnet werden, daß sie die Massen unendlich fasziniert. Mehr noch: Kein anderer Bereich journalistischer Tätigkeit fesselt so zuverlässig, so dauerhaft ein engagiertes Massenpublikum.

Die Kritiker können es sich mit dieser Erscheinung leicht machen, haben es sich oft auch leicht gemacht. Sie können sagen, und haben es gesagt, Sportberichterstattung sei Opium für's Volk, Traumfabrik, sie verhelfe durch die perfekte Show zur Flucht aus der Realität. Ich will es mir nicht so leicht machen, vielleicht deshalb, weil der Süchtige tiefere Einblicke hat in die Natur seiner Sucht. Zugeben will ich — es ist auch schlechterdings nicht zu leugnen —, daß an der Kritik etliches dran ist. Zweifellos absorbiert die nie endende Superschau des Sports beim Medienpublikum ein Potential, das gesellschaftlichen Aktivitäten verlorengeht. Zweifellos ist sie auch ein Stück Traumfabrik, verhindert oder verstellt sie Bewußtseinsbildung, hilft sie, das Volk ruhig zu halten, und dies besonders wirksam, weil sie, scheinbar unpolitisch, als die "wichtigste Nebensache" daherkommt.

Aber da ist auch anderes, da ist mehr. Für dieses Mehr drei Stichworte: *Genuß*, *Unterhaltung* und — vielleicht am bedeutsamsten — *Identifikation*. Diese drei Angebote der Sportberichterstattung lassen sich nicht einfach abtun als billiger Glitzer, als Volksverdummung, als die Mogelpackung für einen schlechten Inhalt. Sie treffen vielmehr auf elementare und legitime Grundbedürfnisse, so alt wie die Menschheit, und sie befriedigen diese Bedürfnisse nahezu optimal.

Mit *Genuß* ist die Freude an der Ästhetik perfekt ausgeübten Sports gemeint, und damit ist zugleich gesagt, daß nur die optische Berichterstattung diesen Genuß bieten kann. Sie tut es in höchster Qualität, und diese entsteht durch das Zusammentreffen zweier moderner Entwicklungslinien: Einerseits die Professionalisierung und Kommerzialisierung des Sports, die erst die schlechthin vollendete sportliche Darbietung hervorgebracht hat, andererseits die Fernsehtechnik, die schlechthin vollendete Bilder dieser Darbietungen ermöglicht. Dies gilt für alle Sportarten, und ich behaupte, daß sich diesem optisch vermittelten Genuß, der ja dem des Zuschauers am Ort weit überlegen ist, nahezu niemand entziehen kann. Wer ihn beim Fußball nicht entdeckt, wird ihn beim Turnen oder Eiskunstlauf finden, beim Slalom oder Skispringen oder Schwimmen, beim Tennis oder bei der Leichtathletik. Und: Der Genuß ist echt und legitim, auch wenn der problematische Hintergrund mit bedacht wird, der ihn erst möglich macht.

Unterhaltung meint immer auch ganz einfache Vorführungen, die ein zuschauendes Publikum von Existenzsorgen ablenken, es in nichtalltägliche, verfrem-

dete Gefühlswelten versetzen, ihm das Abreagieren aufgestauter Emotionen und Anspannungen erlauben. Mit Unterhaltung ist hier das gemeint, was Menschen seit je in den Arenen, auf den Jahrmärkten, in den Theatern, Zirkussen, Kinos gesucht und gefunden und worauf sie ein Recht haben.
Niemand kann leugnen, daß Sportberichterstattung in diesem Verständnis hochrangige Unterhaltung bietet. Sie vermittelt das typische Unterhaltungselement der Spannung, des ungewissen Ausgangs, sie zeigt eine ganze Zirkuswelt mit Clowns, Akrobaten, Dompteuren, Menschen aus fremden Erdteilen. Sie ist wie eine immerwährende Krimiserie, nur viel, viel besser, weil sie dokumentarisch, weil sie authentisch ist. Sie ermöglicht — auch das typisch unterhaltend — das Dabeisein, ohne selbst involviert zu sein, das Engagement ohne Verantwortungs-, ohne Leistungsdruck, ohne Schuldgefühle und ohne Folgen. Last not least: *Identifikation.* Gewiß, die Zeit, als eine Fußballmannschaft noch "zum Anfassen" war, als die Spieler von Schalke alle aus dem Pütt kamen und nach dem Spiel in den Kneipen am Schalker Markt mit den Arbeitskollegen fachsimpelten, sind unwiederbringlich dahin. Aber die Sportberichterstattung bietet Ersatz dafür, und weiß Gott keinen schlechten.
Ich will auch hier mit dem Fernsehen anfangen, weil es eben immer den uneinholbaren Vorsprung der bewegten und sprechenden Bilder hat. Es macht die Sportler durch Interviews, Porträts, durch die Großaufnahme zu Individuen, mit denen sich der Zuschauer identifizieren kann, auch wenn er sie nicht persönlich kennt, und deren Individualität er sich auch dann bewußt ist, wenn er sie während des Sportereignisses nur als ferne Akteure sieht.
Hier ein Wort zu dem oft kritisierten Starkult um Spitzensportler, den die Medien unbestritten inszenieren. Ich halte das für sehr viel weniger kritikwürdig als in anderen Bereichen, wo es ebenfalls geschieht. Erstens ist ein Sportstar in aller Regel wirklich ein Star, das heißt, der Beste oder einer der Besten auf seinem Gebiet; die eifrigste Medienkampagne kann keinen Sportstar fabrizieren, weil die Qualifikation von Sportlern — im Gegensatz zu der von Stars in vielen anderen Bereichen — geradezu objektiv überprüfbar ist. Zweitens sind Sportstars in der Regel sehr viel echtere Identifikationsfiguren als die Stars der Kunst, der Politik, der High Society. Zwar sind auch sie längst zu Sternen geworden, fern und unerreichbar für die Betrachter, zwar führen viele von ihnen längst ein abgehobenes Luxusleben, aber die meisten sind nach Herkunft, Ausbildung, Persönlichkeitsstruktur denn doch in ganz anderem Maße "einer von uns" — und das wird erkennbar, wenn sie sich in den Medien öffentlich darstellen. Zudem ist das, was das Startum eines Sportlers ausmacht, für das Publikum meist nachvollziehbar, meßbar an eigenen Erfahrungen — irgendwann hat jeder einmal gekickt, hat Tennis oder Tischtennis oder Handball gespielt, ist skigelaufen, hat geturnt.
Identifikation also. Sie findet auch statt, wenn Medien über das Drum und Dran, über den sportlichen Alltag berichten. Die Gruppendynamik einer Mannschaft, die hierarchischen Zwänge und Konflikte, das Ausflippen unter Streß und Leistungsdruck, das Überschneiden der privaten mit der beruflichen Sphäre (den-

ken wir an das Problem der "Spielerfrauen", Beispiel Gabi Schuster) — alles höchst intensive Identifikationspunkte, Aktionsmuster, die unmittelbar in Bezug zu setzen sind zur eigenen Arbeits- und Alltagserfahrung. Wenn etwa der *Spiegel* über den Stürmerstar Manfred Burgsmüller berichtet, er habe die Spielanweisungen des Trainers mit der Frage unterbrochen *"Weiß der Gegner auch Bescheid?"*, denn *"mit dem, was Sie da empfehlen, geht uns keiner auf den Leim"*, oder er habe zur Ankunft eines neuen Trainers gesagt, *"Was sollen wir mit dem, der kennt doch die Bundesligatabelle nur von unten"* — dann kann der normale Lohn- und Gehaltsempfänger seinen Aufstand gegen die Hierarchie stellvertretend von "Manni" ausgefochten sehen.

Mit die intensivste Identifikation vermittelt wiederum das Fernsehen. Gemeint sind jene Einstellungen, in denen Sportler im Augenblick des Erfolgs oder Versagens, des Sieges oder der Niederlage groß ins Bild kommen. Besonders wirkungsstark ist hier die Fußballberichterstattung. Man sieht Menschen in abgrundtiefer Verzweiflung, ohnmächtiger Wut, flammender Empörung, strahlendem Triumph. Spontane Mimik, Gesten, Körpersprache von klassischer Ausdruckskraft. Es gibt da Szenen, die berühmt geworden sind, etwa: Das einsame Entsetzen des Uli Hoeness, nachdem er durch einen verschossenen Elfmeter sein Team um die Europameisterschaft 1976 gebracht hat; ein gebrochener Uli Stielike, der im WM-Elfmeterschießen gegen Frankreich 1982 ebenfalls versagt hat, von Littbarski tröstend umarmt — und dann die jähe Verwandlung dieser tragischen Gruppe in ein enthemmt jubelndes Paar, als die Franzosen ihren

nächsten Elfmeter auch vergeben; Jimmy Hartwig, überhaupt ein Genie der ausdrucksstarken Spontan-Reaktion, geht fassungslos weinend vom Platz, nachdem er gerade durch eine vierte gelbe Karte die Teilnahme am bevorstehenden Cup-Endspiel gegen Juventus Turin verspielt hat.
Darüber zu lächeln oder es zu verachten heißt, sich einem uralten, machtvollen Effekt zu verschließen. Furcht und Mitleid zu erregen, so sagte Aristoteles, sei das Wirkungsmittel des Dramas, der Tragödie. Identifikation also: Das bist du selbst. Erfahrung, die jeder schon gemacht hat, auf die er wieder hofft oder deren Wiederholung er fürchtet. Wohlbekannte Erfahrung, unübertrefflich dargeboten in diesem Dokumentarspiel. Niemand muß sich in Sportlern wiedererkennen, aber es sollte sich auch niemand darin täuschen, wie potent gerade diese Identifikationsimpulse der optischen Sportberichterstattung sind.

Das Unentschieden als Risiko

Aber es gibt auch ein mögliches Risiko, das diese Form des Journalismus trotz aller positiven Seiten in eine Sackgasse führen könnte. Das Risiko steckt im Gegenstand, im perfektionierten Hochleistungssport selbst: Auf die Spitze getriebene Perfektion kann dazu führen, daß ihre Wirkung ins Negative umschlägt; es hat den Anschein, als sei eine solche Entwicklung bei der perfektionierten Darstellung professioneller Politik bereits eingetreten. Die oft konstatierte Staatsverdrossenheit ist sicherlich zum guten Teil auch durch die immerwährende Polit-Profi-Show in den Medien mit bedingt. Die Rezipienten beginnen zu erkennen, daß diese Schau bar jeder Spannung ist, total inszeniert und vorhersehbar, hinaufperfektioniert auf einen nahezu roboterhaften Einheitsstandard. Bei immer zahlreicheren, politisch durchaus interessierten Zeitgenossen ist zu beobachten, daß sie sich die Polit-Shows des Fernsehens nur noch mit Widerwillen oder gar nicht mehr ansehen, die der Presse und des Hörfunks auch nur noch widerwillig oder gar nicht mehr zur Kenntnis nehmen.
Beim Sport kann die gleiche Entwicklung einsetzen. Es ist ja heute schon so, daß die Leistungen in den Spitzengruppen jeder Profi-Sportart nahezu ununterscheidbar dicht beieinander liegen. Ich kann Sportjournalisten oft wirklich nur bedauern, wenn sie etwa ein alpines Skirennen kommentieren müssen, dessen Teilnehmer in ihren Vermummungen einander aufs Haar gleichen, dessen Ergebnisse sich durch nichts anderes voneinander unterscheiden als durch das Abstraktum der Hundertstelsekunde; auch der versierteste Kommentator kann seinem Publikum nicht deutlich machen, woher diese nur noch elektronisch meßbaren Unterschiede kommen.
Selbst im Fußball, der als Mannschaftssport ja offene und variable Strukturen hat, ist die Einheitsperfektion mittlerweile weit gediehen, und statt der Hundertstelsekunden haben wir dort die wuchernde Vielzahl der Unentschieden oder 1:0-Ergebnisse. Und auch dort ist kaum noch erkennbar, warum eine von zwei gleich perfekten Mannschaften gewinnt oder verliert. Auch dort sind die Kommentatoren hilflos. Man kennt die analytischen Versuche — *"Sie finden nicht*

zu ihrem Spiel", "Der Spielfluß ist abgerissen", "Sie wirken nach der Pause wie verwandelt". Da flüchtet sich die Sportberichterstattung ins Stammtischniveau. Zu fragen ist, ob nicht das abfallende Zuschauerinteresse beim Fußball  eben solche Ursachen hat, ob hier nicht die zunächst positive Wirkung des perfektionierten Sports ins Negative umschlägt. Und weiter: Ob nicht aus Verdrossenheit an der Perfektion ein neues Interesse für das Nicht-Perfekte erwachsen könnte. Es gibt Parallelen in anderen Bereichen — etwa die vergnügte Aufmerksamkeit, die sich den Grünen und Alternativen in bundesdeutschen Parlamenten zuwendet, oder das freudige Erstaunen, wenn eine neue Umweltpolitik dazu führt, daß aus perfekt getrimmtem Großstadtrasen wieder eine Unkrautwiese wird. Auch im Sport lassen sich solche Erscheinungen feststellen. Seit langem ist ein gewandeltes Rezeptionsverhalten gegenüber Sportsendungen im Fernsehen zu beobachten. Die ungeteilte, gebannte Aufmerksamkeit, die noch vor Jahren solchen Sendungen zugewandt wurde, weicht einer eher sporadischen Aufmerksamkeit, und die ungeteilte Aufmerksamkeit tritt immer dann wieder ein, wenn die Perfektion gestört wird.

Das geschieht zwar immer seltener, aber wenn doch einmal ein Eisläufer oder Skifahrer stürzt, wenn die perfekte Disziplin der Sport-Roboter zusammenbricht — am ehesten noch im Mannschaftssport —, dann sehen alle wieder gebannt auf den Bildschirm. Auch das große Interesse an den sogenannten Exoten bei der Fußball-Weltmeisterschaft könnte ein Indiz sein: hier war die Perfektion doch sehr gemischt mit spontanen, elementaren Verhaltensformen, hier waren der Eifer, der Stolz, dabei zu sein, das Bemühen, Gelerntes auch richtig anzuwenden, noch deutlich erkennbar. Und bei den olympischen Winterspielen hinterläßt die Skiläuferin aus Taiwan oder Ecuador, die mit Startnummer 150 sorgsam und vorsichtig durch die Slalomtore kurvt und zwei Minuten langsamer ist als die Siegerin, beinahe den stärksten Eindruck. Da kann selbst Harry Valérien lyrisch werden.

Die Sportjournalisten sollten sehr genau über solche Erscheinungen nachdenken. Das heißt natürlich nicht, die Berichterstattung über Spitzensport einfach aufzugeben; das kann niemand wollen. Aber vielleicht sollten sie mehr auf die Suche gehen nach Formen von Sport, bei dem die voraussehbare und deshalb eines Tages möglicherweise Langeweile und Verdruß erregende Einheitsperfektion nicht im Mittelpunkt steht.

Harald Binnewies
Der "vergessene" Fußballsport

Die Mitgliederzahlen der Sportfachverbände für 1983 im Deutschen Sportbund (DSB) verdeutlichen eindrucksvoll, wie weit gefächert das sportliche Interesse der Bürger in der Bundesrepublik ist. Von circa 17,5 Millionen sportlich organisierter Bundesbürger betätigen sich 13 Millionen in 50 Fachverbänden des DSB, davon allein 4,5 Millionen im Deutschen Fußballbund, wodurch sie dem Fußball unbestritten die Spitzenposition unter den im DSB vertretenen Sportarten sichern.[1]

In der Sportberichterstattung der Medien spiegelt sich das Verhältnis der Mitgliederzahlen von 1:3 (Fußball zu den übrigen Fachverbänden) nur bedingt oder gar nicht wieder. Untersuchungen zur Fußballberichterstattung bei den Tageszeitungen weisen in der Regel einen Anteil von mindestens 30%, bei Hörfunk und Fernsehen sogar bis 75% der gesamten Sportberichterstattung aus.[2] Diese fast bis zur Einseitigkeit gehende Art der Sportberichterstattung scheint auf den ersten Blick in einem eindeutigen Widerspruch zur Rede vom "vergessenen" Fußballsport zu stehen. Legt man jedoch die tatsächlichen Sportveranstaltungen als ein wesentliches Kriterium zur Rechtfertigung der Berichterstattung zugrunde, dann sieht die Sache schon ganz anders aus. Erhebungen in einzelnen Einzugsgebieten von Tageszeitungen belegen, daß cirka 70% aller durch Fachverbände organisierten Sportveranstaltungen Meisterschaftsbegegnungen im Fußball sind;[3] der prozentuale Anteil der Fußballberichterstattung liegt bei den betreffenden Zeitungen jedoch bei nur ca. 30% der gesamten Sportberichterstattung. So gesehen ist der Fußballsport in der Tagespresse eher unter- als überrepräsentiert — wenn sich jemand benachteiligt fühlen müßte, dann wären es die Fußballer. Diese Einschätzung wird von Günther Albertus mit eindrucksvollen Zahlen belegt. Nach seiner Untersuchung haben 100% aller Boxer, Badmintonspieler, Gewichtheber, Kanuten, Rollkunstläufer, Kunst- und Rasenkraftsportler, aber nur 7% aller Fußballer die Chance, mindestens einmal im Jahr im Sportteil namentlich erwähnt zu werden, sofern sie an offiziellen Wettkämpfen ihres Verbandes teilnehmen.[4]

Diese Erkenntnisse könnten sehr wohl als Beleg für die Richtigkeit der These vom "vergessenen Fußballsport" herangezogen werden. Andererseits verdeutlichen sie zugleich das Problem der Kriterienfindung für eine sachgerechte Sportberichterstattung. Würde man nämlich z.B. statt aktiver Sportausübung die Publikumsresonsnz oder Zuschauerzahlen zum Maßstab für Art und Umfang der Berichterstattung nehmen, dann müßten viele Sportarten mangels Publikum ganz aus den Tageszeitungen verschwinden. Doch belegen die wenigen Untersuchungen, die sich bisher mit der Sportberichterstattung in den Massenmedien beschäftigt haben, daß es objektive Kriterien — im Sinne eines 'Kochrezeptes' — für Inhalt, Form und Umfang der Sportberichterstattung nicht gibt, und es ist auch angesichts der individuellen Kommunikationsgitter der Rezipienten, der jeweiligen Interessen der Kommunikatoren und den unterschiedlichen medialen Strukturen zu fragen, ob es sie überhaupt geben sollte. Unbestritten ist, daß dem Fußball in der gegenwärtigen Sportpublizistik eine dominierende Rolle zugestanden wird, was sich auch an einem so schmückenden Beinamen wie "König Fußball" ablesen läßt. Diese Wertschätzung ist nach Auffassung der Kommunikatoren zu rechtfertigen, denn immerhin erzielen Fußball-Länderspiele Einschaltquoten, die die in der Publikumsgunst sehr hoch einzustufenden Unterhaltungssendungen und Fernsehreihen deutlich übertreffen. Eines der letzten Beispiele dafür war das Länderspiel Österreich : Bundesrepublik Deutschland am 27.4.1983 mit einer Einschaltquote von 53% aller TV-Haushalte.[5] Vom "vergessenen Fußballsport" — auch was das Interesse der Rezipienten / Konsumenten betrifft — kann also eigentlich keine Rede sein.

Die Richtigkeit dieser Aussage hat allerdings nur Bestand, solange man einen Teil des Phänomens stellvertretend für das Gesamtphänomen in seiner medialen Aufbereitung wertet. Unter dem Oberbegriff Fußball sind aber die unterschiedlichsten Erscheinungsformen des Phänomens subsummiert, die nur eines gemeinsam haben: daß sich nämlich die Beteiligten weitgehend auf die Einhaltung bestimmter Regeln und Normen beim Spiel verständigt haben. In der Bundesrepublik gilt Fußball als Volkssport, obwohl ihn nicht die Mehrzahl der Bürger betreibt, ja sich nicht einmal die Mehrheit regelmäßig für ihn interessiert.

Worauf läßt sich die Popularität des Fußballs zurückführen? Die breite Basis des Massensports und die daraus resultierende Popularität sind gewiß wichtige Teilaspekte, reichen aber zur Erklärung nicht aus.[6] Soziale Determinanten scheinen von außerordentlicher Wichtigkeit bei der Beantwortung der Frage nach der Faszination des Fußballspiels zu sein,[7] und auch die Tatsache, daß die Zuschauer in gewisser Weise 'mitspielen', ist in ihrem Stellenwert für die Faszination des Spiels nicht zu unterschätzen.[8]

Faßt man die Ergebnisse diesbezüglicher Untersuchungen zusammen, dann hat das Zusammenwirken verschiedener Faktoren zur Faszination des Fußballspiels in unserer Gesellschaft beigetragen: das Spiel bietet Raum für Unvorhergesehenes, für Überraschungen und Sensationen; es bedarf der Kommunikation zwischen den Spielern auf dem Rasen und den Massen auf den Rängen, und sein relativ einfaches Regelwerk macht es für den Zuschauer überschaubar und nachvollziehbar.[9] Dies bedeutet für das alltägliche Sportgeschehen, daß ein Fußballspiel mehr Zuschauer bewußt miterleben und vom Spielablauf und Regelwerk nachvollziehen können als z.B. ein Eishockey- oder Volleyballspiel. Trotz dieser gesellschaftlichen Verwurzelung ist Fußball keineswegs ein homogenes System. Zwei extreme Formen sollen dies verdeutlichen: auf der einen Seite kommen die Bundesliga-Profis in 10 Trainingseinheiten in der Woche ihren vertraglichen Arbeitsverpflichtungen nach, auf der anderen Seite trifft sich der Familienvater mit seinem Sohn und Freunden samstags auf einer Wiese zum Fußballspielen. Die mögliche Skala der Ausübung des Fußballspiels ist weit zu fassen und reicht über den vom DFB organisierten Bereich hinaus.

Folglich ist auch das Arbeitsfeld der Sportjournalisten im Bereich des Fußballs keineswegs so homogen, wie es zuweilen den Anschein hat: im Gegenteil, es ist in sich vielfältig differenziert. Da sich die bundesrepublikanische Sportberichterstattung jedoch vorrangig und weitgehend mit dem von Sportverbänden organisierten Sportbetrieb beschäftigt,[10] scheint es gerechtfertigt, diesen Bereich bei der Betrachtung und Bewertung der Sportberichterstattung in den Vordergrund zu stellen.

Im Deutschen Fußballbund sind cirka 4,5 Millionen Fußballinteressierte organisiert, wobei der Anteil der Jugendlichen bis 18 Jahren rund 33% beträgt. Dies bedeutet, daß es überhaupt nur zwei Sportfachverbände im Rahmen des DSB gibt, die mehr Gesamtmitglieder haben, als allein Jugendliche im Bereich des DFB Fußball spielen, nämlich Turnen und Tennis. Der Anteil der Fußball spielenden Mädchen und Frauen liegt im DFB bereits bei 9%, und dies, obwohl erst seit cirka 10 Jahren ein organisierter Sportbetrieb angeboten wird. Für über 25.000 Mannschaften wird durchgängig über das ganze Jahr ein wettkampfmäßiger Spielbetrieb durchgeführt. Bisher nicht genau ermitteln läßt sich die Zahl der Freizeitmannschaften, die in einigen Bundesländern z.T. organisiert unter dem Dach des DFB, z.T. in Selbstorganisation dem runden Leder nachjagen.[11]
Analysiert man nun die Sportberichterstattung in den Massenmedien für den Bereich des Fußballs unter dem Aspekt, inwieweit sich dieses weite Spektrum des organisierten Fußballbetriebes in der Berichterstattung wiederfindet bzw. zumindest thematisch behandelt wird, dann kommt man zu einigen z.T. überraschenden Ergebnissen. Es muß in diesem Zusammenhang aber ausdrücklich darauf hingewiesen werden, daß bedauerlicherweise nur wenige Arbeiten vorliegen, die sich mit der Sportberichterstattung — und hier speziell mit der Fußballberichterstattung — befassen. Obwohl die Erhebung und Messung der Daten nicht an der aktuellen Berichterstattung vorgenommen wurden, können die Ergebnisse dieser Arbeiten in der Tendenz ihrer Aussage nach wie vor als richtig eingeschätzt werden. Zur Fußballberichterstattung im Fernsehen kommt Schweichler zu folgendem Ergebnis:

"Die regelmäßige Fußballberichterstattung wird fast ausnahmslos von den Magazinsendungen am publizistisch 'erweiterten Wochenende' bestritten. Dabei berücksichtigen die 'Sportschau' sowie das 'Aktuelle Sportstudio' und die 'Sportreportage' ausschließlich die Spiele der 1. und 2. Bundesliga in ausschnitthaften Filmbeiträgen, in jedem Falle werden aber zumindest die Ergebnisse der Spiele bekanntgegeben. Auch die Dritten Programme senden bevorzugt Berichte über den regionalen Profifußball — sofern im Sendegebiet vertreten —, Amateurklassen sind immerhin mit einem Ergebnisdienst bedacht. Bundesligaspiele, die am Freitagabend stattfinden, werden fast immer in Ausschnitten übertragen. Die Regionalprogramme am Samstag integrieren kurze Filmberichte von den Spielen ihres Sendegebietes, sofern noch nicht in der 'Sportschau' berücksichtigt, in den regionalen allgemeinen Nachrichtenblock. Am Montag werden regelmäßig Kurzbeiträge von Sonntagsspielen der 2. Bundesliga im Einzugsbereich des Senders in die Nachbetrachtung des Sports am

Wochenende einbezogen, falls sie im Dritten Programm nicht bereits gesendet wurden. Die Sonderstellung der Fußballbundesliga kann man auch in den Nachrichtensendungen der beiden Fernsehanstalten ablesen, die, wenn überhaupt, Filmbeiträge allenfalls von Fußballspielen senden." [12]
Die Auswahl der übertragenen Fußballereignisse im Hörfunk orientiert sich nach Gödeke fast ausschließlich am Geschehen im bezahlten Fußballsport, und nur in den von Aktualität diktierten Fällen (Endrunden bzw. Endspiele, Aufstiegsrunden) wird dem Amateursport Sendezeit eingeräumt.[13] Bei einer Analyse zur Sportberichterstattung in deutschen Tageszeitungen konnte nachgewiesen werden, daß der Berufssport im Durchschnitt einen Anteil von über 50% an der gesamten Sportberichterstattung erreicht. Dieser hohe Durchschnittswert wird wesentlich durch die Fußballberichterstattung bestimmt. Bei ihr liegt der Anteil des Berufssports zwischen 55% und 85%, wobei bei den Zeitungen mit überregionalem Charakter und bei den Boulevardzeitungen die Anteile am höchsten liegen. Eine Sonderstellung nimmt in diesem Zusammenhang — wie auch bei einigen anderen Aspekten — die Kreispresse ein, bei der die Berichterstattung über den Berufsfußball lediglich einen Anteil von cirka 22% der Fußballberichterstattung ausmacht.[14]
Zusammenfassend läßt sich feststellen, daß die Berichterstattung über Fußball in den Massenkommunikationsmitteln weitgehend eine Berichterstattung über den Berufsfußball in der Bundesrepublik ist, auch wenn die prozentualen Anteile bei den verschiedenen Medien differieren. Auf diesen Sachverhalt wird später noch einzugehen sein.
Setzt man diese Art der Fußballberichterstattung in Relation zu dem organisierten Fußballspielbetrieb, dann muß man konstatieren, daß 38 Profimannschaften mit ungefähr 800 aktiven Berufsfußballern Gegenstand der Fußballberichterstattung sind und in der medialen Aufbereitung stellvertretend für 125.000 andere spielende Mannschaften stehen und dadurch das Bild des Fußballs in der "veröffentlichten Meinung" bestimmen. Das Material für bis zu 90% der Fußballberichterstattung entstammt somit aus nur 0,03% des organisierten Fußballbetriebes.
Aus der Sicht des organisierten Fußballbereichs steht es außer Frage, daß es bei einer derartig eingeschränkten bzw. ausschnitthaften Betrachtungsweise zahlreiche Felder gibt, die der Rubrik "der vergessene Fußballsport" zuzuordnen sind — von dem Fußballgeschehen außerhalb des DFB einmal ganz abgesehen. Es muß andererseits zur Kenntnis genommen werden, daß die Kommunikatoren mit ihrer *"einseitigen Berichterstattung sehr wohl den Erwartungshaltungen von großen Teilen der Rezipienten gerecht werden. 37% der bundesdeutschen Bevölkerung bringen den Spielen der Bundesliga ein 'reges' bis 'sehr großes' Interesse entgegen, und 21% bekunden immerhin noch ein 'durchschnittliches' Interesse"* (Stiftung Warentest 1977).[15]
Mit zwei Beispielen aus dem organisierten Fußballbereich soll die Richtigkeit der These vom "vergessenen Fußballsport" belegt werden: dem Jugendfußball und dem Frauenfußball.[16]

Jugendfußball

Im Jugendbereich ist das Verhältnis zwischen eingetragenen und aktiv spielenden Vereinsmitgliedern am günstigsten. Im Verband Berliner Ballspielvereine[17] sind cirka 45% der Mitglieder bis zu 18 Jahre alt. Am organisierten Wettkampfbetrieb nehmen nicht einmal 700 Erwachsenen-Mannschaften , aber über 1.100 Jugendmannschaften teil; das bedeutet, daß der Jugendfußball einen Anteil von über 60% des gesamten Wettkampfbetriebes erreicht. Auf die Bedeutung des organisierten Jugendsports im gesellschaftlichen Kontext soll in diesem Zusammenhang nicht weiter eingegangen werden, vielmehr interessiert die Frage, ob und inwieweit dieser Aspekt des organisierten Fußballbetriebes Gegenstand journalistischer Bemühungen ist. Für das Regional-Fernsehen existiert dieser Bereich nur, wenn z.B. Berliner Mannschaften um die Deutsche Jugendmeisterschaft mitspielen oder internationale Begegnungen oder Turniere in Berlin ausgetragen werden. Bei den Rundfunkanstalten sieht es zwar etwas besser aus, seit die örtlichen Sender durch neue Programmstrukturen dem Sport insgesamt mehr Sendezeit einräumen.

Es handelt sich dabei allerdings um zeitlich sehr eng begrenzte Bemühungen, und man kann nicht behaupten, daß der Jugendfußball einen festen Programmanteil an der etablierten Fußballberichterstattung erreicht hätte. Bei den Print-Medien wird man gleichfalls in den meisten Fällen vergeblich nach der Rubrik "Jugendfußball" suchen, was eine punktuelle Berichterstattung nicht ausschließt. Vor einigen Jahren hatte die *Berliner Morgenpost* in ihrer Dienstagsausgabe eine feste Seite für den Jugendsport, auf der vorrangig der Jugendfußball Berücksichtigung fand; da sich dieser redaktionelle Beitrag aber nicht in einer gesteigerten Auflage bemerkbar machte, wurde diese Seite bald wieder abgesetzt. Zwischenzeitlich hat die *Berliner Morgenpost* die Jugendseite wieder aufgenommen. Dieses Beispiel wirft die Frage auf, inwieweit Markt-und Leseranalysen für derartige Einzelaspekte überhaupt ökonomische Auswirkungen für ein publizistisch so vielschichtiges Produkt wie eine Tageszeitung haben können. Trotz vereinzelter positiver Ansätze muß auch für die Tageszeitungen resümiert werden, daß der Jugendfußball in der Berichterstattung über Fußball eine so untergeordnete Rolle spielt, daß man ihn ohne Bedenken mit der Behandlung irgendwelcher Randsportarten vergleichen kann.

Fazit: der Jugendfußball wird zwar in allen Medien behandelt, aber mehr als eine Außenseiterrolle wird ihm dabei nicht zugestanden. Seine wesentliche Bedeutung für die weitere Entwicklung des Fußballsports insgesamt, seine sozialen und gesellschaftlichen Komponenten bleiben weitgehend unbeachtet, und der große Anteil am gesamten Fußballbetrieb findet sich in der Berichterstattung nicht wieder.

Frauenfußball

Seit 1955 wurde im DFB über die Anerkennung des Frauenfußballs diskutiert, und es dauerte bis 1970, bis wettkampfmäßig organisierter Frauenfußball offiziell gestattet wurde. Selbst nach diesem Anerkennungsbeschluß ist bei vielen die Skepsis gegenüber dem Frauenfußball nicht gewichen. Nicht zuletzt haben Rollenklischees wie etwa die Vorstellung, Fußball sei nur Männersache, die Entwicklung des Frauenfußballs jahrelang behindert. Auch heute gibt es noch Widerstände, die auf einer mangelnden Fähigkeit und Bereitschaft zur Änderung von Einstellungen, Denk-, Wert- und Verhaltensgewohnheiten beruhen. Trotzdem hat sich der Frauenfußball in der kurzen Zeitspanne seit 1970 in einer Weise entwickelt, wie es selbst von engagierten Verfechtern dieses Bereichs nicht für möglich gehalten wurde. Für das Jahr 1982 weist der DFB über 400.000 organisierte weibliche Vereinsmitglieder aus. Das bedeutet, daß sich nur beim Turnen und beim Tennis mehr Frauen sportlich betätigen als beim Fußball, aber fast doppelt so viele Frauen Fußball wie Handball spielen. Von den 50 Sportverbänden des DSB weisen 39 eine geringere Gesamtmitgliederzahl auf, als die Zahl der Fußball spielenden Frauen. In Berlin beträgt der Anteil der Frauenwettkampfmannschaften 9 bis 10 Prozent, bezogen auf die Gesamtzahl der Herrenmannschaften im Erwachsenenbereich. Das entspricht auch dem Ergebnis der Sportvereinsanalyse von Schlagenhauf,[18] nach der das Verhältnis zwischen wettkampfaktiven Frauen und Männern 1:10 beträgt.

Obwohl der Bereich des Frauenfußballs — sowohl was die Gesamtzahl der Aktiven als auch den Umfang der Wettkampfbetriebes betrifft — zwischenzeitlich eine Größenordnung angenommen hat, die weit über die Bedeutung eines Randgruppensports hinausgeht, wird er in der Sportberichterstattung bestenfalls wie ein Randgruppensport behandelt, sofern er nicht überhaupt vergessen wird. Zur Berücksichtigung der Frau in der Sportberichterstattung stellt Helga Schachtel fest: *"Sportereignisse, an denen Frauen beteiligt sind, werden meist nur am Rande zur Kenntnis genommen."*[19] Punktuelle Ansätze einer angemessenen Berichterstattung in den einzelnen Medien können den grundsätzlichen Mangel nicht verdecken, auf den Ursula Voigt hinweist, daß die meisten Sportaktivitäten von Frauen in den Medien unberücksichtigt bleiben und daß an Frauen andere Erwartungen gestellt werden als an Männer, daß unterschiedliche Bewertungskriterien angewandt werden und daß Frauen im Sport letztlich auf ein traditionelles Rollenklischee festgelegt werden.[20] Diese Einschätzung trifft allzu häufig auch für den Frauenfußball zu, wie sich anhand von zahlreichen Beispielen unzweifelhaft belegen läßt. So wird z.B. ein Bericht zum ersten Fußball-Länderspiel der Frauen von Catherine mit der Überschrift versehen: *"Mehr als nur heiße Höschen: Weibliche Kicker vor!"*, und im Text heißt es dann: *"Wenn junge Mädchen und Frauen es Rummenigge, Kaltz oder Breitner gleichtun oder mit wogendem oder wippendem Busen dem runden Leder hinterherrennen, dann grinsen die Herren der Schöpfung auf den Rängen — vorausgesetzt, sie lassen sich beim Damenfußball überhaupt zu einem Stadionbesuch herab. 'Das ist doch reine Männersache', meinen sie wegwerfend und billigen den Damen mit Kicker-Ambitionen günstigstenfalls einen Unterhaltungsbonus zu, vergleichbar Damenringkämpfen oder weiblichem Body-Building. Doch diese männliche Überlegenheit dürfte einen erheblichen Knacks bekommen haben, seit unsere Fußball-Damen ihr erstes Länderspiel gegen die Schweiz mit 5:1 gewonnen haben."*[21] Trainerin Anna Trabant verbindet mit dem Länderspielerfolg die Hoffnung, daß die Zeit der männlichen Spanner endgültig vorbei sei, die nur der "heißen Höschen" wegen in das Stadion kämen.[22]

Erst ein Länderspielsieg macht den Frauenfußball hoffähig und verhilft ihm eventuell zu etwas mehr Wertschätzung. Dieses Bewertungskriterium entstammt eindeutig der männlichen Wertskala, denn Untersuchungen über die geschlechtsspezifische Handlungsbereitschaft gegenüber einzelnen Sportarten zeigen, daß Männer vorwiegend solche Sportarten betreiben, die einen unmittelbaren Leistungsvergleich ermöglichen, dagegen bevorzugen sporttreibende Frauen solche Sportarten, die primär nicht auf einen Leistungsvergleich ausgerichtet sind. Hat sich das Bild der Fußball spielenden Frau in der Berichterstattung in den letzten Jahren auch gewandelt und verbessert — auch was die redaktionelle Berücksichtigung betrifft —, so sind dennoch gravierende Mängel zu konstatieren. Margitta Kaufmann kommt in diesem Zusammenhang zu dem Ergebnis: *"Obwohl bei Hochleistungssportlerinnen Eigenschaften und Verhaltensweisen als positiv anerkannt werden, die nicht zu den 'weiblichen Tugenden' gehören und deshalb beim Großteil der Frauen nicht akzeptiert würden, ist der Bereich des Sports nicht frei von 'Frauenfeindlichkeit'. Obwohl also im Subsystem Sport der Rahmen der Rollenerwartung an die Frau weiter gesteckt ist, als in den Bereichen Haushalt, Familie und Reproduktionsbereich, kommt ganz deutlich zum Ausdruck, daß auch die Sportberichterstattung von 'Frauenfeindlichkeit geprägt ist."*[23] Die Konsequenz aufgrund dieser Verhaltensmuster für den Fußball faßt Thomas zusammen: *"Solange der Damenfuß-*

ball noch um seine Anerkennung innerhalb des Sports ringen muß, wird er immer wieder nachzuweisen suchen, daß er mit dem hoch angesehenen Männerfußball vergleichbar ist und daß alle etwaigen Unterschiede und 'Mängel' entschuldbar sind. Erst wenn Fußball zu einer allseitig anerkannten Sportart für Frauen geworden ist, kann sich auch im Damenfußball eine eigenständige Struktur herausbilden."[24] Diese Entwicklung wird von den Massenmedien nicht unbedingt gefördert, wie Ursula Voigt nachweist: "Die Informationen, die in den Medien gesendet oder gedruckt werden, werden fast ausschließlich von Männern ausgewählt, beurteilt, interpretiert und vermittelt, gehen somit von einer männlich geprägten Lebens- und Vorstellungswelt aus. Eine angemessene Beteiligung von Frauen in Presse, Rundfunk und Fernsehen an der Planung und den Inhalten von Programmen und an den entsprechenden Entscheidungen ist nicht gegeben. Unter den Sportjournalisten der Bundesrepublik beträgt der Anteil der Frauen 2%."[25]

Fazit: Der Frauenfußball hat in allen Medien Eingang in die Berichterstattung gefunden, ohne allerdings auch nur ansatzweise den Umfang der aktiven Sportausübung widerzuspiegeln. Zudem ist das Bezugssystem, das der Berichterstattung zugrunde liegt, deutlich durch den Männerfußball geprägt; es wird mehr ein Bild des gegenwärtigen Männerfußballs als des Frauenfußballs entworfen. Dies ist auch der Fall, wenn Frauen selbst über Frauenfußball schreiben und dies, obwohl Thomas zu dem Ergebnis kommt, daß einiges dafür spricht, daß Fußballspielen für Frauen andere Handlungs- und Erlebniswerte repräsentiert bzw. repräsentieren kann als für Männer.[26]

Neben diesen beiden Bereichen, denen im organisierten Fußballbetrieb des DFB eine nicht unerhebliche Bedeutung zukommt, gibt es verschiedene weitere Bereiche, die publizistisch zum "vergessenen Fußballsport" gehören. Aus dem organisierten Spielbetrieb des DFB sind das zum Beispiel die unteren Spielklassen und der gesamte "Altherren"-Betrieb. Finden diese Aspekte des Fußballs in den Massenmedien ohnehin nur sehr geringe Beachtung, so gibt es außerhalb des DFB noch Fußballbereiche, die publizistisch nicht zu existieren scheinen oder nur bei ganz außergewöhnlichen Anlässen Eingang in die Berichterstattung finden. Ohne daß ausführlich darauf eingegangen werden kann, sollen hier einige Beispiele genannt werden.

Ein für unsere Gesellschaft immer mehr an Bedeutung gewinnender Bereich ist der des Betriebssport, und hier steht das Fußballspielen eindeutig im Vordergrund vor allen anderen sportlichen Aktivitäten. Ähnlich bedeutend ist in den letzten Jahren des gesamte Bereich des "Freizeitfußballs" geworden.[27] In Berlin hat zum Beispiel diese Bewegung einen Umfang angenommen, daß der Verband Berliner Ballspielvereine sich intensiv darum bemüht hat, den Freizeitfußball unbedingt in den offiziellen Fußballverband zu integrieren.[28] Bei einer Bewertung z.B. der Berliner "Fußballszene" sollte man ebenfalls berücksichtigen, daß außerhalb des Fachverbandes mehr als 450 Mannschaften — auf den Verband bezogen immerhin ein Anteil von cirka 25% — einen regelmäßigen Wettkampfbetrieb durchführen. Diese Spiele werden von Betrieben, Kirchengemeinden, Schulen, Hochschulen etc. organisiert.[29] Bis auf den Betriebssport, über den wenigstens noch vereinzelt berichtet wird, haben wir es mit einem Fußballgeschehen zu tun, das für den Sportberichterstatter nicht stattfindet. Der Deutsche Sportbund hat die Integration der Ausländer in den bundesdeutschen Sportbetrieb zu einem seiner wichtigsten Ziele erklärt. Was dies aber im Bereich des Fußballs bedeutet und welche Probleme damit verbunden sind, fällt publizistisch gleichfalls in die Rubrik des "vergessenen Fußballsports". Bei der Betrachtung der Fußballberichterstattung unter diesem Gesichtspunkt kommt Böhm zu dem Ergebnis: *"Als besonderer Service für Gastarbeiter im Sendebereich des WDR wurden einige Male, während der Gastarbeitersendung 'Ihre Heimat — Unsere Heimat', Schaltungen zur Eurovision durchgeführt. Sie ermöglichen es, Einblendungen in internationale Fußballspiele vorzunehmen."*[30] Auch die Flucht der gesamten Afghanischen Fußballnationalmannschaft und ihr Versuch, sich in der Nähe von Paderborn in den deutschen Spielbetrieb zu integrieren, war spektakulär genug, sich mit diesem Aspekt zu beschäftigen. Grundsätzliche Probleme — wie Integration in bestehende Vereine, wie eigener Spielbetrieb nur zwischen Gastarbeitermannschaften — sind kaum aufgegriffen worden, und dies, obwohl z.B. zur Diskussion steht, für Türken in der Bundesrepublik einen eigenen Dachverband für den Spielbetrieb zu etablieren.[31]

Etwas mehr publizistische Beachtung finden dagegen die Bemühungen, den Fußballsport zur aktiven Resozialisierung in den Justizvollzugsanstalten einzusetzen. Vielleicht resultiert die größere Aufmerksamkeit aber auch aus der speziellen Thematik und nicht aufgrund der inhaltlichen Zielsetzung. Mit Hilfe der *Sepp Herberger Stiftung* konnte von 1979 bis 1981 der Fußballsport in 50 Jugendstrafanstalten gefördert werden. Darüberhinaus bemühen sich aber auch Vereine und andere Organisationen, Resozialisation durch und mit Fußball zu ermöglichen, auch dies ist ein Aspekt des Fußballs, der bis auf wenige Ausnahmen zu dem Bereich des "vergessenen Fußballsports" gehört.[32] In diesem Zusammenhang ließen sich weitere Bereiche aufzählen, mit denen die These, daß der publizistisch aufbereitete Fußballsport nur eine Ausschnittsbetrachtung darstellt und dem von der großen Masse in der Realität praktizierten Fußballsport nicht übereinstimmt, untermauert werden könnte. Die Fußballberichterstattung befaßt sich im Grunde genommen nur mit einem sehr kleinen, allerdings spektakulären und gesellschaftspolitisch außerordentlich wichtigen Teil des gesamten Fußballspektrums.

Bei dem vorliegenden Sachverhalt muß sich konsequenterweise die Frage nach der Begründung einer derartigen Form der Fußballberichterstattung stellen. Trotz der fast gleichartigen publizistischen Behandlung des Fußballbereichs ist es zur Klärung dieser Frage erforderlich, die verschiedenen Medien getrennt zu untersuchen.

Die technischen Voraussetzungen des Fernsehens ermöglichen eine "wirklichkeitsnähere Schilderung von Sportereignissen" als z.B. im Hörfunk, so daß das Fernsehen eine bemerkenswerte Alternative zum Besuch von Sportveranstaltungen bietet.³³ Zunehmend wird der Sport im Fernsehen allerdings unter dem Aspekt der Unterhaltungsshow gesehen; folglich befindet sich der oft kritisierte 1:0-Journalismus auf dem direkten Wege zum Unterhaltungsjournalismus. Diesen Showcharakter verteidigt Hans-Joachim Friedrichs mit dem Hinweis, daß man schließlich auch in Konkurrenz zu der Sportseite der Tageszeitungen, insbesondere der Bild-Zeitung stünde.³⁴ In diesem Zusammenhang fällt dann auch der Satz vom Fußball, den man nun mal bei den Leuten so gut "absetzen" kann. So wird die Fußballberichterstattung auf ihren Warenwert auf dem Medienmarkt reduziert, woraus Holz folgert, daß die Programmausgewogenheit, zu der die Fernsehanstalten verpflichtet sind, kaum noch unter qualitativen, sondern vielmehr unter quantitativen Aspekten gesehen wird.³⁵ Da die Produktionskosten für Fußballübertragungen gegenüber anderen Sparten der Unterhaltungsbranche besonders niedrig sind, kommt Holz zu dem Schluß, daß die relativ billigen Produktionskosten für Sportsendungen *"die immer mehr sichtbar werdende Tendenz (verstärken), den Sport als ein Versatzstück des Unterhaltungsprogramms zu nehmen, bei dem nicht mehr das Interesse am Sport selbst besteht, sondern nur noch seine 'Schaubarkeit' für die Produzenten von Wert ist".*³⁶ Andererseits müssen Sportereignisse nach Darstellung der Programmverantwortlichen internationale und nationale Relevanz aufweisen, um dargestellt zu werden.³⁷ Die zuvor genannten Kriterien erfüllt die Berichterstattung über Profifußball in optimaler Weise. Eine veränderte Berichterstattung im Sinne des "vergessenen Fußballsports" ist bei gleichbleibenden Medienstrukturen im Fernsehen nicht zu erwarten.

Mit den Ursachen für die Form der Fußballberichterstattung im Hörfunk hat sich Gödeke 1975 ausführlich auseinandergesetzt, und seine Ergebnisse haben vielfach noch heute Bestand:

"Bei der inhaltlichen Gestaltung der bisher ausgestrahlten Sportsendungen hat sich der Sportfunk weitgehend von der Interessenlage seiner Rezipienten leiten lassen. Das wird am Beispiel der Fußballübertragungen deutlich, deren Anteil spätestens seit der Einführung der Bundesliga bei allen Sendern eine derart dominierende Stellung einnimmt, daß andere Gebiete in der aktuellen Berichterstattung nur noch geringe Berücksichtigung finden. Unter den besonders an Sportsendungen im Hörfunk interessierten Rezipienten stellen die Fußballenthusiasten eine Mehrheit dar, deren Interessenpräferenz vom Sportfunk optimal erfüllt werden. Dabei findet die in allen Programmen ausgestrahlte Sendung mit den Reportagen der Bundesligaspiele bei den Hörern positive Aufnahme und trägt zur Aufwertung des Stellenwertes des Hörfunks bei...Den Kommunikatoren des Sportfunks der ARD-Sender ist zwar die Erkenntnis gemeinsam, daß die bisherige Form der Sportberichterstattung im Hörfunk angesichts der Konkurrenz des Fernsehens überdacht und anders gestaltet werden muß, jedoch bestehen hinsichtlich der formalen und inhaltlichen Aspekte dieser notwendigen Neuorientierung bei den einzelnen Sendern stark divergierende Auffassungen. Ihre Ursachen liegen im Selbstverständnis einiger Sportfunkkommunikatoren, die den Hörfunk bei Sportübertragungen immer noch als Konkur-

renzmedium für das Fernsehen einschätzen...Ein modifiziertes Verständnis von Aktualität...wäre daher eine entscheidende Voraussetzung, eine neue Basis für die Sportberichterstattung im Hörfunk zu schaffen und sich auf diesem Gebiet als Medium mit Komplementärfunktion gegenüber dem Fernsehen zu verstehen. Bei der Erfüllung der beim Rezipienten vorhandenen Informationsbedürfnisse aus dessen regionaler und lokaler Umgebung könnte der Sportfunk konkurrenzlos 'aktuell' sein, da das Fernsehen in seiner Sportberichterstattung an weiträumigere Dimensionen gebunden ist und die Presse mit wenigen Ausnahmen sogar erst ein bis zwei Tage später berichten kann. Anstatt aber die regionale und lokale Berichterstattung auszubauen, wurde sie bisher zugunsten ausgiebiger Informationen über das internationale Sportgeschehen vernachlässigt, die auch vom Fernsehen ausführlich wahrgenommen wird."[38]

Haben es die Sportkommunikatoren bisher vielfach nicht verstanden, die medienspezifischen Möglichkeiten des Hörfunks in einer veränderten Berichterstattung zu nutzen, so besteht die Hoffnung, daß sie durch aktuelle Ereignisse zu einem Sinneswandel gezwungen werden. Jüngst monierte nämlich der DFB durch seinen Pressesprecher Dr. Gerhardt die als vereinbarungswidrig angesehene Ausweitung der Direktübertragungen von Bundesligaspielen im Hörfunk, allerdings nicht unter dem Aspekt des "vergessenen Fußballsports", sondern unter finanziellen Erwägungen, denn nach Dr. Gerhardt war inzwischen ein Zustand erreicht, *"bei dem praktisch über alle Höhepunkte aller Spiele von der ersten bis zur letzten Minute direkt von den Plätzen berichtet wurde, und jeder sehr bequem das gesamte Geschehen in der Bundesliga und in der 2. Bundesliga live verfolgen konnte, ohne den Fuß vor die Tür zu setzen."*[39] Die Neuregelung — uneingeschränkte Direktübertragung aus der zweiten Halbzeit, aktuelle Informationen über den Stand der Spiele während der ersten Halbzeit[40] — wird die Sportfunkkommunikatoren zwingen, ihr Konzept neu zu überarbeiten, denn sie müssen in Zukunft 45 Minuten Sendezeit inhaltlich neu füllen. Es ist zu hoffen, daß für die gestrichene Bundesliga-Live-Berichterstattung auch Bereiche des "vergessenen Fußballsports" zunehmend ins Programm aufgenommen werden.

Die Tageszeitungen sind in ihrer Struktur nicht einheitlich zu bewerten. Die Orientierung an den Konsumenten erfolgt aus Wettbewerbsgründen noch viel gezielter als bei den öffentlich-rechtlichen Anstalten. Obwohl die Tageszeitungen auf dem gemeinsamen Medienmarkt als erste eine vielschichtige Fußballberichterstattung eingeführt haben — was auch daran ablesbar ist, daß der Bundesligafußball im gesamten Spektrum des Fußballs nicht eine so dominierende Rolle inne hat wie bei den anderen Medien —, wird gleichfalls die Erwartungshaltung der Konsumenten als Rechtfertigung und Begründung für die Form der Fußballberichterstattung herangezogen. Lese-Tests und Leser-Tests dienen jeweils als Beleg für die Richtigkeit der Berichterstattung, wenn festgestellt wird, *"das höchste Interesse der Leser eines Sportteils finden Fußball-Länderspiele, die Fußball-Bundesliga...Mancher Dreispalter über Veranstaltungen auf Kreisebene wird von kaum mehr als 1% der Bezieher gelesen, ob-*

gleich die Vertreter dieser Sportart mit einem ganz anderen Interesse des Publikums rechnen."[41] Es werden allerdings zur Rechtfertigung nur Untersuchungen herangezogen, die die Richtigkeit der vorhandenen Berichterstattung bestätigen. Aus diesem Grunde soll nicht unerwähnt bleiben, daß es gleichfalls Leseranalysen gibt, bei denen zum Beispiel in einer 17 Punkte umfassenden Differenzierungsskala der Heimatsport an achter Stelle vor dem Bundesliga-Fußball an elfter Stelle liegt.[42] Auf die Problematik derartiger Erhebungsmethoden soll im Hinblick auf die widersprüchlichen Ergebnisse nicht weiter eingegangen werden. Sicher scheint es nach Fischer nur, daß auf dem gemeinsamen Markt der Medien in Zukunft die eigentliche Chance — ja Überlebenschance — für den Sportbereich der Tageszeitungen in einer eindeutigen Hinwendung zur lokalen Sportberichterstattung liegt.[43] Die Richtigkeit dieser These bestätigt der *Deutsche Sportverlag* in einem Schreiben an seine Leser: *"Aus vielen Leserkontakten wissen wir, daß nach ihrer Auffassung der Amateur- und lokale Sport in der Berichterstattung, sei es in der Sportpresse oder in Funk und Fernsehen, zu kurz kommt."*[44]

Die *Deutsche Forschungsgemeinschaft* hat ermittelt, daß für rund 61% der Bundesbürger die Tageszeitung ein Informationsmittel ist, auf das sie zuletzt verzichten würden. Dominierend ist dabei mit 79% die Tageszeitung als Quelle der Zweit- und Folgeinformation. Die Tageszeitungen erreichen nach einem Bericht der Bundesregierung mit ihren Sportteilen eine Gesamtauflage von 18,2 Millionen.[45] Der Anspruch der Rezipienten an die Tageszeitung auf dem sich verändernden Medienmarkt wird auch auf die Sportberichterstattung durchschlagen und dem "vergessenen Fußballsport" zukünftig größere redaktionelle Berücksichtigung sichern. Die "Kreispresse" war in diesem Sinne — aufgrund ihrer Leserstruktur — ein Wegbereiter, und es gibt Anzeichen, daß Regional- und Großstadtzeitungen ihr auf diesem Wege folgen.[46]

Weischenberg, Hockforth, Seifart und andere, die sich in unterschiedlicher Weise mit der Sportberichterstattung beschäftigt haben, weisen unabhängig von anderen Strukturproblemen auf eine ständige Gefahr hin: Das Publikum ist für den Kommunikator anonym, der Leser, Hörer, Zuschauer eine fiktive Größe. Rezipienten-Forschung wird allenfalls zu Marketingzwecken betrieben. Beim Kommunikator bilden sich Stereotype von seinen Adressaten, die mit numerischer Zunahme des Rezipientenkreises immer realitätsferner zu werden drohen. Es verfestigen sich aber auch Stereotype von den unterschiedlichen Arbeitsfeldern, was an der Fußballberichterstattung nachzuvollziehen ist. Die Sicht des Profifußballs verengt allzu schnell das Blickfeld des Betrachters, da sich seine Maßstäbe und Normen nicht auf die anderen Fußballbereiche übertragen lassen. Die Ergebnisse einer amerikanischen Studie sollten auch den deutschen Sportjournalisten nachdenklich stimmen: 75% der Medievertreter glaubten, daß der Durchschnittsamerikaner an Sportnachrichten "sehr interessiert" sei. Tatsächlich waren es von diesen nur 35%.[47]

Eine letzte Bemerkung noch zu dem oft geäußerten Hinweis der Kommunikatoren der Massenmedien, daß der "vergessene Fußballsport" als eine Randerscheinung in den Fachorganen oder Verbandsorganen entsprechend behandelt werden muß. Aber der "vergessene Fußballsport" ist keine Randerscheinung, sondern stellt den weitaus größten Anteil am Gesamtphänomen Fußball dar, wie nachgewiesen werden konnte, zum anderen greifen *Kicker Sportmagazin* und *Fußballwoche* zwar regelmäßig Themenbereiche aus diesem Spektrum auf, doch auch bei ihnen dominiert eindeutig der Profifußball, wie Brigitte Hammer und Mechthild Kock in einer Analyse nachweisen.[48] Die verkaufte Auflage der beiden Zeitschriften von zusammen 400.000 Exemplaren würde zudem an der grundsätzlichen Situation des "vergessenen Fußballsports" nicht viel zu ändern.[49] Dem "vergessenen Fußballsport" bleibt nur die Hoffnung auf den sich wandelnden gemeinsamen Medienmarkt und hier insbesondere auf den Tageszeitungssektor und das regionale Hörfunkprogramm. Es geht dabei keinesfalls um eine völlig umgekehrte Berichterstattung, denn der Profifußball muß aufgrund der gesellschaftlichen Interdependenz nach wie vor große Beachtung finden, nur die anderen Bereiche sind für die weitere Entwicklung des Fußballs im sozialen Kontext von nicht unerheblicher Bedeutung. In diesem Sinne sollte die Aussage von Morris mehr Beachtung finden: *"Doch die Berichterstatter sind ein wesentlicher Bestandteil der Stammeskultur; indem sie dem Sport viel Zeit widmen und ihm genügend Platz in den Medien einräumen, liefern sie den dokumentarischen Nachweis seiner rituellen Bedeutung."*[50]

"Der DFB hat zum Phototermin geladen"

Anmerkungen

[1] vgl. DSB (Hrsg.), Jahrbuch des Sports 1983, S. 46/47, Niedernhausen 1983
[2] vgl. u.a. Hackforth, Sport im Fernsehen, Münster 1975; Gödeke, Der Stellenwert des Sports im Hörfunkprogramm, Münster 1975; Holz, Der Sport im Fernsehen, Tübingen 1975; Binnewies, Sport und Sportberichterstattung, Berlin 1974; Burau, Medien Betrachtung 2, in: Olympische Jugend Nr. 12/80, S. 3
[3] vgl. Albertus, Was steht im Sportteil der Tageszeitungen?, in: Olympische Jugend, 2/70
[4] vgl. Albertus, a.a.O.
[5] Ergebnisse vgl. Berliner Morgenpost vom 5.5.1983, S. 17 und S. 26
[6] vgl. Schweichler, Der "Zuschauersport" in der Berichterstattung der Medien unter besonderer Berücksichtigung des Fußballspiels, Examensarbeit Berlin 1980, S. 10ff.
[7] vgl. hierzu Lenk, Fußball als Mythos und Ritus, in: Pieper (Hrsg.), Die andere Seite des runden Leders, Hochheim 1978, S. 15ff.; Dunning, "Volksfußball" und Fußballsport, in: Hopf (Hrsg.), Fußball. Soziologie und Sozialgeschichte einer populären Sportart, Bensheim 1979, S. 12ff.; Herrmann, Die Fußballfans, Schorndorf 1977; Stollwerk, Zur Sozialpsychologie des Fußballpublikums, in: Albrecht (Hg.), Fußballsport, Berlin 1979, S. 196ff.
[8] vgl. Weisweiler, Der Fußball, Schorndorf 1970, S. 51/52
[9] vgl. Hortleder, Die Faszination des Fußballspiels, Frankfurt 1974, S. 134
[10] so stellt z.B. Arnold als stellvertretender Programmdirektor der ARD fest, "daß der Sport als Partner des Fernsehens nur in seiner organisierten Form existiert". Zit. nach Arnold (Hrsg.), Sport im Fernsehen, in: Pressedienst Deutsches Fernsehen/ARD 52/73
[11] vgl. Zahlenangaben DFB (Hrsg.), Fußball Jahrbuch 1983, Bad Homburg 1983, S. 237; nur in Berlin und in Rheinland/Pfalz sind die Freizeitsportmannschaften offiziell unter Dach des Fußballverbandes organisiert, in den anderen Bundesländern sind freie oder keine Organisationsformen entwickelt worden.
[12] Schweichler, (wie Anm. 6)
[13] vgl. Gödeke, Der Stellenwert des Sports im Hörfunkprogramm, Münster 1975, S. 84
[14] vgl. Binnewies, Sport und Sportberichterstattung, Berlin 1974; es werden die Ergebnisse der Analyse von neun verschiedenen Zeitungen vorgestellt.
[15] Die Prozentangaben wurden von der *Stiftung Warentest* im Jahr 1977 ermittelt.
[16] auf die Problematik der Verwendung des Begriffs "Frauenfußball" oder des Begriffs "Damenfußball" soll hier nicht weiter eingegangen werden. Der Verfasser verwendet den Begriff "Frauenfußball", was nicht ausschließt, daß bei Zitaten auch der Begriff "Damenfußball" vorkommen kann.
Bei den nachfolgenden Beispielen wird weitgehend auf Daten aus dem Berliner Bereich zurückgegriffen. Dies schränkt nach Einschätzung des Verfassers die Aussagekraft nicht wesentlich ein.
[17] Verband Berliner Ballspielvereine = offizielle Dachorganisation des DFB für den Landesverband Berlin
[18] vgl. Schlagenhauf, Sportvereine in der Bundesrepublik Deutschland Teil I, Schorndorf 1977
[19] vgl. Schachtel, zitiert nach: Sport in Berlin 9/81, S. 12
[20] Voigt, Die Frau in der Sportberichterstattung, in: Olympische Jugend, Nr. 5/1981
[21] Catherine, Weibliche Kicker vor!, in: Badisches Tageblatt, Baden-Baden 26.2.1983
[22] vgl. die Ausführungen von Trabant in Catherine (wie Anm. 21)
[23] Kaufmann, Die Darstellung der Frau in der Sportberichterstattung, Examensarbeit Tübingen 1978

[24]) Thomas, Zur Sozialgeschichte des Damenfußballs, in: Albrecht (Hrsg.), Fußballsport, Berlin 1979, S. 234
[25]) Voigt, a.a.O.
[26]) Thomas, a.a.O., S. 232
[27]) Zu dem Bereich des Freizeitfußballs werden hier nicht die sogenannten "Kneipen-und Thekenmannschaften" gezählt, obwohl auch dieser Bereich gerade in Berlin immer umfangreicher geworden ist und sehr wohl dem Freizeitbereich zugerechnet werden könnte. Der Verfasser verwendet hier die Verbandsabgrenzung.
[28]) Der Freizeitfußballverband hat sich in Berlin zunächst selbst organisiert und sich dann dem Betriebssportverband Berlin als Dachorganisation angeschlossen, nachdem er vom Fußballverband abgelehnt wurde. Die Einbeziehung in einen Dachverband war erforderlich, um die Möglichkeiten der öffentlichen Sportförderung nutzen zu können. Als die Zahl der Mannschaften immer umfangreicher wurde, zeigte der VBB auf einmal wieder Interesse an einer Zusammenarbeit. 1981 wurde zwischen dem VBB und dem Betriebssportverband ein Vertrag geschlossen, durch den der Freizeitfußballverband Mitglied bzw. Bestandteil des VBB wurde. Der Freizeitfußballverband umfaßt heute cirka 240 spielende Mannschaften.
[29]) so spielen z.B. allein an der Technischen Universität Berlin cirka 120 Mannschaften in 6 verschiedenen Leistungsklassen ganzjährig um die TU-Meisterschaft.
[30]) Böhm, Die regionale Sportberichterstattung im Fernsehen, Diplomarbeit Köln 1977
[31]) In Berlin steht diese Frage seit längerer Zeit im Raum, und der Landessportbund Berlin versucht intensiv, diese, allen Integrationsbemühungen zuwiderlaufende Maßnahme zu verhindern, ohne von der Presse in hinreichender Weise unterstützt zu werden.
[32]) vgl. Deutsche Sportjugend (Hrsg.), Sport im Strafvollzug, Frankfurt 1981
[33]) vgl. Hackforth, a.a.O.
[34]) vgl. Schmitt, Fußball ist beim Publikum gut abzusetzen, in: Süddeutsche Zeitung, München 4.11.1977
[35]) Holz, a.a.O., S. 136
[36]) ebenda, S. 142
[37]) vgl. Freyer, Sport im Fernsehen: Ein Vergleich der Präsentation von Sportarten im Ersten Deutschen Fernsehen und im Dritten Programm der Nordkette anhand der Sendungen des Jahres 1979, Examensarbeit Berlin 1981, S. 46
[38]) Gödeke, a.a.O., S. 230ff.
[39]) Gerhardt, Zu wenig Fußball im Hörfunk?, in: Der Sportjournalist Nr. 1/83, S. 4
[40]) vgl. ebenda
[41]) Albertus, a.a.O.
[42]) vgl. Binnewies, a.a.O., S. 180/181
[43]) Fischer, Der Lokalsport in der Tageszeitung, Diplomarbeit Kön 1982
[44]) Deutscher Sportverlag, Schreiben an die Leser 1981
[45]) vgl. Seifart, Sportjournalismus, in: Leistungssport Nr. 1/78, S. 78ff. und Deutsche ziehen Zeitung dem Fernsehen vor, in: Welt vom 18.7.1981
[46]) Die *Hamburger Morgenpost* gibt bereits entsprechende "Beilagen" heraus, in denen Sportarten behandelt werden, die in der Hauptausgabe keine Berücksichtigung finden.
[47]) vgl. Überschätzt — unterschätzt, in: Der Abend, Nr. 9 vom 11.1.1978, S. 8
[48]) vgl. Hammer/Kock, Sportzeitschriften: Fußball über alles, in: Hackforth/Weischenberg (Hrsg.), Sport und Massenmedien, bad Homburg 1978, S. 49ff.
[49]) Angaben vgl. *Sport Intern*, Nr. 5/6, München 1983, S. 5b
[50]) Morris, Das Spiel - Faszination und Ritual des Fußballs, München/Zürich 1981, S. 243

Gunter Gebauer
**Geschichten, Rezepte, Mythen
Über das Erzählen von Sportereignissen**

Geschichten

In den Massenmedien werden über den Sport viele Geschichten erzählt. Im Vergleich zu den Ereignissen des Sports, denen man beiwohnt oder die man im Fernsehen sieht, mißt man ihnen üblicherweise keine besondere Bedeutung zu. Sie geben Ereignisse wieder; als Berichte enthalten sie bestimmte Tendenzen, verformen Geschehen, bewerten sie, dies in vielen Fällen sogar einseitig. Ein Leser, der die Ereignisse nicht gesehen hat, oder ein Hörer einer Radioübertragung oder eines Fernsehkommentars, der sich nicht gut auskennt, mag von der berichtenden Sprache durchaus beeinflußt werden; sie kann Macht über ihn gewinnen: sie kann Ereignisse in ihm erzeugen oder wachrufen, die es in dieser Form nicht gegeben hat. Derjenige aber, der zusieht und sich auskennt — bei Fernsehübertragungen von Fußball-Länderspielen sind dies in Deutschland gut und gern 20 Mill. Personen —, *weiß* selbst, was geschehen ist. Wieso sollte er Geschichten brauchen; Geschichten sind, meint man, doch nur journalistischer Zusatz, sie sind Zuspitzungen, schlagen besondere Töne an, geben den Ereignissen eine spezifische Färbung. Es sind einzig und allein die Ereignisse selbst, die entscheiden, was geschehen ist.

Dies ist ein zwar klarer Standpunkt, aber ein durchaus fragwürdiger. Er besagt, daß die Berichterstattung Sportereignisse, wenn auch selektiv, *abbildet*. Aber ist es so?

Die Ereignisse selbst sagen nichts aus; sie müssen wahrgenommen werden. Die Wahrnehmung besteht aber nicht aus reinen Aufzeichnungen oder Wieder-

gaben einer wahrgenommenen Wirklichkeit. Man weiß, daß sie durch gesellschaftliche Faktoren beeinflußt und, vor allem, von Symbolprozessen überlagert wird. Nehmen wir an, es habe einen Angehörigen einer fremden Kultur in ein Fußballstadion verschlagen. Was nimmt er wahr?
Seine Wahrnehmung hängt davon ab, mit Hilfe welcher gesellschaftlichen und symbolischen Prozesse sie ausgebildet worden ist. Aber eines ist sicher: Seine Wahrnehmung ist nicht dieselbe wie unsere. Im Vergleich zu den Geschichten, die *er* erzählen würde, erscheinen die Unterschiede zwischen den vielen individuellen Geschichten bei uns als sehr geringfügig. Es zeichnet sich bei unseren Geschichten, im Gegenteil, eine Reihe von wichtigen *Gemeinsamkeiten* ab: ein spezifisches *Lexikon* (Wörter, die für diese Art von Beschreibung notwendig, d.i. unersetzbar sind), eine *Darstellungsweise* (die der Erzählung eine Struktur gibt — z.B. auf Individuen zentriert, auf Ereignisse orientiert), eine *Wirkung* auf den Hörer/Leser/Seher (z.B. Spannung, Freude, Trost, Verachtung) und eine *Beziehung* zu den dargestellten Ereignissen (z.B. Identifikationswunsch, Angezogensein, Enttäuschung).

Die vier Gemeinsamkeiten: Lexikon, Darstellungsweise, Wirkung auf den Hörer/Leser/Seher und Beziehung zu den dargestellten Ereignissen, gehören nicht den Ereignissen selbst an. Sie sind vielmehr Eigenschaften der Geschichten, der sprachlichen Darstellung also. Sie sind in die Sprache über den Sport eingelassen.

Die Wahrnehmung, die wir im Unterschied zu dem Angehörigen einer fremden Kultur von den sportlichen Ereignissen haben, wird genau durch diese Gemeinsamkeit gekennzeichnet. Die Verschiedenheit unserer Erzählungen drückt die Verschiedenheit unserer Wahrnehmungen aus. Die Ereignisse sind für uns nicht dieselben wie für den Angehörigen einer fremden Kultur.

Wir müssen eine Annahme aufgeben, die dem Ausgangsstandpunkt zugrunde liegt: daß die Sportberichterstattung Ereignisse *abbildet*. Die Sportereignisse treten in unsere Wahrnehmung nicht als uninterpretierte Daten, als facta bruta, ein, sondern wir nehmen immer schon *interpretierte* Ereignisse wahr. Die Ereignisinterpretation kommt wesentlich unter Mitwirkung der Sprache zustande. In einem gewissen Sinn verläuft die logische Folge in umgekehrter Richtung: Es gibt bestimmte Formen der sprachlichen Darstellung; diese organisieren die Wahrnehmung; die auf spezifische Weise eingerichtete Wahrnehmung formt Ereignisse eines bestimmten Typus'. Tatsächlich hat dieser Vorgang sehr viel mehr mit *Produktion* als mit Reproduktion zu tun.

Meine These lautet: Welche Ereignisinterpretation man wählt, hängt davon ab, welche Darstellungsmittel man hat. Und da wir Sportereignisse nur mit Hilfe von Interpretationen wahrnehmen, kann ich noch schärfer formulieren: Was für ein Ereignis der Sport für jemanden ist, hängt davon ab, welche Darstellungsmittel er verwendet. Gebrauchen zwei Personen grundsätzlich unterschiedliche sprachliche Darstellungsmittel, dann sind *für sie* die beschriebenen sportlichen Ereignisse *verschieden*. Unterschiedliche Darstellungsmittel werden nicht durch verschiedene Erzähltemperamente begründet; auch nicht durch in-

dividuelle Besonderheiten des Sprechens. Der Spielbericht eines Sportfans, einer Zeitung, einer Radioübertragung, einer Fernsehaufzeichnung kann durchaus gleichartige Darstellungsmittel benutzen. Dies wird sogar die Regel sein. Der einzelne Erzähler, Reporter, Journalist benutzt die Darstellungsmittel der Geschichten, die er kennt und an die er gewöhnt ist.
Das ist nicht verwunderlich: Die Geschichten sind wesentlicher Bestandteil der Kultur, der der Erzähler angehört. Geschichten reproduzieren die Kultur, vervielfältigen sie (z.B. Geschichten in der Erziehung); sie können auch Kultur erneuern. Gerade weil wir so sehr an unsere Geschichten und ihre Darstellungsmittel gewöhnt und an sie gebunden sind, bemerken wir sie nicht mehr. Die Geschichten des Sports haben keinen anderen Anspruch als den, die Ereignisse des Sports sinnvoll zu machen, indem sie ihnen eine Form geben. Wenn man den Sinn, den die Geschichten des Sports erzeugen, unter funktionalem Aspekt betrachtet, erkennt man, daß sie eine bedeutende Funktion erfüllen. Sie entfalten eine dargestellte Welt, in der Ereignisse geschehen, Personen agieren, Handlungsresultate entstehen, die in unserer Gesellschaft zentralen Rang haben. Solche Ereignisse sind z.B.: ein Individuum wird *Erster*, die anderen Individuen verlieren; eine Mannschaft akkumuliert Punkte und *gewinnt* aufgrund maximaler Punktzahl; Trainingsarbeit führt zu *Leistungen*; der Trainer *lenkt* den Athleten und führt ihn zu Leistungsverbesserungen.
Die Geschichten des Sports erfüllen die wichtige Aufgabe, den Handlungsspielraum oder die Handlungsmöglichkeiten des Individuums darzustellen — sie stellen z.B. fest, daß ein Erfolg verdient ist, daß ein Athlet Glück oder Pech gehabt hat, daß ein Ergebnis ein Rekord ist, daß eine Mannschaft aufsteigt oder absteigt, daß ein Plan erfüllt worden oder gescheitert ist usw. Kurz, sie deuten Ereignisse, die in unserem Alltagsleben ständig vorkommen, aus denen das Alltagsleben wesentlich besteht. Diese Aufgabe hat im 18. und im beginnenden 19. Jahrhundert die Kunst erfüllt, in der Zeit, in der sich das Bürgertum die gesellschaftliche Führungsposition erkämpft hat. Seit Mitte des 19. Jahrhunderts hat die Kunst die Darstellung der Handlungsmöglichkeiten des Individuums aufgegeben. Die Geschichten des Sports sind heute damit befaßt, das Vakuum, das die Kunst zurückgelassen hat, auszufüllen.

Rezepte

Die Auffassung, die Sportberichterstattung sei selektiv, drückt sich in einer bildlichen Vorstellung aus: Es gibt im Nachrichtenfluß *"offensichtlich Pforten und Schleusen..., an denen Personen entscheiden, welche Nachrichten passieren dürfen und welche in den Papierkorb wandern"*. So schreibt Peter Becker in der letzten Arbeit, die zu dem Thema "Sport in den Massenmedien" erschienen ist.[1] Die Auswahlvorgänge werden seit den 50er Jahren im Rahmen der "Gate-Keeper-Forschung" untersucht. Sie geht dabei von der Lewinschen Forschungsfrage aus: "Auf welchem Wege gelangen Lebensmittel auf den Tisch der Familie?" (nach Becker, S. 31).

Lewins Frage macht deutlich, wie inadäquat die bildliche Vorstellung von den Pforten und Schleusen und wie ungenau die Redeweise von einer Nachrichtenselektion ist. Der Vorgang, durch den Lebensmittel auf den Tisch der Familie kommen, ist erheblich komplexer als ein einfacher Selektionsprozeß. Eine Familie hat nicht nur Hunger und will irgend etwas essen, sondern sie hat in der Regel Appetit auf etwas Bestimmtes. Eine Hausfrau kann auf dem Markt noch so schöne Lebensmittel erblicken, die nach allen möglichen Selektionskriterien zum Kauf anregen müßten — sie kauft doch nur die Produkte, die sie zu einem Essen verarbeiten kann, das ihre Familie *mag*. Der Kauf und die Verarbeitung von Lebensmitteln *beginnt nicht* mit einem Selektionsvorgang auf dem Markt. Er wird auf geradezu fatale Weise durch den Geschmack der Familie bestimmt. Der Geschmack enthält die absolute Autorität über das Schicksal der Lebensmittel.

Die Produkte des Marktes werden nicht einfach in einen Topf geworfen und nach dem Kochen der Familie vorgesetzt. Sie werden in der Regel einer Arbeit des Kochs (um einmal von der ewigen Hausfrau fortzukommen) unterzogen, die den Produkten eine andere Gestalt gibt. Sie werden sodann mit anderen Produkten kombiniert, die Mischung wird mit Geschmacksingredienzen, wie Gewürzen und Salz, angereichert. Die vorbereitete Ausgangsmasse wird in einem chemischen Vorgang (Braten, Kochen, Grillen) verändert und, so verwandelt, mit neuen Produkten kombiniert, mit optischen und geschmacklichen Zutaten garniert und schließlich auf besondere Weise serviert.

Der Geschmack ist keineswegs eine subjektive Kategorie. Claude Lévi-Strauss und Pierre Bourdieu[2] haben auf ganz unterschiedliche Weise gezeigt, daß man einzelne Geschmackselemente isolieren kann, daß diese wie ein System von Bedeutungen angeordnet sind und daß den Geschmacks-Bedeutungen soziale Bewertungen zukommen, die eine Gruppe, eine gesellschaftliche Schicht oder sogar eine ganze Nation teilen. So kann man geschmackliche Bedeutungsgegensätze auffinden, um die herum sich das ganze Geschmackssystem organisiert: das Rohe / das Gekochte, das Süße / das Gesalzene, das Leichte / das Schwere, das Familiäre / das Exotische.

Der Geschmack einer gesellschaftlichen Gruppe, Schicht oder Nation findet seinen objektiven Ausdruck in Rezepten. Ein Rezept sagt, welche Produkte zu kaufen sind, welche Arbeit der Koch zu investieren hat, welche Produkt-Kombinationen er vornehmen kann, welche Geschmacksingredienzen er hinzufügen soll, welche chemische Verwandlung mit der Ausgangsmasse vorzunehmen ist und wie die zubereiteten Produkte garniert und serviert werden. Rezepte sind bei der Lebensmittelzubereitung die Instanz, die bei der Sportberichterstattung den Geschichten entspricht. Sie sind, wenn der Koch auf den Markt geht, schon vorhanden und haben seinen Blick auf die Produkte vorgeformt. Unter diesem Blick werden Lebensmittel in einen Verarbeitungs-, Verwandlungs- und Präsentationsvorgang integriert. Die Analogie mit den Rezepten wird uns erlauben, einige Züge des Kochens hervorzuheben, die genau auf das Erzählen von Sportereignissen übertragbar sind.

Auf dem Markt werden Schweineschwänze angeboten, frisch und preiswert. Wird der deutsche Koch[3] zugreifen? Wohl kaum — es gibt in der deutschen Küche kein anerkanntes Rezept für Schweineschwänze; kein Verwandlungsvorgang ist in Deutschland je entwickelt worden, der aus den skurilen Enden ein leckeres Gericht zu zaubern vermöchte. Außerdem gehören nach deutschem Geschmack die Schwänze von Schweinen — ebenso wie deren Pfoten — zu den wenig begehrenswerten Lebensmitteln, wenn dieser Status ihnen überhaupt zugesprochen wird. Schon die sprachliche Bezeichnung ''Schweineschwanz'' vermag in einem Anhänger deutschen Geschmacks Ekelgefühle zu erzeugen. Die Ankündigung, man werde ''Schweineschwänze'' essen, würde bei den Gästen ein peinliches Schweigen zur Folge haben.
Nicht so in Frankreich — es gibt dort

Der Tradition der deutschen Küche verpflichtet: DFB-Koch Bindert

Rezepte für Schweineschwänze, kulinarische Verwandlungsvorgänge des knochigen Rohproduktes in ein weiches, gelatinartiges Gericht und vor allem einen weitgehend von Männern geführten Diskurs, der die Essensvorgänge und den beginnenden Verdauungsprozeß befeuert und sich in zotigen Bemerkungen Luft macht. Der Diskurs ist, wenn auch nicht die einzige, so doch eine wichtige Instanz, die dem Produkt den Weg in die Küche öffnet. Er hebt die Stigmatisierung, wie sie in der deutschen Küche besteht, das schmutzigste Teil eines ohnehin schmutzigen Tieres zu sein, auf, indem er es in einen anderen, vulgär-erotischen, Diskurs einführt.

Die Funktion des Rezeptes besteht darin, den Geschmack in eine spezifische *kulturelle Praxis* umzuformen: Der Koch soll das Produkt aufschneiden, den Knochen herauslösen, dann aufklappen, mit einer Füllung versehen und je zwei Schwänze zusammenwickeln. Er soll das bearbeitete Produkt dem Verwandlungsvorgang des Bratens unterziehen und ihm dabei eine aus Weißwein, Salz, Pfeffer und Senf bereitete Sauce hinzufügen. Er soll das umgewandelte Produkt auf die einfachste Weise, ohne Zutaten, nur mit der Sauce übergossen servieren.

Ein Restaurant, das traditionelle deutsche Küche anbietet, kann unmöglich eines Tages gefüllte Schweineschwänze auf die Tageskarte setzen. Seine Gäste kennen den Diskurs nicht, in den das Gericht hineingehört. Mit einer fremden Mythologie konfrontiert, würden sie mit Appetitlosigkeit antworten. Außerdem waren sie gekommen, um Königsberger Klopse zu essen.

Die Behauptung ist nicht gewagt, daß den Gästen auch die gefüllten Schweineschwänze schmecken würden. Die Füllung der Schwänze ist den Klopsen ähn-

Zutaten für 3 Personen:
6 Schweineschwänzchen

Für die Füllung:
125 g Kalbfleisch, 125 g Schweinefleisch, 100 g Champions, 1 Schalotte, 1 Ei, 10 g Petersilie, Salz, Pfeffer, 50 g Schweinenetz, 50 g Paniermehl

Für die Brühe:
1 Kräutersträußchen, 1 Zwiebel, einige Gewürznelken, 1 Knoblauchzehe, Salz, Pfeffer

Für die Sauce:
1 Schalotte, 10 g gehackte Petersilie, 1 dl trockenen Weißwein, 1 Teelöffel hellen Senf

Zubereitung der Füllung: Drehen Sie das Kalb- und Schweinefleisch, die Schalotte, die Champions und die Petersilie durch

den Fleischwolf (oder Mixer). Geben Sie das Ei, Salz und Pfeffer hinzu. Das ganze sorgfältig mischen.

Ausbeinen der Schwänzchen: Die Schwänzchen der Länge nach aufschneider. Legen Sie den Knochen frei.

Den Knochen anheben und wegziehen.

Die Schwänzchen mit je einem Suppenlöffel Farce füllen.

Geben Sie die Schweineschwänzchen in einen Topf; dazu kaltes Wasser, bis sie gut bedeckt sind; ein Kräutersträußchen, die Knoblauchzehe, die mit Gewürznelken gespickte Zwiebel; zum Kochen bringen, den Schaum abschöpfen und ungefähr 90 Minuten bei kleiner Flamme kochen lassen. Danach die gekochten Schweineschwänzchen abgießen und abkühlen lassen.

Legen Sie die Schwänzchen paarweise so aufeinander, daß sie jeweils ein großes dreieckiges Sandwich bilden.

Das Schweinenetz in 3 Stücke schneiden und die gefüllten Schwänzchen damit umwickeln, so daß eine Art Roulade entsteht.

Die 'Rouladen' mit Paniermehl bestäuben.

Geben Sie die Schwänzchen, ohne zusätzliches Fett, in die heiße Pfanne (das Fett des Schweinenetzes schmilzt in der Pfanne und reicht aus).

10 Minuten von allen Seiten braten. Wenn die Schwänzchen gut durch sind, geben Sie sie auf eine Platte und stellen Sie sie warm.

Das überflüssige Fett aus der Pfanne nehmen. Geben Sie die gehackte Petersilie und Schalotte in die Pfanne und stellen Sie sie für einen Moment auf mittlere Flamme.

Mit Weißwein ablöschen, die Sauce zum Kochen bringen und einkochen lassen. Mit Salz, Pfeffer und Senf abschmecken und noch einen Moment kochen lassen.

Die Schweineschwänzchen mit der Sauce überziehen.

Servieren.

lich: gehacktes Fleisch verschiedener Art (vom Kalb und Schwein), von geringer Konsistenz und weich. In den Eigenschaften des Gerichtes liegt nicht der wichtigste Grund, warum der Liebhaber der deutschen Küche zu den Schweineschwänzen auf Distanz geht. Er liegt im Unterschied der Essensmythologie und — in der Folge davon — im Unterschied des Geschmacks.[4]
Auf eine kurze Formel gebracht: Die Mythologie drückt sich im Rezept aus; das Rezept bestimmt Einkauf und Essenszubereitung. Wenn der Vergleich zwischen Rezepten und Geschichten des Sports zutrifft, werden die individuellen Darstellungen vom Sportgeschehen durch allgemeine Geschichtenformen vorgebildet, diese wiederum in einer Mythologie des Sports begründet. Viel wichtiger, als Selektionsvorgänge aufzudecken, wäre es, die Umsetzung der Sport-Mythologie in Darstellungen über Sportereignisse vermittels von Geschichten zu beobachten. Eines hat uns die Rezept-Analogie schon gelehrt: daß die Geschichten des Sports — ebenso wie die Rezepte — national verschieden sind. Ich will diese Überlegung nicht weiter belegen; wer die Sportpresse in anderen Ländern kennt, wird ihr ohne Schwierigkeiten einen Sinn geben können.

Narrative Strukturen

Analogien haben den Vorteil, einen komplexen Sachverhalt ohne lange Umschweife einsichtig machen zu können. Wer sich dieser Einsicht aber nicht öffnet, kann nur durch eine sachliche Argumentation überzeugt werden. Die Analogie von Rezepten und Geschichten des Sports leuchtet dem einen oder anderen von Ihnen vielleicht nicht ein, und er wird einwenden, daß die Beschreibungssprache des Sports, selbst wenn sie in den Medien fast immer eine gewisse Mythologie ausdrückt, nicht notwendig die Form von Geschichten annehmen muß.
Dieser Einwand ist zu prüfen. Die Annahme, Sportereignisse würden in Form von Geschichten dargestellt werden, behauptet eine Autonomie der Beschreibungssprache gegenüber den Ereignissen. Der Einwand will diese Autonomie nicht gelten lassen. Zugegeben, sie erscheint zumindest recht merkwürdig. Wenn Ereignisse des Sports auch nicht in der Sprache abgebildet werden, so können sie doch wenigstens tatsachengetreu wiedergegeben werden.
Was aber heißt "tatsachengetreu"? Daß man erzielte Resultate korrekt wiedergeben kann, ist unstrittig. Aber was, außer einer bestimmten Zahl, ist sonst noch "tatsachengetreu"? Wenn es "tatsachengetreue" sprachliche Wiedergaben von sportlichen Ereignissen über die Resultatangabe hinaus geben soll, müßte doch mindestens die zeitliche Reihenfolge der sportlichen Ereignisse in der sprachlichen Darstellung erhalten bleiben.
Der Einwand gegen meine Annahme, Geschichten seien für die Sportdarstellung notwendig, enthält — mindestens — diese eine Behauptung: Die Ereignisse des Sports können in der Regel genau in der Reihenfolge dargestellt werden, in der sie tatsächlich eingetreten sind. — Der Zusatz "in der Regel" soll deutlich machen, daß die Übereinstimmung der Reihenfolge in Geschehen und Text

nicht zufällig gelegentlich einmal auftritt, sondern grundsätzlich bestehen kann.

Der Einwand verlangt eine formale, also ziemlich trockene, Auseinandersetzung. Wenn wir ihn genau nehmen, würden wir alle Ereignisse einer Ereignisfolge einzeln beschreiben und im Text nacheinander anordnen. Zumindest vorstellbar wäre eine solche Textform. A. Danto hat diesen Gedanken in einer besonders zugespitzten Weise dargestellt:[5] Er erfindet einen Idealen Chronisten, der alle Ereignisse wahrnimmt und simultan zum Ereignisvollzug niederschreibt. Alles, was geschieht, wird festgehalten und hintereinander aufgeführt. Wie sieht eine solche Beschreibung aus?

"Magath schlägt einen Paß zu Rolff. Rolff schießt auf das Tor. Der Torwart hält den Ball nicht fest. Der Ball rollt. Er überquert die Torlinie. Der Schiedsrichter pfeift. Die Spieler gehen auf den Anstoßpunkt zu etc."

Wir sehen schon die Beschränkungen des Idealen Chronisten: er beschreibt nur punktuell, und er ordnet die einzelnen Punkte linear an. Er kann z.B. nicht wissen, was aus einer Bewegung später entsteht; auch nicht, wie sie indirekt vorbereitet worden ist, welche Absichten ihr zugrunde liegen. Mehr noch: die Eigenschaften der Bewegungen, außer den meßbaren, ihr Vergleich mit anderen Bewegungen und anderen Eigenschaften werden nicht erfaßt.

Die Feststellung einer Bewegungsfolge macht nur einen ganz kleinen Teil dessen aus, was uns am Sport interessiert. Unser Interesse am Sport erfaßt nur in einem geringen Ausmaß einzelne, unmittelbar aufeinanderfolgende Ereignisse. Es bezieht viel mehr ein: z.B. Strategien und Taktiken, Erfolge, Bewegungsqualitäten, Kampf, Spannung, Erlebnisse, Persönlichkeiten, Freude, Karrieren etc. Beschreibungen von solchen Interessegegenständen des Sports kommen nicht durch eine zeitliche, sondern ganz andersartige Verknüpfung von Ereignissen zustande.

Eine mögliche Verknüpfungsart betrachtet Danto mit dem sogenannten "narrativen Satz". Dies sind Aussagen von der Form: "A pflanzt Rosen", "A setzt zum Torschuß an", "Der junge Sportler A wird entdeckt". Wenn wir die Ereignisse, die beim Rosenpflanzen, beim Torschuß und Entdeckt-Werden stattfinden, auf einer Linie anordnen, können wir das Ereignis eintragen, das mit einem narrativen Satz beschrieben wird: das Pflanzen der Rosenstöcke, das Schießen des Balles, die ersten aufsehenerregenden Leistungen eines jungen Sportlers. Auf unsere Linie tragen wir das Ereignis zum Zeitpunkt t_1 ein.

Daß diese Ereignisse zum Zeitpunkt t_1 stattfinden, kann nur dann behauptet werden, wenn bestimmte Folgeereignisse zu einem (oder mehreren) späteren Zeitpunkt(en), t_2, eintreten — die Rosen müssen zu wachsen beginnen, der Schuß muß in Richtung Tor gehen, der junge Spieler muß später weitere bedeutende Leistungen hervorbringen. Die narrativen Sätze sind durch eine besondere Art von Verben gekennzeichnet, die auf (mindestens) zwei Zeitpunkte Bezug nehmen.

Verben dieser Art nennt Danto "Projektionsverben".
In welcher Position der zeitlichen Reihenfolge befindet sich die Äußerung des narrativen Satzes selbst? Es ist bei diesen Beispielfällen normal anzunehmen, daß der Zeitpunkt des Berichts (t_B) nach dem Zeitpunkt t_2 liegt.

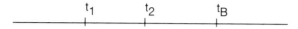

Aber das muß nicht so sein. Zur Beschreibung von Sportereignissen werden oft Projektionsverben verwendet, die sich auf Ereignisse zu t_2 beziehen, die noch gar nicht stattgefunden haben.
Projektionsverben und narrative Sätze erlauben diese Möglichkeit: der Berichtzeitpunkt t_B kann *vor* t_2 liegen.

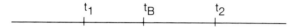

Ereignisse werden vom Berichtenden in eine fiktive Zukunft fortgesetzt. Nennen wir die Beschreibung einer noch nicht abgeschlossenen Ereignisfolge "a-fronte-Beschreibung"; Ereignisse werden sozusagen von vorn beschrieben. Die Beschreibungen des Radioreporters haben diese Struktur; die Ereignisse werden in eine ungewisse, imaginäre Zukunft fortgesetzt. Das in der Gegenwart stattfindende Ereignis erhält auf diese Weise einen Sinn. Auch die Darstellung von nicht abgeschlossenen Meisterschaften oder Sportler-Karrieren greift in eine hypothetische Zukunft vor; sie macht z.B. gewisse Konstanzannahmen. Die Komponente des Fiktiven erkennt man, wenn die erwartete Konstanz durchbrochen wird. Dann erscheinen z.B. Niederlagen eines "dominierenden" Sportlers als unfaßbare Schwächezustände.
Die extreme Form von a-fronte-Beschreibungen legt den Berichtzeitpunkt noch vor t_1:

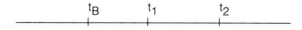

Die Sprache von Vorschauen ist nach dieser Struktur angelegt. Sie enthält im Kern Ereignisbeschreibungen, die in eine fiktive Zukunft projiziert werden. Ein Beispiel für solche verkappten Beschreibungen: *"Der Spielausgang wird davon abhängen, wie das Duell im Mittelfeld ausgeht"*. Dieser Satz geht implizit von der Fiktion aus, daß das Ergebnis eines Spiels zwischen zwei gleichwertigen Mannschaften von vorhersehbaren und kalkulierbaren Faktoren abhängig ist.

Ist die a-fronte-Beschreibung aufgrund ihres fiktiven Gehalts von vornherein falscher als die übliche Beschreibung, bei der t_B nach t_2 liegt? Die Struktur dieser Beschreibungen kann man "a tergo" nennen; sie beschreibt Ereignisse gleichsam vom Rücken her. Sie leistet eine nachträgliche Verknüpfung von Ereignissen. Die Nachträglichkeit ihrer Verknüpfungen ist allerdings kein Grund, ihr einen höheren Wahrheitsgehalt als der a-fronte-Beschreibung zuzuschreiben. Die Kategorie der Wahrheit ist bei den Projektionsverben, die wir hier betrachten, nicht anwendbar. Die a-fronte-Beschreibungen werden durch die eintretenden Ereignisse nicht eigentlich falsifiziert. Es ist eher so, daß ein eklatantes Abweichen von einer Vorschau (z. B. ein Favorit wird geschlagen) zu einer stark typisierten phantasierenden Darstellung der unvermuteten Ereignisse führt (z.b. es tritt ein "Favoritenschreck" auf, es geschieht ein "Wunder", "der Spielverlauf wird auf den Kopf gestellt" etc.). *Nach* den sportlichen Ereignissen wird einfach eine *andere* Geschichte erzählt.

Narrative Sätze haben eine gewisse Autonomie gegenüber dem, was geschieht oder geschehen wird. Sie machen von ihrer Autonomie in dem Maße Gebrauch, wie sie sich in eine Zukunftsfiktion hinein verlängern. Was wir hier festhalten wollen, ist die Tatsache, daß es Strukturen der Sprache gibt, die Ereignisse formen. Aber nicht nur einfach überformen, sondern sie können Ereignisse regelrecht erzeugen. Es gibt Darstellungsstrukturen, die Sportereignisse formen und die schon bestehen, *bevor* diese stattfinden. Narrative Sätze sind solche Strukturen auf der Ebene von Sätzen. Es gibt umfassendere Darstellungsstrukturen, die einen ganzen Text organisieren und die wir vorhin schon genannt haben, die Geschichten.

Kommen wir noch einmal auf die Analogie der Geschichten mit Rezepten zurück: Rezepte sind etwas anderes als die Gerichte, die nach ihnen gekocht werden. Ebenso sind die Geschichten von ihren Verwirklichungen, d.h. den einzelnen erzählten oder geschriebenen Darstellungen, unterschieden. Sie sind Darstellungs*strukturen*, nicht die Darstellungen selbst. Rezepte haben einen kulturellen Wert, weil sie eine Mythologie der Speisen in Verarbeitungspraktiken umsetzen. Die Geschichten des Sports ihrerseits formen Ausdrucksmittel für die Sport-Mythologie.

Mythologie

Die Sport-Mythologie drückt sich in Geschichten aus. Aber ohne die Möglichkeit, in die Form von Geschichten gegossen zu werden, könnte die Sport-Mythologie nicht zu den imaginären Gärten versteinern, in die unsere Einbildung bei jedem großen Sportereignis geführt wird. Die Mythologie ist jedem Sportinteressierten mehr oder weniger bekannt; die Form der Geschichten jedoch entgeht meistens der Aufmerksamkeit.

Die Sport-Mythologie ist eine Sammlung von Wesensmerkmalen, "Essenzen", wie Roland Barthes sagt. Wenn wir sie beschreiben würden, käme nichts anderes als eine Anhäufung von Stereotypen dabei heraus, die alles von jener Kraft und Lebendigkeit verloren haben, die sie innerhalb der Geschichten besitzen. Die "Essenzen" geben sich geschichtslos und erscheinen dadurch sehr alt. Sie formen einen modernen Athleten ins Übermenschliche und Archetypische um. Sie legen im Sport den Grund eines Ewigen, von dem behauptet wird, es sei immer schon dagewesen — obwohl der moderne Sport sich durch seine enorme Innovationsgeschwindigkeit auszeichnet.

Was zuerst auffällt, wenn man die Sport-Mythologie mit den Augen des Kritikers, nicht mehr mit denen des Liebhabers, betrachtet, ist die *Stabilität* der mythischen Essenzen, die bis zur Unmöglichkeit ihrer Falsifizierung reicht: Die Olympischen Spiele zeichnen den Ort, an dem sie stattfinden, als einen geweihten Platz aus. Das Olympia-Stadion, das Olympische Feuer, die Fahnen, Hymnen, Zeremonielle, die Repräsentanz (nahezu) aller Nationen vertiefen die Zufälligkeit der ausrichtenden Stadt zu einer gewählten Stätte mit besonderen Qualitäten der Erde (Laufbahn), der Atmosphäre (Lüfte und Winde), des Wassers und des Klimas, kurz, zu einer einzigartigen Mischung aus heiligem Hain, Kriegsschauplatz und Kurort. — Eine Art Anti-Weihe hingegen erhält das Straßenrennen Paris - Roubaix: es führt in die "Hölle des Nordens". Das höllische Geschehen wird sorgfältig organisiert, indem nicht mehr benutzte Straßen wieder geöffnet oder sogar für den Zweck des Rennens wiederhergerichtet werden. Die Essenz des "Höllischen" erhält sich im Sport gegen alle Veränderungen, die im Industriegebiet Nordfrankreichs seit 50 Jahren vor sich gegangen sind.

Ein zweites Merkmal der mythischen "Essenzen" ist die *Konstanz*, mit der Vertreter bestimmter Sportarten bestimmte "Essenzen" zugesprochen erhalten: Turnerinnen sind grazil; sie provozieren beim erwachsenen männlichen Publikum Beschreibungen, die sehr ungelenk eine erotische Betroffenheit verstecken. Egal, wie alt sie sind, welches Trainingspensum sie in den Knochen haben, unter welchem äußeren und inneren Druck sie stehen — Turnerinnen gelten als rührend, lieblich, zart und erhalten bewährte Kosenamen aus dem Register des zärtlichen Vaters ("Spatz", "Kobold" etc.). Zehnkämpfer hingegen sind heiligen Ungeheuern verwandt; sie tragen eine unerhörte Leistungsfähigkeit in sich, die sich entweder in glänzenden Glückssträhnen verwirklicht

Fausto Coppi

oder in heillosen Pechserien. Nur noch die Fahrer der Tour de France, die sich mit einem scheinbar Unbesiegbaren — die Alpen, die Pyrenäen, dem entsetzlichen (da kahlem) Mont Ventoux, den windigen Ebenen des Nordens, den Fahrten gegen die Zeit[6] — auseinanderzusetzen haben. — Die Sprinter sind immer

Tour de France: "Führen, Verfolgen, Ausreißen, Zusammenbrechen"

die schnellsten Menschen, die Schwergewichtheber die stärksten, die Boxer die gefährlichsten, die Langstreckenläufer die ausdauerndsten etc. Je länger die Liste wird, desto deutlicher wird ihre Unfaßbarkeit.

Ein drittes Merkmal ist die Typisierung von Handlungen. Sie folgt einfachen Schematisierungen: der Sieg des einen ist der anderen Niederlage. Siege sind verdient; im Grenzfall kommen sie mit Unterstützung des Glücks zustande. Die Mannschaft, die eine Meisterschaft nach 34 Spielen gewonnen hat, ist die beste in Deutschland, selbst wenn sie auf dem Weg dahin etliche Male verloren hat. Roland Barthes hat beobachtet, daß die Berichterstattung der Tour de France nur vier Bewegungen kennt: Führen, Verfolgen, Ausreißen, Zusammenbrechen (S. 115). In der Beschreibung vieler Sportler-Karrieren gibt es deren noch weniger: Fortschritte, Rückfälle, Erfolge. Die Typisierung hat den unschätzbaren Vorteil, den Zufall aus der Sportdarstellung auszuschalten. Die sportliche Moral duldet nicht die unübersehbare Tatsache, daß der Zufall im sportlichen Wettkampf eine grundlegende Rolle spielt.

Dieser Gedanke hängt mit dem vierten Merkmal der Sportmythologie, der *Begründungsleistung*, zusammen. Nichts ist für den Sportler unerträglicher, als seinen Sieg und die Niederlage der anderen als unbegründet anzusehen. Noch der winzigste Vorsprung einer Hundertstelsekunde, eines glücklich erzielten Tores, eines (vom Konkurrenten) übertretenen Sprungs (der der weiteste des Wettkampfs gewesen wäre), eines Zufallspunktes gilt als begründbar: als Frucht eines Verdienstes. Nirgendwo — außerhalb des Bereichs der Ökonomie — hat die protestantische auf Verdienst begründete Moral so tief Fuß gefaßt wie im Leistungssport. Es ist die richtige Rennvorbereitung, die den "entscheidenden" hundertsten Bruchteil einer Sekunde zu erwerben vermag. Trainer liefern ihre Meisterstücke, wenn die von ihnen betreuten Mannschaften in äußersten Glücksumständen einen Punkt oder ein Tor erzielen. Fortuna ist eine Göttin, die von den Leistungssportlern nur im Verborgenen angebetet wird. Ein öffentlicher Ehrenplatz würde die Mythologie des Sports einreißen: Siege würden freudlos, Niederlagen unerträglich, die Trainingsfron unaushaltbar werden.

Ein fünftes Merkmal der Sport-Mythologie besteht darin, daß Individuen zu Trägern einer bestimmten "Essenz" werden. Dabei spielt ihre Körperlichkeit eine entscheidende Rolle: Der blonde deutsche Fußballer wird, wenn er in einer spanischen Mannschaft spielt, zum "blonden Engel"; kleine häßliche Abwehrspieler (vorzugsweise mit Zahnlücken) gehen als "Giftzwerge" in die Spielbeschreibung ein. Bei den Straßenrennen sind die leistungsfähigen Fahrer die Chefs oder Herren, alle anderen sind Domestiken oder Wasserträger. In fast jeder Sportdisziplin wird auf irgendeine Weise die Spreu von dem getrennt, was sich als Weizen betrachten darf.

Es gehört zur Logik der Sport-Mythologie, daß die "heroischen" Sportarten von Athleten mit "heroischen" Eigenschaften ausgeübt werden. Die Rollen, die ihnen die Berichterstattung zuspricht, gehören den hohen Kunstgenres an: dem Drama, dem Epos oder der Oper. Die niedrigeren Genres, die Komödie, der Roman, die Operette, sind für die Sport-Mythologie nahezu tödlich. Sie sind aus gutem Grund in der üblichen Sportberichterstattung aller Medien abwesend.

Erzählstrukturen

Geschichten sind sprachliche Formen, die den Ausdruck der Sport-Mythologie in der Alltagssprache organisieren. Man kann, wenn man Sportgeschehen mit Skepsis beobachtet, eine gewisse Stereotypie der Darstellungsweisen konstatieren. Es scheint nur wenige Erzählformen zu geben, in die Ereignisse des Sports gegossen werden. Aber diese Bemerkung gilt für fast alle Arten von Ereignissen. Auf der Suche nach elementaren Darstellungsformen von Ereignissen stoßen wir auf die Theorie der "Einfachen Formen" von André Jolles, veröffentlicht 1930, seither als hochgradig innovatives Buch anerkannt, aber ohne besondere Einflüsse zu hinterlassen.

Wenn wir Jolles' Sprachtheorie, obwohl sie durchaus ein besonderes Interesse verdient, wegen unserer unterschiedlichen Problemlage nicht berücksichtigen, bleibt uns folgende Überlegung: Es existiert eine kleine Anzahl von Erzählformen, mit deren Hilfe die erzählten Ereignisse erzeugt werden. Sie sind durch eine Reihe von morphologischen Merkmalen ausgezeichnet. Von den Formen, die Jolles herausgearbeitet hat, werden drei mit Vorliebe bei der Darstellung von Ereignissen des Sports verwendet: die "Legende", das "Märchen" und der "Kasus". Ich stelle sie abschließend dar und übertrage sie, soweit Jolles dies nicht schon selbst getan hat (bei der "Legende"), auf die Sportberichterstattung. Es soll auf diese Weise ein Hinweis gegeben werden, wie die Ereigniserzeugung durch die Sprache im Sport weiter untersucht werden kann.

Die "Legende" ist die Geschichte einer Person, in der sich Außergewöhnliches ereignet — ein Wunder (oder mehrere). Dabei ist die Person selbst gar nicht außergewöhnlich; sie wird geboren, wächst auf, wird erzogen wie alle anderen, wenn auch früh auffällt, daß sie sich durch ein besonderes Ausmaß an "tätiger Tugend" auszeichnet. Das Wunder ereignet sich eines Tages in ihr, ohne daß sie selbst dafür verantwortlich wäre. Der Heilige ist am Wunder unbeteiligt; er ist nicht mehr als ein Mittel, durch das sich die wundertätige Kraft vergegenständlicht. Das Wunder stellt einen Sprung in seiner Biographie dar: es tritt mit einem Male auf. Eine Reihe von Vorzeichen haben auf das Wunder vorher hingedeutet, aber eine Ursache dafür ist nicht erkennbar.

Zu einem Wunder wird die Tat des Heiligen erst, wenn sie durch Zeugen bestätigt worden ist, wenn Beweise vorgelegt worden sind, wenn der Grad des Wunders gemessen worden ist. Dies alles geschieht in einem Anerkennungsverfahren, das einem regelrechten Prozeß gleicht. Wenn die Tat einmal als Wunder anerkannt worden ist, bleibt von ihr die Reliquie. Sie ist von entscheidender Bedeutung für alle, die dem Heiligen nachfolgen und in ihrer *imitatio* an dem Wunder teilhaben wollen.

Die Wunder des Sports sind die Rekorde, die noch nie erreichten Leistungen in ihrer Einmaligkeit und Einsamkeit. Die Vorstellungswelt des Sports ist stärker noch als die eines glühenden Katholiken von der Wundererwartung geprägt. Jede sportliche Leistung ist, insofern sie zahlenmäßig ausgedrückt wird, verbesserungsfähig — es genügt, daß man von den geltenden Rekorden ein Minimum an Zeit abzieht bzw. ein Minimum an Gewicht oder Distanz hinzufügt, und eine *neue* einmalige Leistung ist, wenigstens dem Konzept nach, formuliert. Der Leistungssport ist ein potentielles Wunder-System. Die Unerklärbarkeit des Wunders oder Rekords und die Unverantwortlichkeit des Athleten ist das große Scharnier, das den Sportler auf Intimdistanz an den Zuschauer heranrücken und ihn gleichzeitig als Repräsentanten unbekannter Kräfte erscheinen läßt.

Die Rekordanerkennung findet, ganz anders als der mythische Moment des Rekordbrechens, vor den Schranken eines Gerichts statt, das nur materielle Beweise, Zeiten, Weiten, Gewichte, Protokolle, technische Daten etc., anerkennt. Ebensowenig wie dem Heiligen das Wunder gehört dem Athleten allein der Rekord: das, was sich in ihm vergegenständlicht hat, wird seinem Verein oder seinem Land geschenkt. Seine Tat hinterläßt reliquienartige Gegenstände, die für die Imitatoren große Bedeutung gewinnen: ein Tennisschläger, ein Paar Laufschuhe, ein Rennrad, ein Fußballtrikot etc.

Die Form der "Legende" kann sich in ihr Gegenteil umstülpen — sie wird dann zur Anti-"Legende", zur Geschichte des abgefallenen Engels, des Unheiligen. Auch im Sport gibt es die Umkehrbarkeit des Guten in den Bösen. Die Antiheiligen des Sports haben sich durch Vergehen gegen elementare Normen des Sportkodex' zu Repräsentanten des Bösen entwickelt. Sie behalten ihre eminente Kraft (ihre Leistungsfähigkeit) bei, vergrößern sie vielleicht noch, indem sie die Moral des Sports an der Wurzel angreifen. Aber kein Fehler ist so groß, daß sich der Unheilige nicht wieder in den Heiligen zurückverwandeln könnte.

Rahn konnte es bei Gelegenheit; Breitner und Schuster haben die Mechanik des Umklappens so deutlich vorgeführt, daß ihr Spiel in der Rolle des Schurken eine Rekonversion in die des Heiligen erwarten ließ. Das Sportpublikum liebt seine Helden zu sehr, um sie auf Dauer als Unheilige anschauen zu können.
Das "Märchen", die zweite Erzählform, wird von Jolles durch die Einstellung des Lesers zu einem Ausgangsgeschehen gekennzeichnet: Der Weltzustand zu Beginn des Märchens ist für den Leser höchst unbefriedigend, weil er sein naives moralisches Gefühl verletzt. Es sind Dinge geschehen, die er für ungerecht hält und die eine Wiedergutmachung verlangen. Das "Märchen" ruft wunderbare Ereignisse herbei, die die Welt verwandeln und den Benachteiligten mit Glück überhäufen. Es erzeugt eigentlich keine ausgleichende Gerechtigkeit, denn die Endposition des Benachteiligten ist keineswegs als gerechter Lohn verdient (Jolles' Beispiel ist der "Gestiefelte Kater"; der beim väterlichen Erbe benachteiligte jüngste Sohn verheiratet sich mit der Tochter des Königs). Aber das naive moralische Empfinden des Lesers findet darin seine Befriedigung. Es geht in der Welt des Märchen zu, *"wie es unserem Empfinden nach in der Welt zugehen müßte"* (Jolles, S. 239).
Es ist bisher kaum bemerkt worden, wie sehr die Wahrnehmung des Sports von Moral durchdrungen ist. Es gibt eine ganze Rhetorik, die Siege von Repräsentanten eines Clubs oder einer Nation als gerecht darstellen und damit die Niederlagen aller anderen Teilnehmer *moralisch* begründen. Sportzuschauer (und die Athleten selbst) sind oft von dem Wunsch besessen, daß es im Sport gerecht zugehen müsse ("Der Beste soll gewinnen!"). Siege der eigenen Partei sind — mit Unterstützung der Rhetorik — gerechte Siege. Sie haben die magische Eigenschaft, in der Vergangenheit erlittenes Unrecht wiedergutzumachen.
Das durch einen Sieg geheilte Unrecht ist üblicherweise ein zuvor im Sport erlittenes, wie z.B. eine frühere Niederlage. Es können aber auch Ereignisse der Politik sein, die als Unrecht empfunden werden. Es gibt mehrere Siege in der Geschichte des deutschen Sports, die von vielen als triumphale Rehabilitierung eines schweren politischen Unrechts wahrgenommen worden sind: die spektakulären Erfolge der deutschen Mannschaft bei den Olympischen Spielen 1936 in Berlin als Rache für das Verhalten der Siegermächte des Ersten Weltkriegs, der Gewinn der Fußball-Weltmeisterschaft 1954 in Bern durch die bundesdeutsche Mannschaft und der Sieg der Leichtathletik-Mannschaft der Bundesrepublik gegen die UdSSR in Augsburg 1959 als Wiedergutmachung für die Niederlagen im Zweiten Weltkrieg und die Teilung Deutschlands.
In der Sichtweise des "Märchens" hat das Verhalten von Fußball-Fans wesentlich mit Moral zu tun. Für die Fans drückt ein Fußballspiel ein moralisches Geschehen aus. "Unverdiente" Niederlagen der eigenen Mannschaft sind in den Augen der Fans moralische Skandale, die danach rufen, daß die Welt wieder in Ordnung gebracht wird. Vielleicht sind die Rituale des Zerschlagens von Symbolen, die Feindliches repräsentieren, nichts anderes als ein Wiedergutmachungsversuch des sportlichen Unrechts.

Die dritte Erzählstruktur trifft man vorzugsweise im Freizeitsport an. Nach Jolles gibt es eine besondere Erzählform, in der zwei Normen gegeneinander abgewogen werden, den "Kasus", d.i. die Geschichte eines Falles. Die konkurrierenden Normen regeln ein Verhalten; beide Normen führen, wenn sie verwirklicht werden, zu einem ganz unterschiedlichen, wenn nicht sogar entgegengesetzten Verhalten.

Die Pädagogik enthält viele solcher Fälle der Normabwägung, wenn es darum geht, das Verhalten des Kindes in die rechte Bahn zu lenken. Beispielsweise liegt in der Tatsache, daß es eine Sportnote gibt, implizit eine Erzählform enthalten. Sie sagt: Es ist besser, sich im Sportunterricht anzustrengen und die gewünschten Bewegungsvollzüge zu erlernen, als faul zu sein oder sinnlos herumzutollen. Die Norm des schulischen Sports wird auf die eine Seite der Waage gelegt, die Normen der kindlichen Vorstellungwelt ("Faulsein", "Toben") auf die andere. Die Erzählform des "Kasus'" wägt zwischen beiden Normen ab. Sie nennt aber nicht ausdrücklich das Ergebnis: es ist am Kind, selbst zu entscheiden. Die Geschichte verheißt allerdings für das Kind, das richtig zu entscheiden weiß, einen Lohn!

Der "Kasus" entstammt der Jurisprudenz und der katholischen Morallehre. Er formt die Welt unter einem besonderen Gesichtspunkt: *"die Welt wird als ein nach Normen Beurteilbares und Wertbares vorgestellt"* (Jolles, S. 179) und eben nicht unter dem Gesichtspunkt der Freude oder des Spaßes (was man z.B. beim Schul- und Freizeitsport erwarten könnte). Handlungen aller Art werden auf Gesetz und Norm bezogen. Die Betrachtungsweise ist quantitativ; sie mißt Annäherung und Entfernung in bezug auf die Normen.

Viele Gesundheits- und Fitness-Geschichten haben die Form des "Kasus'". Geschichten dieser Art konfrontieren zwei verschiedene Verhaltungsnormen: auf der einen Seite die Normen der Zivilisation (z.B. Komfort, Bequemlichkeit, Passivität) mit den "Belohnungen", die alle diejenigen prompt erhalten, die ihnen folgen (Übergewicht, Kreislaufkrankheiten, Unbeweglichkeit); auf der anderen Seite die Normen des Freizeitsports (z.B. Bewegung, Anstrengung, Aktivität) mit dem verheißenen Lohn (Schlankheit, Gesundheit, Attraktivität). Die Unterlegenheit der Zivilisations-Normen erweist sich in der Abwägung an dem Maßstab, der in den Geschichten vorausgesetzt wird: der Maßstab der Medizin und der Attraktivität.

Es hat sich im Bereich des Freizeitsports eine eigene Kasuistik entwickelt und eine geheime, aber wirkliche Morallehre, d.i. eine Lehre von den Pflichten des modernen Freizeitsportlers. Ein besonders prägnantes Beispiel, vielleicht etwas übertrieben, aber durchaus typisch, ist das "Beverly-Hills Exercise Book" von Roberta Krech.[7] Wer keine Zeit zur täglichen Gymnastik findet, so heißt es darin, ist faul und unentschlossen. Es ist so einfach, während der Arbeit hier einmal fünf Minuten und da einmal fünf Minuten zu stehlen, um zu üben. Nach der so erschlichenen Gymnastik ist man erfrischt und arbeitsfähig, so daß man für den Rest des Arbeitstages "zusätzliche Energie" zur Verfügung hat. *"Wenn Sie in der Lage dazu sind, stehlen Sie die Zeit. Lassen Sie uns dies ein kosmeti-*

sches Verbrechen nennen!" (S. 21). Eine andere Möglichkeit, zu seiner täglichen Gymnastik zu kommen, hat man in seinem Auto bei der Fahrt zur Arbeitsstelle: im Stau und bei Rot an den Ampeln. Wer aber den ganzen Tag noch keine Gelegenheit zur Gymnastik hatte, kann sie spätestens vor dem Einschlafen nachholen. Unter dem Titel "Late Night" schreibt Roberta Krech, wie man seinen sportlichen Tagesablauf beenden kann: *"Vielleicht sind Sie so angespannt, daß Sie an einem Geschlechtsverkehr mit Ihrem Partner keine Freude mehr finden. Sex ist eine ausgezeichnete Übung, wenn Sie glücklich genug sind, einen passenden Partner zu haben. Sie können zwischen 1200 bis 1500 cal pro "session"*[8] *verbrennen. Je entspannter...Sie sind, bevor Sie ins Bett gehen, desto besser werden Sie im Bett sein."* (S. 51)

Es gibt nichts, was dieser Geschichte entgeht. Der ganze Körper wird durcherzählt und an der Meßlatte einer neuen sportiven Moral gemessen.

Anmerkungen

[1]) Peter Becker, Sport in den Massenmedien. Zur Herstellung und Wirkung einer eigenen Welt. In: Sportwissenschaft 1983, 1, S. 24-45. Becker gibt in diesem Aufsatz eine sorgfältige Darstellung des letzten Forschungsstandes zu diesem Thema.
[2]) Vgl. Lévi-Strauss' Arbeiten über Mythologien und Pierre Bourdieu, La distinction. Critique sociale du jugement. Paris 1979; dt.: Die feinen Unterschiede. Kritik der gesellschaftlichen Urteilskraft. Frankfurt a. M. 1982.
[3]) Der Ausdruck "deutscher Koch" soll in diesem Zusammenhang besagen, daß der zitierte Koch der Tradition der deutschen Küche verpflichtet ist, im Unterschied zu einer andersartigen, z.B. zur französischen Küche.
[4]) Die Mythologie der französischen Küche wurde schon zu Beginn des 19. Jahrhunderts von Brillat-Savarin in einer gelehrten Abhandlung dargestellt; sie wurde in den 70er Jahren des 20. Jahrhunderts wieder entdeckt und mit einem höchst informativen und subtilen Vorwort von Roland Barthes neu herausgegeben: Brillat-Savarin, Physiologie du goût. Avec une lecture de Roland Barthes. Paris 1975.
[5]) Arthur Danto, Analytical Philosophy of History. Cambridge 1968.
[6]) Vgl. Roland Barthes, Le Tour de France comme épopée. In: Mythologies. Paris 1957, 2. Aufl. 1970, S. 110-121.
[7]) Roberta Krech (mit Bill Libby), The Beverly-Hills Exercise Book. London 1983.
[8]) Ich habe für das englische Wort keine deutsche Entsprechung finden können.

Rainer Paris
Fußball als Interaktionsgeschehen

Worum es mir im folgenden geht, ist dies: Ich möchte versuchen, ein bestimmtes Konzept der handlungstheoretischen Soziologie, nämlich den Ansatz des symbolischen Interaktionismus, für die Analyse des Fußballspiels und der gegenwärtigen Situation des Fußballsports insgesamt fruchtbar zu machen, also zu zeigen, inwieweit ein solches Konzept es erlaubt, den Fußball in seiner konkreten heutigen Gestalt angemessen zu beschreiben und zu verstehen. Dabei knüpfe ich indirekt an einige Überlegungen und Ausführungen an, die hier bereits von Rolf Lindner und Norbert Elias entwickelt wurden, dies freilich weniger in historischer Perspektive, sondern unter einem eher systematischen Blickwinkel.

Ich werde in meiner Darstellung im wesentlichen in vier Schritten vorgehen: Nach einer kurzen, einführenden Charakterisierung einiger Grundannahmen des Interaktionismus werden im zweiten und dritten Schritt — dem Hauptteil meiner Argumentation — zwei zentrale analytische Konzepte dieses Ansatzes, nämlich das Konzept der Rollenübernahme und die Idee der "Definition der Situation", im einzelnen vorgestellt und auf die spezifische Situationsanalyse des Fußballs angewendet; dabei geht es mir ausdrücklich nicht nur um eine interaktionistische Beschreibung des Spielgeschehens beim Fußball, sondern um eine übergreifende theoretische Bestimmung und Durchdringung des komplexen Handlungs- und Interaktionszusammenhangs des heutigen Fußballsports insgesamt; in einer weiteren Verlängerung dieser Frageperspektive werde ich dann zum Schluß noch kurz auf das Problem einer möglichen Rückwirkung der massenmedialen Berichterstattung auf die Realsituation des Fußballs eingehen und dies an zwei Einzelaspekten diskutieren.

Soweit also zum formalen Aufbau; nun zunächst zur allgemeinen Charakterisierung des hier zugrundegelegten analytischen Handlungsmodells, für das sich in der soziologischen Forschung und Theoriediskussion die Bezeichnung "symbolischer Interaktionismus" eingebürgert hat. Mit diesem, für nichtwissenschaftliche Ohren vielleicht etwas exotisch klingenden Begriff ist generell eine bestimmte, vor allem in den USA verbreitete Schule der handlungstheoretischen Soziologie gemeint, die ausgehend von der Philosophie des amerikanischen Pragmatismus versucht, ein allgemein anwendbares Grundmodell gesellschaftlichen Handelns und der Dynamik von Sozialbeziehungen zu entwickeln und dies nach verschiedenen Forschungsrichtungen auszudifferenzieren. Als philosophische und sozialpsychologische Gründungsväter des symbolischen Interaktionismus wären vor allem George Herbert Mead, John Dewey und W.I. Thomas zu nennen; einige neuere Vertreter dieser Schule sind etwa Herbert Blumer, Anselm Strauss und Erving Goffman.

Der systematische Grundgedanke dieses theoretischen Ansatzes läßt sich im allgemeinsten Sinne etwa so umreißen: Der symbolische Interaktionismus geht davon aus, daß das soziale Handeln von Individuen in konkreten Handlungssituationen sich grundsätzlich immer nur als ein *wechselseitiger* Prozeß vollzieht und nur in dieser *Beziehungs*relation, also als etwas, das "zwischen" den Subjekten geschieht, adäquat verstanden werden kann; daher auch die Bezeichnung "Inter-aktion". Mit dem Interaktionsbegriff ist also vorausgesetzt, daß der Sinn oder die Bedeutung sozialen Handelns sich immer nur aus der interpersonellen Beziehung der Handelnden heraus erschließt und darin verankert werden muß; der Sinn einer konkreten Handlung oder Äußerung erscheint somit als etwas, das weder "von außen" durch objektiv vorgegebene gesellschaftliche Strukturen eindeutig determiniert ist, noch gestattet es eine solche Perspektive, ihn lediglich "nach innen" den psychischen Besonderheiten des Einzelindividuums zuzuschlagen. Kurz: Der Sinn sozialen Handelns konstituiert sich erst in und aufgrund der Interaktion; und mit der Entwicklung und dem Fortgang der Interaktion verändern sich auch die ihr zugrundeliegenden Sinnstrukturen.

Die weitreichende Bedeutung eines solchen Handlungsverständnisses liegt meines Erachtens darin, daß ein solches Konzept es erlaubt, die traditionelle abstrakte Gegenüberstellung von Individuum und Gesellschaft, von "objektiven" gesellschaftlichen Strukturen und subjektivem Handeln, grundlegend zu relativieren und zu überwinden: Indem der symbolische Interaktionismus versucht, das Handeln und auch die Bedürfnisse der Individuen grundsätzlich aus ihrem sozialen Beziehungsgeflecht heraus zu verstehen und gleichzeitig die Funktionsweise gesellschaftlicher Institutionen als Handlungs- und Interaktionszusammenhänge zu rekonstruieren, entgeht er bereits im Ansatz der schlechten Alternative von individualistischer Handlungstheorie und "subjektloser" Strukturtheorie; er beharrt statt dessen darauf, daß sowohl die Subjektivität der Individuen als auch die Objektivität gesellschaftlicher Verhältnisse sich stets auf der Grundlage von Interaktionsprozessen herausbilden und darauf auch zurückzuführen sind.

Zu erläutern wäre die theoretische und empirische Fruchtbarkeit dieser Frageperspektive etwa an dem spezifischen Verständnis von *Normen und Regeln*, wie sie beim Fußball ja bekanntlich in Gestalt der Spielregeln und des Regelwerks vorliegen. Diese Regeln werden vor allem in kultur- und gesellschaftskritischen Diskussionszusammenhängen zumeist als etwas angesehen, was einfach von oben gesetzt ist und den Spielern aufoktroyiert wird, was sie in ihrem konkreten Verhalten diszipliniert und reglementiert, ihre Spontaneität einschränkt usw. Das Verhalten der Spieler erscheint von einem solchen Blickwinkel her als grundsätzlich fremdbestimmt und entfremdet, eben weil es sich an Regeln orientiert, die ihnen vorgegeben sind, die sie also nicht unmittelbar selbst bestimmen und revidieren können.

Vor dem Hintergrund einer interaktionistischen Deutung der Spielregeln ist dieses ideologiekritisch eingefärbte Bild des Fußballs jedoch grundlegend zu relativieren: Zwar ist es sicherlich richtig, daß die Spieler die Regeln, nach denen sie spielen wollen, nicht unmittelbar auf dem Spielfeld aushandeln; und doch bedeutet die bloße Tatsache, daß zwei Mannschaften in einem räumlich und zeitlich klar abgegrenzten Rahmen gegeneinander antreten, um Fußball zu spielen, der Sache nach nichts anderes als eine stillschweigende und im Prinzip freiwillige *Einigung* der Spieler darüber, daß sie sich in den folgenden 90 Minuten an die gängigen Regeln des Fußballspiels halten und sich diesen Regeln unterwerfen wollen, d.h. sie *aktualisieren* den vorgegebenen Kanon des Regelwerks für die gegenwärtige Handlungssituation. Die Spielregeln existieren also als handlungsleitende Norm faktisch immer nur solange, wie die Spieler sich beim Anpfiff des Spiels gewissermaßen immer schon auf sie geeinigt haben und sich dann auch im Spielgeschehen selbst daran halten, also regelgerecht spielen, bei Übertretungen Sanktionen akzeptieren usw.; ohne diesen unausgesprochenen und stets erneuerten Konsens über die aktuelle Geltung der Regeln gäbe es gar kein Fußballspiel, wären die festgelegten Regeln und Satzungen bloße Makulatur. (Wobei im übrigen natürlich auch das codifizierte Regelwerk selbst keineswegs etwas vollkommen Starres und Unabänderliches, sondern im Gegenteil etwas historisch Gewordenes und prinzipiell Unabgeschlossenes ist, das vor allem dann, wenn die "Spannungsbalance" des Spiels (Elias) langfristig außer Kontrolle gerät, durchaus weiterentwickelt oder eben auch revidiert werden kann.)

Eine ähnliche Argumentation ließe sich an dieser Stelle auch gegen die allzu einfache Vorstellung der Blockierung oder Verhinderung von "Spontaneität" durch die Spielregeln geltend machen: Auch hier gilt, daß die Regeln zwar eine *bestimmte Art* von Spontaneität, etwa das "spontane" Eingreifen der Zuschauer ins Spielgeschehen oder auch das "spontane" Zusammenschlagen des Gegners, ausschließen; gleichzeitig aber zeigt sich, daß eine *andere Art* von Spontaneität, nämlich die Perfektionierung der Ballbeherrschung und des mannschaftlichen Zusammenspiels, durch die Geltung und Einhaltung der Spielregeln geradezu erst ermöglicht wird. Die Virtuosität des spielerischen Könnens entwickelt sich also gerade nicht im Gegensatz, sondern vielmehr im Einklang mit den Spielregeln; es sind die Regeln selbst, die das Spiel und auch das Spielerische des Spiels überhaupt erst ermöglichen.

Diese wenigen Hinweise über den Charakter und die Bedeutung der Spielregeln mögen vorerst genügen, um die Fruchtbarkeit eines interaktionistischen Zugangs zur Analyse des Fußballspiels ansatzweise zu illustrieren. Dabei habe ich das Handlungsmodell des symbolischen Interaktionismus bisher freilich nur in einigen sehr groben Umrissen angesprochen; dies soll nun im weiteren anhand des grundlegenden Konzepts der Rollenübernahme etwas konkretisiert und näher ausgeführt werden.

Das Konzept der Rollenübernahme bzw. genauer: der *Übernahme der Rolle des Anderen* steht im Zentrum des gesellschaftstheoretischen und sozialpsychologischen Ansatzes von George Herbert Mead. Der Grundgedanke Meads ist dabei zunächst der, daß eine Koordinierung von Handlungen in konkreten Interaktionsprozessen, ja die Aufnahme und Entwicklung von Sozialbeziehungen überhaupt, prinzipiell nur dann möglich ist, wenn es den Individuen gelingt, sich jeweils in die Perspektive des Anderen hineinzuversetzen, d.h. die Rolle des Anderen psychisch zu antizipieren. Etwas schematisch läßt sich dieser Zusammenhang so umschreiben: Wir handeln, wenn wir sozial handeln, stets im Hinblick auf andere; dabei ist der Andere für mich ein Gegenüber, von dem ich gleichzeitig weiß, daß auch ich für ihn ein Gegenüber darstelle; eine wie immer rudimentäre Gemeinsamkeit des Handelns kommt also nur zustande, wenn wir wechselseitig dazu in der Lage sind, uns jeweils in die Handlungsabsichten und die Erwartungen des Anderen einzufühlen und dies wiederum mit den eigenen Intentionen und Erwartungen abzustimmen.

Soziales Handeln funktioniert also immer nur auf der Grundlage eines wechselseitigen Austauschs von Erwartungen und Erwartungserwartungen; nur auf diesem Wege der Rollenübernahme ist es möglich, sich in konkreten Interaktionszusammenhängen auf ein gemeinsames Verständnis der Situation und der sozialen Beziehung zu einigen, diese Einigung im Konfliktfall zu revidieren, neu auszuhandeln usw. usf.

Komplizierter wird dieser Mechanismus der Rollenübernahme nun dann, wenn ich mich nicht nur in die Perspektive des Anderen mir gegenüber einfühlen muß, sondern darüber hinaus zu berücksichtigen habe, daß der Andere in einer bestimmten Handlungssituation ja zugleich auch in einem Beziehungsverhältnis zu einer Vielzahl anderer Personen stehen kann, die ebenfalls an der Situation beteiligt sind. Das heißt: Ich übernehme die Rolle des Anderen im Normalfall nicht nur als einzelne Person, sondern verorte sie immer schon in einem übergreifenden Handlungs- und Interaktionszusammenhang, in den wir beide einbezogen sind. Gleichzeitig mit der Übernahme der Rolle des Anderen mir gegenüber antizipiere ich also auch die Rolle des Anderen allen anderen gegenüber, die an der Situation beteiligt sind; Mead spricht in diesem Zusammenhang von der "Übernahme der Rolle des generalisierten Anderen".

Und hier liegt nun auch der unmittelbare Verknüpfungspunkt zwischen dem hier vorgestellten handlungstheoretischen Ansatz und der Analyse des Fußballspiels: Mannschaftsspiele sind nämlich für Mead gerade das Paradebeispiel gesellschaftlicher Interaktion, an dem sich dieser Mechanismus der Übernahme der Rolle des generalisierten Anderen im einzelnen demonstrieren und näher erläutern läßt. Mead unterscheidet dabei in einer ursprünglich sozialisationstheoretischen Fragestellung zunächst zwischen kindlichem Spiel im Sinne von *play* und Wettkampf- bzw. Mannschaftsspielen im Sinne von *games* und führt diese Differenz dann folgendermaßen aus:

"Der grundlegende Unterschied zwischen dem Spiel und dem Wettkampf liegt darin, daß in letzterem das Kind die Haltung aller anderen Beteiligten in sich haben muß. Die vom Teilnehmer angenommenen Haltungen der Mitspieler organisieren sich zu einer gewissen Einheit, und diese Organisation kontrolliert wieder die Reaktion des Einzelnen. (...) Jede seiner eigenen Handlungen wird von der Annahme über die voraussichtlichen Handlungen der anderen Spieler bestimmt. Sein Tun und Lassen wird durch den Umstand kontrolliert, daß er gleichzeitig auch jedes andere Mitglied der Mannschaft ist, zumindest insoweit, als diese Haltungen seine eigenen spezifischen Haltungen beeinflussen."
(G.H. Mead, Geist, Identität und Gesellschaft. Frankfurt/M. 1968, S. 196)
Und noch etwas deutlicher am Beispiel des Baseball: *"In einem Wettspiel mit mehreren Personen...muß das Kind, das eine Rolle übernimmt, die Rolle aller anderen Kinder übernehmen können. Macht es beim Baseball einen bestimmten Wurf, so muß es die Reaktionen jeder anderen betroffenen Position in seiner eigenen Position angelegt haben. Es muß wissen, was alle anderen tun werden, um sein eigenes Spiel erfolgreich spielen zu können."* (ebenda, S. 193)
Mannschaftsspiele bzw. Wettkampfspiele zwischen Mannschaften sind also etwas, in dem eine außerordentlich virtuose Form von Kooperation stattfindet: Das Spiel einer Mannschaft bedeutet, daß jeder Spieler psychisch die Rolle aller anderen Mitspieler und die der gegnerischen Mannschaft gleichzeitig übernimmt und sein Handeln daran orientiert. Der Fußballer muß sich einfädeln in den Gesamtzusammenhang der Interaktion auf dem Spielfeld, er muß die Situation in ständig wechselnden Handlungskonstellationen spontan erfassen, den Gegner ins Leere laufen lassen, eine Flanke dorthin schlagen, wo der mitgelaufene Spieler sie noch erreichen kann, er muß beim Doppelpaß die Geschwindigkeit seines Mitspielers so genau einschätzen, daß dieser in vollem Lauf den Ball zurückerhält und einschießen kann — und all dies kann natürlich nur dann gelingen, wenn es trotz aller Übung im Training unmittelbar und *spontan* geschieht, wenn es also in der Situation selbst nicht erst eigens reflektiert wird. (Ein schöner Beleg hierfür ist der bekannte Ausspruch von Udo Lattek, mit dem dieser einmal zu Beginn der siebziger Jahre eine wochenlange "Ladehemmung" von Gerd Müller kommentierte: *"Der Gerd macht in letzter Zeit den Fehler, daß er zuerst denkt, bevor er schießt!"*)
Die Faszination des Fußballs und anderer Mannschaftsspiele beruht also wesentlich auf dem Mechanismus der Übernahme der Rolle des generalisierten Anderen: Der einzelne Spieler bestimmt sein Handeln immer schon auf der Folie einer virtuellen Antizipation der Spielhandlungen aller anderen Mitspieler auf dem Spielfeld; nur auf diese Weise kommt jene Dynamik der spontan kooperierenden Gruppe zustande, die auch Norbert Elias im Auge hatte, als er vom Fußballspiel als einer "Figuration" zweier Mannschaften sprach, die dann freilich in ihrem spezifischen Spannungsverhältnis zueinander noch einmal eine Gesamtfiguration bilden. Gerade in dieser *Versinnlichung von Kooperation* sehe ich auch den entscheidenden Grund für die Eignung und die Attraktivität des Fußballs als Zuschauersport.

Soweit also zunächst die allgemeine Charakterisierung des Spielgeschehens als Interaktionsprozeß, wobei die bisher angeführten Bestimmungen freilich für die verschiedensten Arten von Mannschaftsspielen, also beispielsweise auch für Handball oder Eishockey, zutreffen. Für die Herausarbeitung der Besonderheit des Fußballs sind mithin noch einige weitere Überlegungen anzustellen; hierzu möchte ich im folgenden noch eine dritte Variante bzw. einen Sonderfall der Übernahme der Rolle des Anderen diskutieren: ich meine die "Übernahme der Rolle des Dings".

Denn die Seele des Fußballs ist ja bekanntlich der Ball: er steht schließlich im Zentrum der Interaktion auf dem Spielfeld und ist in gewisser Weise sogar der Hauptakteur.

Das Problem der Dingkonstitution, auf das sich die Idee einer Übernahme der Rolle des Dings grundlagentheoretisch bezieht, hat eine lange philosophische und wahrnehmungspsychologische Tradition: Es geht dabei sachlich um die Frage, wie es eigentlich kommt, daß wir Dinge als eigenständige, von uns unabhängige Objekte psychisch realisieren können, daß wir Dingeigenschaften spontan erfassen können und mit Dingen, sobald wir sie wahrnehmen, offenbar immer schon in einer Weise umgehen, die ihren Gebrauchs- und Handlungsmöglichkeiten für uns entspricht. Die Antwort, die Mead für dieses Problem vorschlägt, besteht allgemein gesagt darin, daß wir in unserer alltäglichen Wahrnehmung und un-

sere Alltagsinteraktion auch gegenüber dinglichen Gegenständen faktisch so etwas wie eine Rollenübernahme vornehmen, d.h. wir sind gezwungen, uns gleichsam in die Perspektive des Dings uns gegenüber hineinzuversetzen, uns also gewissermaßen "einzufühlen" in seine Dingeigenschaften und -qualitäten, die wir dann in unserem Handeln ihm gegenüber immer schon antizipieren. Kurz: Wir können mit einem Ding oder Gegenstand nur dann adäquat umgehen, wenn es uns gelingt, die Rolle des Dings für uns zu übernehmen.

Gewiß stellt die Übernahme der Rolle des Dings für verschiedene Gegenstände jeweils sehr unterschiedliche Anforderungen: So ist es zum Beispiel leichter, sich in die Ding- und Funktionseigenschaften eines statischen oder feststehenden Gegenstandes, etwa eines Hauses oder eines Tisches, hineinzuversetzen, während demgegenüber die adäquate Übernahme der Rolle eines sich selbst bewegenden Dings, z.B. eines Autos im Straßenverkehr, eine ungleich schwierigere psychische Leistung darstellt. Noch schwieriger und komplizierter wird die Sache freilich dann, wenn es sich bei dem Ding, dessen Rolle antizipiert wird, um einen Ball handelt, der mit dem Fuß gespielt werden soll.

"Der Ball ist rund!" — dieser wohl berühmteste Satz von Sepp Herberger hat nicht zuletzt deshalb eine gewisse philosophische Tiefe, weil er in denkbar knappster Form den sehr komplexen Sachverhalt umschreibt, wie schwierig es

letztlich doch eigentlich ist, im Rahmen der Dynamik eines mannschaftlich organisierten Kampfspiels den Ball so und so genau zu schlagen, daß er den vorausberechneten Punkt auf dem Spielfeld bzw. den sich selbst bewegenden Mitspieler auch wirklich erreicht und weitergespielt werden kann. Jeder, der selbst einmal Fußball gespielt hat, weiß, wieviel eigene Körperbeherrschung, Ballgefühl und technische Perfektion dazu gehört, um etwa eine gute Flanke oder einen Steilpaß zu schlagen. Daß der Ball rund ist, heißt einfach, daß er einem immer wieder wegrollen kann, daß also sein wirklicher Verlauf nie bis ins letzte berechnet und kontrolliert werden kann.

Hinzu kommt nun freilich noch eine weitere Schwierigkeit, die weniger mit dem Ball als mit dem Fuß zusammenhängt: Füße sind nämlich eigentlich nicht dazu eingerichtet, Bälle zu treten oder unter Kontrolle zu halten; sie taugen zum Gehen, Stehen oder Laufen. Im Gegensatz zu den hinteren Gliedmaßen der Primaten ist der menschliche Fuß von seiner organischen Grundstruktur her gerade so organisiert, daß man mit ihm eben nicht mehr zugreifen kann. Weil also die erste Regel des Fußballspiels besagt, daß Hände und Arme (mit Ausnahme des Torwarts) nicht zur Kontrolle des Balles eingesetzt werden dürfen, sondern der Ball ausschließlich mit den Füßen, allenfalls noch mit dem Körper und dem Kopf gespielt werden darf, so bedeutet dies für den Fußballer, daß er in seiner handelnden Übernahme der Rolle des Dings ausgerechnet auf dasjenige menschliche Organ angewiesen ist, das dafür im Grunde denkbar ungeeignet scheint. Ein Vergleich von Fußball und Handball kann das verdeutlichen: Im Fall des Handballs ist der Ball wesentlich leichter unter Kontrolle zu bringen, dadurch, daß er gefangen wird. Die Bewegung des Balls wird in der Greifbewegung der Hände stillgestellt, bevor der Ball dann durch den Wurf eine erneute Richtungsänderung erfährt. Beim Fußball hingegen ist bereits das Stoppen eine außerordentlich schwierige balltechnische Leistung: Dem Ball muß mit dem Fuß die Wucht genommen werden, und er darf dann gerade nur soweit abprallen, daß er nicht aus dem Aktionsradius des Spielers gerät. Der Fußballer muß sich also mehr noch als der Handballer in einer besonderen Weise einfühlen in die Bewegung und Dingeigenschaften die Bewegung und Dingeigenschaften des Balls: Er muß in seiner eigenen Bewegung die Bewegung des Balls gleichsam verlängern; weil er den Ball nie *ganz* unter Kontrolle hat, muß er sich der Bewegung und Flugbahn des Balls sozusagen anschmiegen. Etwas pointiert könnte man sagen, daß der Handballer den Ball spielt, während der Fußballer *mit* dem Ball spielt.

Eine schöne Charakterisierung dieser Virtuosität und Artistik der Ballbeherrschung beim Fußball habe ich kürzlich in einem Aufsatz von Horst Bredekamp — einem Kunsthistoriker — gefunden; der Aufsatz hat bezeichnenderweise den Titel *Fußball als letztes Gesamtkunstwerk.* Dort heißt es:

"Der Ball besitzt ein Eigenleben; er gehorcht nur dem, der sich auf seine Individualität einläßt und seine Psychologie nicht bricht, sondern auffängt und bewahrt. Die Turbulenzen eines mit Effet geschlagenen Balls austrudeln zu lassen, ohne dabei den Ballkontakt zu verlieren, gehört zu den Kunststücken, die unter den Millionen Fußballspielern nur wenigen gelingen; die Größten haben den Ball nie geknechtet, sondern eher passiv benutzt und zur eigenen Bewegung dieses Wesens die eigene Motorik nicht domestiziert, sondern einverleibt; mit dem Effekt, daß der Ball auf unerklärliche Weise wie ein Magnet am Fuß des Spielers zu kleben scheint. Die höchste Kunst des Fußballspiels ist immer auch ein Stück List der Vernunft: Die Natur dem Menschen dienstbar zu machen, indem deren eigene Bewegungsgesetze nicht gebrochen, sondern wahrgenommen, verstärkt und umgeleitet werden." (Konkret Sonderheft Sport, 1982, S. 46)

Was hier in geradezu hymnischen Formulierungen beschrieben und beschworen wird, ist der Sache nach nichts anderes als der psychische Mechanismus der Übernahme der Rolle des Dings beim Fußballspiel, also die Art und Weise, in der der Fußballspieler sich in die Bewegung und die Eigenschaften des Balls einfühlen muß.

An dieser Stelle möchte ich noch kurz auf eine weitere Konsequenz der Schwierigkeit der Übernahme der Rolle des Dings beim Fußball eingehen, die mir insbesondere unter soziokulturellen Gesichtspunkten bedeutsam erscheint: Ich meine die nie ganz auszuschaltende und oftmals ja geradezu spielentscheidende Rolle von Zufall und Glück. Denn hierin liegt offenbar die zweite, sicher nicht minder wichtige Bedeutung des Herberger'schen Lehrsatzes: Ob ein Ball vom Innenpfosten ins Tor oder ins Feld zurückspringt, ist eine Frage von Millimetern; es gibt "Sonntagsschüsse", die aus purem Zufall ins Dreieck passen, und "todsichere Chancen", die der Stürmer vergibt. Zwar ist das dominante *Prinzip* des Fußballs sicherlich das einer Synthese von Leistung, Ausdauer und technischer Ballbeherrschung (die Idee des Trainings beruht geradezu auf dem Prinzip der Zurechnung von Leistungen), und dennoch bleibt trotz aller Übung und taktischer Cleverness im variablen Verlauf des Spiels stets ein unkalkulierbarer Restbestand von Zufall und Glück erhalten, der nicht völlig getilgt werden kann. (Ein Versuch, dieses irreduzible Moment von Glück ins Leistungsprinzip zurückzuholen, zeigt sich etwa in kommentierenden Formulierungen wie der vom "Glück des Tüchtigen", das ein Torwart manchmal hat, wenn er "eigentlich" schon geschlagen ist.)

In dieser eigentümlichen Verschränkung von Leistung und Glück liegt nun meines Erachtens ein wichtiger Schlüssel für die Beantwortung einer Frage, die hier bereits in den Ausführungen von Rolf Lindner zur Sozialgeschichte des Fußballsports verschiedentlich angesprochen wurde: die Frage nämlich, wie es eigentlich dazu kam und welches die Ursachen dafür sind, daß der Fußball als ein ursprünglich explizit bürgerlicher Sport gegen Ende des neunzehnten Jahrhunderts derart rasch und vehement von der Arbeiterklasse übernommen und kulturell integriert werden konnte, warum also — allgemeiner gefragt — gerade Arbeiter so gerne Fußball spielen oder zum Fußballspiel gehen. Meine These wäre in diesem Zusammenhang die, daß einige wesentliche Grundzüge und Interaktionsmerkmale, die den Fußball als Spiel charakterisieren, gleichzeitig eine deutliche Nähe und Affinität zu bestimmten kulturellen Orientierungen der Arbeiterklasse aufweisen, daß also gewissermaßen eine Wahlverwandtschaft zwischen Fußball und Arbeiterkultur besteht.

Kultursoziologisch ließe sich dieser Zusammenhang etwa so umreißen, daß die klasenspezifische Dauererfahrung, unter grundsätzlich fremdbestimmten Arbeitsbedingungen lebenslang schwere körperliche oder zumindest extrem belastende Arbeit ausführen zu müssen, bei den Arbeitern generell zur Herausbildung eines spezifischen körperlichen Leistungsethos und einer typischen klassenkulturellen Norm von männlicher Härte und männlichem Stolz geführt hat, die es ihnen erlaubt, die strukturellen Zwänge und Entbehrungen der eigenen Klassenlage subjektiv zu verarbeiten und so die gesellschaftlich erfahrene Diskriminierung körperlicher Arbeit in ein positives Selbstwertgefühl umzumünzen. Die kulturelle Betonung von körperlicher Leistung, die Freude an eigener Körperbeherrschung und Kraft, hat auf diese Weise die Funktion, der ökonomischen und gesellschaftlichen Unterprivilegierung der Arbeiterklasse eine eigene kulturelle Identität entgegenzusetzen und zumindest als Refugium zu behaupten.

Gleichzeitig aber schlägt sich die Grunderfahrung gesellschaftlicher Diskriminierung zusätzlich noch in einem anderen Kulturmuster nieder: Das klassenkulturelle Wissen um die Tatsache, daß es eine Perspektive von Aufstieg in der bürgerlichen Gesellschaft ja allenfalls nur für einzelne Arbeiter, nicht aber für die Arbeiterschaft als Klasse geben kann, hat sich bei den Arbeitern unter anderem in einer tiefsitzenden Skepsis gegenüber den Erfolgsaussichten aller zielgerichteten Anstrengungen und Ambitionen zur Verbesserung der eigenen Lebenssituation abgelagert; diese Lebenssituation und auch der Verlauf der eigenen Biographie wird demgegenüber oftmals auf einer Ebene jenseits eigener Entscheidungen, also in Kategorien von "Glück" oder "Pech" oder "Schicksal" gedeutet, was sich zum Beispiel auch in einer bestimmten, gerade in der Arbeiterklasse sehr verbreiteten "Zockermentalität" ausdrückt. Die Deutung des eigenen Lebens auf einer Folie von Schicksal und Glück entlastet dabei zugleich von dem sozialen Druck, die eigene Misere als Resultat eigenen Unvermögens interpretieren zu müssen.

Es ist also meines Erachtens gerade die spezifische Legierung von Leistung und Glück, die den Fußball für die Arbeiterklasse so attraktiv und die Arbeiterklasse für den Fußball so empfänglich machte; die zentralen Elemente des Spiels (körperliche Leistung, Ausdauer, männliche Härte und eben auch Glück) repräsentieren zugleich zentrale kulturelle Orientierungen der Arbeiterklasse, die sich auf diese Weise im Spiel wiedererkennt.

Damit möchte ich fürs erste meine interaktionistische Charakterisierung des Fußballspiels durch das Konzept der Rollenübernahme abschließen, wobei ich mich bisher freilich auf die Analyse des Fußballs *als Spiel* beschränkt habe; für den weitergehenden Versuch einer umfassenden Situationsanalyse des Fußballs, also eine handlungstheoretische Beschreibung und Durchdringung des komplexen Interaktionszusammenhangs der Stadionsituation insgesamt, möchte ich nun im zweiten Teil meiner Ausführungen auf ein anderes Grundkonzept des symbolischen Interaktionismus zurückgreifen: ich meine das ursprünglich von W.I. Thomas begründete Konzept der *Definition der Situation*.

Mit dem Begriff der Situationsdefinition ist im allgemeinen zunächst folgendes gemeint: Immer dann, wenn Menschen in einer konkreten Situation miteinander interagieren, sind sie dazu gezwungen, sich auf einen zumindest vorläufigen Konsens über das Thema und die Handlungslinien der Situation zu einigen; sie müssen ein gemeinsames Verständnis der Regeln der Situation erreichen, d.h. ihre unterschiedlichen Wahrnehmungen und Interpretationen der sozialen Realität so aufeinander abstimmen, daß darüber eine gemeinsame Interaktion möglich wird. Nur auf der Grundlage einer solchen gemeinsamen Definition der Situation gelingt es den Individuen, ihre je spezifischen Ansprüche und Bedürfnisse in die Interaktion einzubringen und die besonderen Modalitäten ihrer Beziehung auszuhandeln. Dabei ist klar, daß auch dieser Prozeß der Situationsdefinition, der ja vermittelt ist durch die wechselseitige Übernahme der Rolle des Anderen, in der Regel wesentlich spontan und intuitiv erfolgt; die Notwendigkeit einer *expliziten* Definition der Situation entsteht nur dann, wenn verschiedene gleichzeitig mögliche Situationsdefinitionen miteinander konkurrieren und die aktuelle Priorität eines Handlungsstrangs konsensuell festgelegt werden muß.

Wichtig ist in diesem Zusammenhang allerdings, daß Situationen nur in den allerseltensten Fällen von den Beteiligten völlig neu definiert werden müssen: Situationen entstehen ja nicht im luftleeren Raum, sondern immer schon im Rahmen bestimmter institutioneller Strukturen, sie sind also im Normalfall durch den jeweiligen institutionellen Kontext, in dem sie stattfinden, immer schon vordefiniert und in gewisser Weise festgelegt. Trotzdem muß diese jeweilige Vordefinition im Realverlauf der Interaktion selbst von den Beteiligten stets erneut bestätigt werden, d.h. es gibt zumindest potentiell immer auch die Möglichkeit einer Neudefinition der Situation und des zugrundeliegenden Realitätsverständnisses. Denn wenn Menschen, so lautet das berühmte Thomas-Theorem, eine Situation als real definieren, so ist dies in seinen Konsequenzen real.

Angewendet auf die Situationsanalyse des Fußballs läßt sich dieser Aspekt der Vordefinition des Fußballspiels bereits an der räumlichen Aufgliederung und dem räumlichen Arrangement des Stadions festmachen: So sind z.B. die Spielfeldmarkierungen faktisch ja nichts anderes als gewissermaßen kreidegewordene Regeln; ähnliches gilt für die Art und die Abmessungen der Tore. Wichtig ist in diesem Zusammenhang auch die Ebenendifferenz zwischen Spielfeld und Zuschauertribüne: Gerade die Totale der Zuschauerperspektive erlaubt, indem auch der Zuschauer simultan die Rolle des generalisierten Anderen übernimmt, die unmittelbare Versinnlichung der auf dem Spielfeld stattfindenden Kooperationsprozesse: Der Zuschauer "sieht" gewissermaßen die Genialität eines in den freien Raum geschlagenen Passes, den ein mitgelaufener Spieler noch erreicht; weil er anders als die Spieler die Figuration beider Mannschaften immer schon als Ganze überblickt, kann er in jedem Augenblick nicht nur die tatsächlich realisierten Spielzüge, sondern darüber hinaus auch die gleichzeitig nichtrealisierten Entwicklungsalternativen einer konkreten Spielsituation spontan erfassen und beurteilen.

Wichtiger noch als das räumliche Arrangement des Stadions ist freilich die gesellschaftlich-institutionelle Vordefinition des Spiels: Fußballspiele werden in der Regel zwischen Mannschaften bestritten, die vereinsmäßig organisiert sind. Diese Vereine stehen wiederum in einem bestimmten organisatorischen

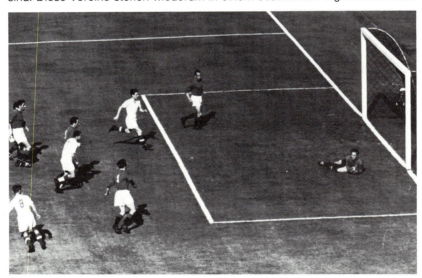

Zusammenhang; sie sind einem Verband angegliedert, der das Spielsystem festlegt, die Einhaltung der Regeln überwacht usw. Ein unmittelbarer Ausdruck dieser Konkurrenzsituation von Vereinen und Mannschaften als Vordefinition des Spiels ist die Institution der *Tabelle*, auf die ich an diesem Punkt noch etwas näher eingehen möchte.

Hierzu ist es vielleicht sinnvoll, sich noch einmal die grundlegende Charakterisierung des Fußballs vor Augen zu führen, wie sie im Vortrag von Norbert Elias hier so prägnant entwickelt wurde: Fußballspiele sind reglementierte Kampfspiele, also: Kampf als Spiel, aber eben trotzdem Kampf. Es geht bei diesem Spiel in der Tat um Sieg oder Niederlage, also darum, zu gewinnen und die gegnerische Mannschaft im Spiel zu besiegen. Allerdings ist der Begriff von "Sieg" oder "Niederlage", der dabei zugrundegelegt wird, zunächst unmittelbar auf die Spielsituation (und diese *eine* Spielsituation) bezogen und bleibt darauf beschränkt: Man hat eben "diesmal" gewonnen oder verloren und kann sich dafür beim nächsten Spiel vielleicht revanchieren.

Mit der Institution der Tabelle wird nun dieses ad-hoc-Verständnis von Sieg oder Niederlage grundsätzlich relativiert: Der Sinn der Tabelle ist ja gerade eine situations*übergreifende* Leistungsverortung zwischen verschiedenen Mannschaften über eine Vielzahl von Spielen hinweg, sie erlaubt zugleich die Selbstverortung der eigenen Mannschaft im Ligaverbund. Durch die Tabelle wird also eine dauerhafte Leistungskonkurrenz zwischen Vereinen und Mannschaften institutionalisiert, die dann gekoppelt mit der Möglichkeit von Auf- und Abstieg auch die Bedeutung von Sieg und Niederlage nachhaltig verändert: Erst mit dem drohenden Abstieg gewinnt der sportliche Mißerfolg jene quasi-existenzielle Dimension, die Spiele zu "Schicksalsspielen" werden läßt, in denen es "um alles geht" und wo dann eben auch fast alles erlaubt ist. Dies gilt natürlich um so mehr, wenn sportlicher Mißerfolg, wie etwa im Fall des Bundesligafußballs, für Spieler und Vereine gleichzeitig auch einen bedeutsamen ökonomischen Abstieg und Prestigeverlust bedeutet.

Soviel also zur Vordefinition des Spiels durch die Institution der Tabelle; ich komme jetzt im folgenden zum Versuch einer Beschreibung der Situationsdefinition des Fußballspiels und der Stadionsituation insgesamt, wobei ich mich im wesentlichen am Bild der Bundesliga orientiere. Für die Situationsdefinition des Fußballspiels in der Bundesliga können meines Erachtens grundsätzlich drei verschiedene Deutungsebenen der Situation unterschieden werden, die sich in der Realsituation des Stadions ständig überlagern und wechselseitig beeinflussen. Diese drei Dimensionen der Situationsdefinition sind:
1) Fußball als kommerzielle Veranstaltung
2) Fußball als Spiel
3) Fußball als kollektives Ereignis.

Die Definition des Fußballs als kommerzielle Veranstaltung bezieht sich allgemein auf die umfassende Durchkapitalisierung der Rahmenbedingungen des Fußballsports: Das ökonomische Kalkül der Vereine folgt der Logik von Einzelkapitalen und schlägt entsprechend auch auf die inneren Beschäftigungsverhältnisse durch; die Laufbahn der Spieler ist als Profikarriere organisiert, bei der jeder Spieler versucht, durch sportliche Höchstleistungen seinen Marktwert zu steigern oder zumindest zu erhalten; dies verleitet z.b. dazu, sich im Spiel verstärkt auch auf Kosten der anderen Spieler der eigenen Mannschaft zu profilieren, also das "Aufgehen" der Einzelleistung in der kollektiven Leistung der Mannschaft langfristig zu untergraben und durch ökonomisch-karrieristische Motive zu durchkreuzen. Und all das wird natürlich begleitet von einer ausufernden Fanartikelindustrie, die es versteht, die gesellschaftliche Attraktivität und die durch die Massenmedien in vielfältiger Weise potenzierte Bedeutung des Fußballs geschickt aufzunehmen und für ihre eigenen Profitinteressen auszunutzen.

Fußball als kommerzielle Veranstaltung bedeutet also faktisch nichts anderes als die Aufbereitung des Fußballs als Ware — einer Ware freilich, die, wie jede andere Ware auch, gleichzeitig einen bestimmten Gebrauchswert besitzt: Der Gebrauchswert der Ware Fußball ist der Fußball als Spiel.

Zur interaktionistischen Konkretisierung der Situationsdefinition des Fußballs als Spiel, also die Charakterisierung des Spielgeschehens als Interaktionsprozeß, brauche ich hier nichts weiter zu sagen; dies wurde im ersten Teil bereits ausführlich behandelt. Wichtig ist in diesem Zusammenhang vielleicht nur, noch einmal darauf hinzuweisen, daß das Spiel keineswegs etwas ist, was ausschließlich zwischen den Spielern stattfindet: Auch der Zuschauer spielt sozusagen immer schon "im Geiste" mit, auch er übernimmt die Rolle des generalisierten Anderen und fädelt sich psychisch in den Interaktionszusammenhang auf dem Spielfeld ein.

Sicherlich gibt es heute eine Vielzahl von Tendenzen, die den Fußball als Spiel zu paralysieren drohen, in denen also die strukturellen Mechanismen der Kommerzialisierung und Professionalisierung die Interaktionsdynamik des Spiels in den Hintergrund drängen. Dies zeigt sich beispielsweise in der immer größeren Bedeutung einer ausschließlich ergebnisorientierten Taktik, die im Extremfall — wie etwa beim Deutschland/Österreich-Spiel bei der WM in Spanien — sogar dazu führt, daß das Spiel als Spiel selbst abgeschafft wird. (Gerade das Deutschland/Österreich-Spiel ist im übrigen ein Paradebeispiel für den Fall einer informellen Neudefinition der Situation: Was hier auf dem Spielfeld nach dem Führungstor von Hrubesch geschah, war der Sache nach nichts anderes als eine gleichsam atmosphärische Einigung der Spieler darüber, von nun an nicht mehr zu spielen, da das Ergebnis ja beiden Mannschaften nützte.)

Eine weitere Konsequenz der Kommerzialisierung des Spiels ist die Betonung des Showcharakters der Veranstaltungen, also die bis ins Detail durchgeplante Inszenierung des Fußballs als Massenspektakel: In dem Bestreben, dem Publikum "etwas bieten" zu wollen, verändert sich das Stadion zur Bühne und zum Rummelplatz. Aufschlußreich ist in diesem Zusammenhang allerdings, daß eine solche Entwicklung von Seiten der Zuschauer offenbar immer dann sofort abgelehnt wird, wenn die eingeschalteten Showelemente nicht mehr unmittelbar ans Spiel selbst angelagert und dem Spielgeschehen untergeordnet sind, wenn also die zusätzliche Definition des Fußballs als Show den Fußball als Sport dominiert. (Man denke hier etwa an die Kaspereien des früheren HSV-Managers Dr. Krohn.)

Gerade an diesem letzteren Punkt lassen sich meines Erachtens auch die Grenzen der angesprochenen Entwicklungstendenzen aufzeigen: Meine These ist, daß die Durchkapitalisierung der Rahmenbedingungen des Fußballs letztlich nur dann und solange erfolgreich sein kann, wie sie das Spiel selbst in seiner Substanz und Dynamik gerade nicht antastet, wie also — marxistisch gesprochen — die Tauschwertlogik der Rahmenbedingungen des Fußballsports den Gebrauchswert des Fußballs als Spiel noch nicht endgültig destruiert hat. In diesem Sinne hat die Faszination des Spiels offenbar noch die pervertiertesten Varianten und Begleiterscheinungen seiner kommerziellen Ausbeutung bis heute überlebt: Die Aufbereitung des Fußballs als Ware hat seinen Gebrauchswert, den Fußball als Spiel, bislang nur erschüttern und aushöhlen, aber noch nicht dauerhaft zerstören können — wobei im übrigen auch in diesem Zusammenhang grundsätzlich darauf zu beharren ist, daß man sich in der Analyse und Beurteilung dieser Entwicklungen gerade als Marxist natürlich auf den Gebrauchswertstandpunkt zu stellen hat.

Kompliziert wird die Analyse dieser Zusammenhänge nun dadurch, daß die Interaktionssituation des Stadions neben den beiden bisher genannten Definitionen des Fußballs als Kommerz und als Spiel gleichzeitig noch eine dritte, sicher nicht minder wichtige Handlungs-und Erfahrungsdimension aufweist, die das Verhalten aller Beteiligten nachhaltig prägt und bestimmt: ich meine die Bedeutung des Fußballs als kollektives Ereignis. Schon der Charakter des Fußballs als Mannschaftsspiel verweist ja auf die Herausbildung einer besonderen Form von Kollektivität, in der die Leistung und das Können des einzelnen Spielers immer schon in der Mannschaftsleistung, im Erfolg oder Mißerfolg der Mannschaft insgesamt aufgeht. Die Freude über ein geschossenes Tor ist bei allem persönlichen Triumph des Torschützen stets eine Freude der *ganzen* Mannschaft, d.h. sie bestätigt über den unmittelbaren sportlichen Anlaß hinaus gleichzeitig auch den kollektiven Zusammenhalt der Mannschaft als Gruppe: sie ist als kollektives Erlebnis zugleich ein Erlebnis von Kollektivität.

Dies gilt freilich in noch sehr viel stärkerem Maße für die Einstellung und das Verhalten der Zuschauer auf den Rängen: Für das Publikum im Stadion repräsentiert der Fußball jenseits aller sportlichen Interessen gleichzeitig eine der wenigen noch verbliebenen gesellschaftlichen Möglichkeiten, sich als Masse massenhaft zu erfahren und bewegen zu können. Dabei stellen die Fans in der Kurve, die den Fußball als Folie der Selbstinszenierung der eigenen Subkultur benutzen, nur einen pittoresken Sonderfall dieses Grundmusters kollektiver Selbsterfahrung dar; auch für den "normalen" Zuschauer findet das Spektakel nicht nur auf dem Rasen, sondern gleichzeitig auch auf den Rängen statt.

Die komplexe Interaktionssituation im Stadion ist meines Erachtens also grundsätzlich dadurch gekennzeichnet, daß sich die drei hier unterschiedenen Definitionen des Fußballs als kommerzielle Veranstaltung, als Spiel und als kollektives Ereignis im konkreten Verlauf der Interaktion immer schon überlagern und wechselseitig beeinflussen. Das heißt: Alle Beteiligten interpretieren die Situation stets in einer spezifischen Verschränkung und Verschlingung dieser drei Deutungsebenen der Situation, die so in der Wahrnehmung und im Handeln der Individuen immer schon miteinander verquickt sind und gegeneinander ausbalanciert werden.

In diesem Sinne wäre es auch ein Mißverständnis, wollte man die hier unterschiedenen Handlungs- und Erfahrungsorientierungen empirisch auf die verschiedenen an der Situation beteiligten Gruppen und Personen verteilen, sie also gleichsam gruppenspezifisch aufspalten; sie gelten statt dessen — freilich mit unterschiedlichen Akzentuierungen — faktisch für *alle* an der Situation Beteiligten und für alle *zugleich*: Der Spieler ist immer schon *zugleich* Spieler im Sinne des Spielgeschehens, Profi mit individuellen Karriereansprüchen und bejubelter Triumphator nach einem Tor; und ebenso ist der Zuschauer immer schon *zugleich* "zahlender" Zuschauer, der etwas für sein Geld erwarten kann, spontaner Teilnehmer am Spielgeschehen, der gleichsam im Geiste mitspielt, und Beteiligter an einem kollektiven Erlebniszusammenhang, in dem der Fußball gleichzeitig Anlaß und Hintergrund für das Ausagieren einer bestimmten Form von Geselligkeit ist.

Wie sehr sich die virtuelle Gleichzeitigkeit und Überlagerung dieser drei verschiedenen Definitionen der Situation bis hinein in die Analyse einzelner Handlungssequenzen weiterverfolgen und darin aufschlüsseln läßt, möchte ich im folgenden kurz an einem konkreten, von mir selbst beobachteten Beispiel von Zuschauer-Spieler-Interaktion aufzeigen. Es handelt sich dabei um den einfachen Zuruf eines Zuschauers im Berliner Olympiastadion, den dieser bei einem der letzten Bundesligaspiele der Saison 1982/83 lautstark an Jürgen Mohr richtete: *"Lauf, Du Hammel!"*

Diese Aufforderung an Mohr: *"Lauf, Du Hammel!"* kann prinzipiell in verschiedener Weise interpretiert werden: Sie kann erstens die Bedeutung haben, den Spieler in einer etwas rüden Art auf eine Lücke in der gegnerischen Abwehr hinzuweisen, die er vorher vielleicht übersehen hat und deren entschlossenes Ausnutzen eine Torchance heraufbeschwören könnte; sie kann zweitens bedeuten, daß der Spieler als hochbezahlter Profi gefälligst etwas für sein Geld tun und sich anstrengen soll; und sie hat drittens, obwohl unmittelbar an den Spieler gerichtet, gleichzeitig noch eine indirekte Bedeutung für den nebenstehenden Zuschauer, der damit implizit aufgefordert wird, ebenfalls zur Leistung des Spielers Stellung zu nehmen, die Situation zu kommentieren usw. usf. Ein Zuruf dieses Typs kann also mindestens diese drei situationalen Bedeutungen haben; ich behaupte, in der Regel hat er alle drei Bedeutungen zugleich.

Zusammenfassend läßt sich also sagen, daß die konkrete Interaktionssituation im Fußballstadion von den Beteiligten stets in dreifacher Weise definiert wird: Sie wird immer schon zugleich als Spiel, als kommerzielle Veranstaltung und als kollektives Ereignis wahrgenommen und in je spezifischer Weise in diesen verschiedenen Dimensionen interpretiert.

Wichtig erscheint mir in diesem Zusammenhang allerdings noch eine weitere Differenzierung des hier vorgeschlagenen Beschreibungsmodells, die sich empirisch auf die Frage einer möglichen Gewichtung dieser drei Definitionen der Situation bezieht. Die systematische Grundüberlegung ist dabei die, daß von der beschriebenen Gleichzeitigkeit der verschiedenen Definitionen der Situation keineswegs schon auf ihre Gleichrangigkeit geschlossen werden darf, sondern daß es statt dessen in der Realsituation im Stadion im Bewußtsein und Handeln aller Beteiligten stets eine klare und eindeutige *Hierarchie* zwischen diesen verschiedenen Situationsdefinitionen gibt: Im Zentrum der komplexen Gesamtdefinition der Situation steht für alle Beteiligten nach wie vor der Charakter des Fußballs als Spiel, während demgegenüber die beiden anderen Definitionen des Fußballs als kollektives Ereignis und als kommerzielle Veranstaltung dem Spiel nur angelagert und damit prinzipiell sekundärer Natur sind. Kurz: Im Mittelpunkt steht das Spiel; die Kollektivität entzündet sich an der Dynamik des Spiels und auch die Kasse stimmt letztlich nur dann, wenn gut und spannend gespielt wird.

Zu erhärten wäre diese These einer grundsätzlich hierarchischen Konstruktion der Situation unter anderem an der Diskussion einiger typischer Gegenbeispiele, in denen die Situation dadurch "umgekippt" ist, daß die unbefragte Priorität der Situationsdefinition des Fußballs als Spiel von den Beteiligten nicht mehr eingehalten und damit außer Kraft gesetzt wurde. Dies geschah und geschieht etwa dann, wenn derart taktisch-ergebnisorientiert gespielt wird, daß die Dynamik der Situation erlahmt und im Extremfall faktisch gar nicht mehr gespielt wird (Beispiel Gijon); oder: wenn derart "operettenhaft" gespielt wird, daß der Kampfcharakter des Spiels für die Zuschauer unglaubwürdig wird; oder eben auch, wenn die Aggressionen auf dem Spielfeld oder auf den Rängen ein solches Ausmaß erreichen, daß das Spiel dann eben aus diesem Grunde abgebrochen werden muß. In allen diesen Fällen gerät die Situation deshalb aus den Fugen, weil die hierarchische Balance der verschiedenen Situationsdefinitionen von den Beteiligten nicht mehr aufrechterhalten wird, also die Priorität des Fußballs als Spiel im variablen Verlauf der Interaktion nicht mehr anerkannt wird.

Vor dem Hintergrund einer solchen Interaktionsanalyse der Situation scheint es mir auch möglich, eine vorläufige Prognose über die weitere Entwicklung bzw. die weiteren Entwicklungs*alternativen* des Fußballspiels und des Fußballsports insgesamt abzugeben, mit der ich meine Ausführungen zu diesem Fragenkomplex beschließen möchte. Das grundlegende Problem dieser zukünftigen Entwicklung sehe ich darin, ob und wieweit es gelingt, die das Spiel als Spiel paralysierenden Mechanismen der Kommerzialisierung und Professionalisierung, die sich aus der Durchkapitalisierung der Rahmenbedingungen des Fußballsports heraus ergeben, zumindest in dem Maße zurückzudrängen und einzudämmen, daß die spezifische Eigendynamik und die Spannung des Spiels als solche erhalten bleibt, daß also im Endeffekt die hier angesprochene Hierarchie der verschiedenen Situationsdefinitionen im Stadion nicht nur ad hoc, sondern auch strukturell gesichert werden kann. Mit anderen Worten: Entweder es gelingt, das Spiel gegen seine schleichende Aushöhlung und Pervertierung durch seine kommerziellen Apologeten dauerhaft zu verteidigen — dann hat es nicht zuletzt auch kommerziell eine Zukunft; oder aber dies gelingt nicht — dann wird die Faszination und die Freude am Spiel über kurz oder lang abbröckeln und der Fußball wird seine Vorzugsstellung als sportliches Massenvergnügen nach und nach einbüßen.

Damit bin ich also am Ende meines Versuchs angelangt, das interaktionistische Konzept der "Definition der Situation" auf die Analyse einiger zentraler Probleme des Fußballspiels und der gesellschaftlichen Entwicklung des Fußballsports insgesamt anzuwenden und für eine genauere Untersuchung dieser Prozesse fruchtbar zu machen. Dabei habe ich vermutlich viele Aspekte und Diskussionspunkte angeschnitten, die für sich genommen bereits seit langem bekannt sind; worauf es mir aber ankam, war zu zeigen, inwieweit ein solches Konzept es erlaubt, diese verschiedenen Entwicklungslinien und Tendenzen, die heute im Fußballsport wirksam sind, gleichsam zusammenzudenken und in ihrer wechselseitigen dynamischen Verschränkung zu durchschauen.

Dennoch ist offensichtlich, daß auch der hier vorgestellte Beschreibungs- und Untersuchungsansatz natürlich noch eine Vielzahl empirischer Probleme und Fragestellungen unberücksichtigt läßt, die eine umfassende Realanalyse der heutigen Entwicklung des Fußballsports sicherlich aufzunehmen hätte. Ich meine damit vor allem den gesamten Fragenkomplex der Funktion und Bedeutung der Massenmedien in diesem Prozeß bzw. speziell die Frage nach den vielfältigen Formen und Mechanismen der Rückwirkung der massenmedialen Berichterstattung über den Fußball auf die reale Interaktionssituation und das spontane Erleben des Spiels im Stadion selbst. Ohne dies hier im folgenden näher aufschlüsseln zu wollen, möchte ich jetzt zum Abschluß und zur Abrundung meiner Ausführungen noch kurz auf zwei Einzelaspekte dieses komplexen Problemzusammenhangs eingehen, die mir auch vor dem Hintergrund der bisherigen Analyse wichtig und aufschlußreich erscheinen: ich umschreibe sie grob mit den Stichworten "Dramatik" und "Tratsch".

Unter dem Stichwort "Dramatik" möchte ich auf das Problem hinweisen, daß die spezifische Art und Weise, in der im Fernsehen vor allem in der *Sportschau* allwöchentlich über die Spiele der Bundesliga berichtet wird, langfristig auch in der Realsituation des Stadions zu einer tiefgreifenden Veränderung der Zuschauerbedürfnisse und der situationsspezifischen Wahrnehmungsstrukturen insgesamt führen kann, bei der die Erwartungshaltung der Zuschauer gegenüber dem Spiel erheblich gesteigert wird. Dies gilt meines Erachtens besonders für die Ansprüche an Kampf und Dramatik: Indem die *Sportschau* charakteristischerweise ja immer nur die spannendsten und torgefährlichsten Szenen der Spiele zusammenschneidet, vermittelt sie schon von ihrer produktionslogischen Struktur her ein derart rasantes und aufregendes Bild der Dynamik des Spiels, daß demgegenüber das tatsächliche Spielgeschehen und der Spielfluß in der Realsituation des Stadions selbst notwendig defizitär erscheinen. Gewiß wird der Fußball im Stadion nach wie vor anders "gesehen" als im Fernsehen; und dennoch scheint mir die Definition dessen, was ein gutes und spannendes Spiel ausmacht, auch für die Besucher im Stadion in wachsendem Maße von den Massenmedien vorgeprägt und bestimmt.

Meine Befürchtung wäre in diesem Zusammenhang also die, daß die durch das Fernsehen hochgeschraubten Erwartungen an Kampf und Dramatik langfristig auch die Interaktion in der Stadionsituation selber nachhaltig verändern und belasten: Mit der Steigerung dieser Dramatik-Ansprüche verbindet sich zugleich eine bestimmte Cäsarenhaltung des Publikums, die die Kampfmomente des Spiels intensiviert und gleichzeitig die Gefahr vergrößert, daß die hierarchische Balance der Situationsdefinition in zugespitzten Situationen nicht mehr aufrechterhalten werden kann.

Demgegenüber stellt sich ein anderer Aspekt der Berichterstattung und der Aufbereitung des Fußballs im Fernsehen sicherlich weitaus unproblematischer dar: Ich meine die häufigen Auftritte von Spielern und Trainern als Interviewpartner, die von den Reportern unmittelbar nach dem Spiel oder später im Studio nach ihren Eindrücken und ihrem Urteil zum Spiel befragt werden, das Spiel "analysieren" sollen usw. Was mir bei solchen Interviews immer wieder auffällt, ist vor allem die schlichte Tatsache, wie wenig sie eigentlich aussagen. (Beispiel: Originalübertragung eines Europapokalspiels, das in der ersten Halbzeit — alle haben es gesehen — nicht so recht gelaufen ist; daraufhin Frage eines Reporters in der Pause an einen prominenten Stürmer: *"Warum ist das Spiel für Ihre Mannschaft nicht so gelaufen,*

wie Sie, wie wir alle es uns eigentlich erhofft hatten?" Antwort des Spielers: *"Na ja, manchmal läuft's halt nicht so."*) Nicht, daß ich generell dagegen wäre, daß Spieler und Trainer bei solchen Gelegenheiten überhaupt interviewt werden, denn andererseits gibt es ja offenbar auch auf Seiten des Publikums ein ausgeprägtes Interesse und sogar einen "Hunger" nach solchen Informationen und Stellungnahmen zum Spiel. Die Frage, die sich mir in diesem Zusammenhang allerdings aufdrängt, ist die, wie eigentlich dieses Mißverhältnis und diese Diskrepanz zwischen der häufigen Inhaltsarmut der Aussagen und der ihnen entgegengebrachten Massenaufmerksamkeit soziologisch erklärt werden kann und warum sie auch von den Massen selbst offenbar gar nicht als solche wahrgenommen wird. Also: Warum interessieren sich eigentlich so viele Leute für oftmals so banale Äußerungen?

Die Antwort, die ich auf diese Frage vorschlagen möchte, knüpft zunächst an an die Definition des Fußballs als kollektives Ereignis , d.h. an die Tatsache, daß der Fußball in der konkreten Interaktionssituation des Stadions immer auch zugleich Anlaß und Folie für eine Vielzahl von Möglichkeiten kollektiver Selbsterfahrung und Geselligkeit ist. Dabei ist klar, daß sich dieser Aspekt der Geselligkeit natürlich keineswegs auf die Stadionsituation beschränkt, er verlängert sich und verzweigt sich vielmehr in unzählige Kneipengespräche, erhitzte Familiendiskussionen vor dem Fernseher, Pausengespräche am Arbeitsplatz usw. Die besondere Form und Ausprägung dieser Geselligkeit mag im einzelnen sehr verschieden sein; und dennoch scheint mir die Tatsache, daß dabei so häufig der Fußball im Mittelpunkt steht, keineswegs zufällig zu sein. Über Fußball ist nämlich ein Typus von Diskussionen möglich, bei dem im Grunde genommen von vornherein ausgeschlossen ist, daß am Ende das bessere Argument für alle einsichtig den Ausschlag gibt. Dies liegt einfach daran, daß solche Diskussionen grundsätzlich auf der Fiktion der Zurechnung von Leistungen beruhen und diese in die Zukunft extrapolieren wollen; sie spekulieren letztlich darüber, wie das nächste Spiel wohl ausgehen mag. Alle diskutieren dabei sehr engagiert und ernsthaft und wissen doch zugleich, daß alles am Ende nur Spekulation ist. Kurz: Fußball ist ein idealer Gegenstand für männlichen Tratsch. Eine der schönsten Seiten am Fußball ist die, daß man über ihn offenbar so ähnlich wie über das Wetter reden kann: Man kann eine Vielzahl von Indizien berücksichtigen und Mutmaßungen darüber anstellen, wie es vielleicht oder wahrscheinlich aussehen wird; wie es dann aber *wirklich* wird, das entscheidet sich immer erst am nächsten Tag oder eben beim nächsten Spiel.

Autorenverzeichnis

Harald Binnewies, Direktor der Zentraleinrichtung Hochschulsport, Freie Universität Berlin

Henning Eichberg, Hochschullehrer am Institut For Idraet, Odense Universitet, Dänemark

Norbert Elias, Hochschullehrer am Zentrum für interdisziplinäre Forschung, Universität Bielefeld

Gunter Gebauer, Hochschullehrer am Institut für Sportwissenschaft, Freie Universität Berlin

Knut Hickethier, Hochschulassistent am Institut für Theaterwissenschaft, Freie Universität Berlin

Alexander von Hoffmann, Hochschullehrer, Wissenschaftlicher Leiter des Modellversuchs Journalisten-Weiterbildung, Freie Universität Berlin

Rolf Lindner, Soziologe, Berlin

Rainer Paris, Soziologe, Berlin

Gunter A. Pilz, Akademischer Oberrat, Institut für Sportwissenschaft, Universität Hannover

Bildquellen

Bildarchiv Preußischer Kulturbesitz: 15, 19, 22. *75 Jahre DFB: 29, 117, 119, 165.* Eichberg: 42, 43, 51. Gebauer: *133, 134.* Hickethier: 63, 70, 71. Lindner: 11, 17, 26, 43, 47, 152, 163 Horst Müller: 29. Pilz: 99. Schalke-Archiv: 32, 77. *Sportphotographie 1860 - 1960, Luzern u. Frankfurt/M.:* 27, 139, 156. Stern: 107. *Ullstein:* 13, 18, 25, 29, 31, 34, 55, 58, 59, 78, 85, 89, 97, 103, 105, 110, 112, 119, 125, 128, 132, 140, 148, 151, 153.

Bernd Polster
Tankstellen. Die Benzingeschichte

216 Seiten, 100 historische und aktuelle Photos, ISBN 3-88747-005-2

Die Tankstelle — eine Karriere. *"Das Auto"*, lehrte um 1920 der Kölner OB, *"in dem auch in Zukunft immer nur wenige fahren werden"*, dürfe *"nicht der Alleinherrscher in der ganzen Stadt sein"*. Also verbannte Konrad Adenauer auch die ersten "Tankhäuschen" der legendären Firma Olex in möglichst entlegene Hafengebiete. Aber die Droschke besiegte den Gaul, schneller als dieser wiehern konnte: Bereits 1927 rollten 10.000 "Taxis" durch Berlin — der Siegeszug der im Volksmund "eiserne Jungfrau" getauften Zapfsäule, deren provozierende Häßlichkeit anfangs von tempelähnlichen Kiosken verkleidet wurde, war nicht mehr aufzuhalten. In einer vorzüglich recherchierten Studie hat der Soziologe und Photograph Bernd Polster, 30, diese Karriere nachgebaut. Polsters im Transit Verlag erschienenes Buch "Tankstellen. Die Benzingeschichte" erzählt von der ersten deutschen Erdölförderung: Dem "Satanspech"-Fieber 1858 in der Lüneburger Heide, von den Treibstoff-Fabriken der Nazis, aus denen der Sprit für den "Blitzkrieg" floß, und vom "motorisierten Biedermeier" der 50er Jahre. Das vorletzte Kapitel des Buches bebildert die Ruinen der Wirtschaftskrise — unter dem findigen Merkwort "Tankstille". (Der Spiegel)

Wie immer bei TRANSIT, ein Buch nicht nur zum Lesen, sondern auch illustriert mit vielen Bildern und sehr sorgfältig auf die Seite gesetzten Fotos und Texten. (Der Alltag, Zürich)

Gerhard Armanski / Wolfgang Hebold-Heitz (Hrs.)
Züge aus der Vergangenheit. Die Berliner S-Bahn

240 Seiten, 99 Abbildungen, ISBN 3-88747-001-X

Die Autoren sehen die S-Bahn *"als Wurmfortsatz des Weltkonfliktes"* und haben Recht damit. Sie haben die Bahn erfahren als Reisende, Dokumentarfotografen, architekturinteressierte Laien und Historiker; sie wollen sich keinen Illusionen hingeben, keinen *"politischen Parolen, seien es nun östliche oder westliche"*, sie wollen den Rückblick vermeiden und kennen die Gefahren der Nostalgie:
"Aber vielleicht ist unser Buch ein Beitrag dazu, daß alles getan wird, um dem Neuen, das aus dem Abfall der S-Bahn-Geschichte hervorlugt, aufzuhelfen."
Da werden Bahnhöfe architekturkritisch beschrieben, da wird S-Bahn-Geschichte seit '45 geschrieben, da wird die Verwaltung dieses Verkehrsmittels offengelegt und ein Arbeitstag vorgeführt, und zum Schluß steigt der Leser in den utopischen Zug und phantasiert freudig mit den Autoren:
"Um wieviel gemütlicher könnte die nahezu einstündige Fahrt vom Wannsee nach Frohnau erst werden, wenn im mittleren Wagen Kaffee ausgeschenkt oder sogar ein Speisewagen zwischengekuppelt würde. Mindestens die Bahnsteige könnten zu Cafés mit Sonnenschirmen zu Blick- und Treffpunkten werden." (Peter Roos, WDR)

Die Lektüre der "Züge aus der Vergangenheit" kann, wie alle Reiseführer, eine Fahrt nicht ersetzen. Aber das Buch gibt mit seinen vielen Bildern und Texten, die nicht mit vorschnellen Analysen und Konzepten für diese oder jene Zukunft plädieren, einen guten Hintergrund für die Erforschung eines 'modernen Mythos'. Überflüssig zu sagen, daß es sich am besten in der S-Bahn liest.
(taz)